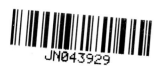

毎日簡単！
イラストおかず

グラタン皿一枚でできる
手間いらずレシピ

著
河村通夫
若杉佳子

講談社

まえがき　先人から学ぶ「楽々人生虎の巻」

この本を買ってくださった方には、様々な思いの方がいらっしゃると思います。普段から北海道のＳＴＶラジオの「桃栗サンデー」や、全国のラジオ局で流れている河村通夫の「大自然まるかじりライフ」を聴いていて、驚くほど楽に料理ができる、「グラタン皿で楽々料理」のレシピを、放送では残らないため、いつでも見られる本として、手許《てもと》に置いておきたい、との思いの方が多いのではと感じております。

ところが本を出すとなると、色々な要望を全国の方々からいただきました。それらは、五十年間のラジオ放送の中で、「楽々人生虎の巻」と題してお伝えしてきた、季節ごとの旬のおかずや、お漬物、そしてその食物による「河村さん的な健康法」（マクロビオティック）などを本の内容に入れて欲しいというものでした。

またその他にも、「有機栽培」や「草取り知らずの敷きつめ堆肥」の事、「蜂や、ぶよ除けに薄荷《はっか》」などの「暮らしの知恵」。それに、心の迷いが和らぐ「先人の教えの心学《しんがく》や金言《きんげん》」、江戸時代の絵皿から故事来《こじらい》歴《れき》や心を学ぶ「江戸絵皿《えどえざら》の絵解《えと》き」「男心と女心の違い」などのご要望も頂きました。

多くの方々のお便りを読みながら感じたのは、そのご要望が、日々の暮らしや人生の中で「知恵と心と技」を知る事によって、心の迷いや不安、気の重い労働、ゆとりのない家事、そして健康への悩みなどから解放されたいという、「誰もがもともと持っている願望」なのだとの思いでした。

しかし紙面には限りがあります。そこで先人や天然自然から学んだ知恵や心の部分を、それぞれの文章の中にちりばめ、少しでも多くの「楽々人生虎の巻」をお伝えできるように工夫したつもりです。しかし、足りないところはお許しください。そのあたりは、今後の出版にてお伝えできればと思っております。

私も、「伝え残しておかないと途切れてしまう」、と強く思う年齢になり、江戸心学にある「よき事は広め、あしき事は我に止《とど》めよ」との教えをもとに、拙いながらも筆を執らせていただきました。皆様もお読みになって、よき事と感じられたところがあれば、この本を、お子さんやお孫さん、そして、あなたの大切な人にプレゼントをし、この世の一隅《いちぐう》を照らしていただければ幸いです。

なお、本に描かれている手描きのイラストは、長年放送で、共に語り合い、研究を重ねてきた若杉佳子さんの自作です。まさに、「この人ありて、この本あり」です。

令和五年・二〇二三年
山家《さんか》にて　七十五歳　春

体の養生
心の養生

よき事は広め、あしき事は我に止めよ

生きてるだけで百点満点

「天理人欲」人の欲は天の道理の中にあれ

楽々料理イラスト図鑑　目次

野　菜

野　菜

温度調節ができる機器の場合は、
トーストや魚焼きの温度に準じてください

動画について

スマートフォンをお持ちの方は、QR コードからご覧ください

電子版をお読みの方は、URL からご覧ください

パソコンをご利用の方は、こちらのサイトからご覧ください

https://k-editorial.jp/mov/recipesong/

動画サイト(YouTube) に接続されます。なお、予告なく動画が変更・終了になる場合がございますので、予めご了承ください

ギター／河村通夫・関ヒトシ

音源は放送等で使えます。（JASRAC 登録済み）

40年の間に生まれた
レシピソングつき

歌なら覚えられるから、不思議です。
お子さんも一緒に歌って覚えれば、
一生楽に過ごせます。

レシピソングの
QRコードを
スマホやパソコンで
読み取ると、
♪歌が聴けます。

グラタン皿で楽々

焼き魚

とてつもなく美味。そして楽。

縄文時代の石焼き
グラタン皿で
再現！

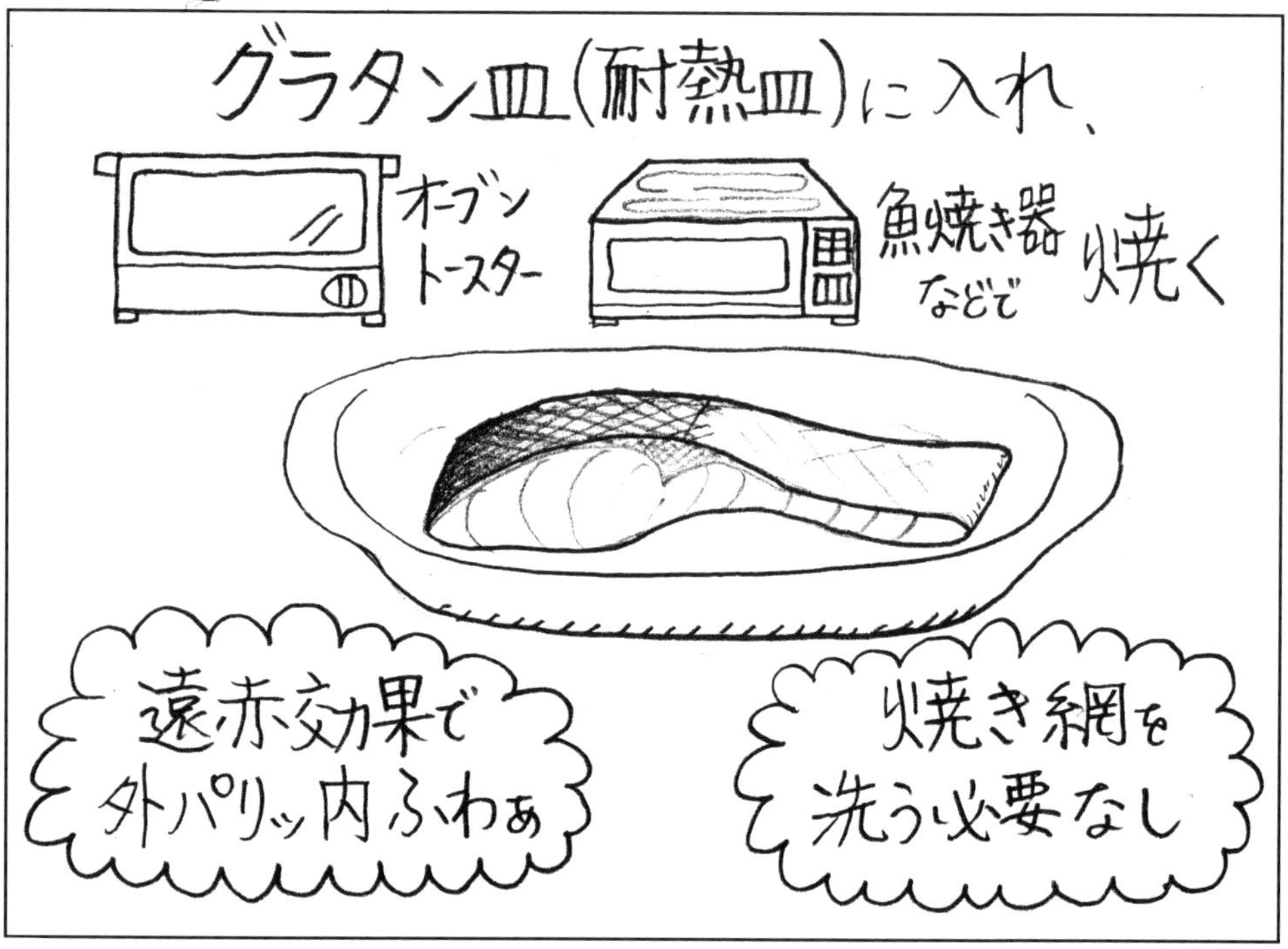
グラタン皿（耐熱皿）に入れ、
オーブントースター
魚焼き器などで
焼く
遠赤効果で外パリッ内ふわぁ
焼き網を洗う必要なし

リスナーの声

グラタン皿で魚を焼いてみて、本当にびっくり！ ふわっとやわらかくて、ジューシー（変な表現ですが）。おいしくて、今まで食べていたのは、いったい何だったんだろうと思いました。それに後片付けが簡単。グリル網を洗うのは本当に苦痛でしたが、それからも解放されました。「おいしくて楽」。こんなに幸せなことはありません。

みねこ

通夫から

グラタン皿は、高熱にも耐えられる耐熱皿です。磁器や陶器、ガラス等があります。それらの器を作る元々の材料は、粘土や石。つまり、石焼きと同じで、石からの放熱力（遠赤外線）が強いため、ジューシーになる訳です。

縄文の人達が、焚火《たきび》の周りに石を置き、その石の上で焼きものをしていた、その温故知新の味です。

レシピソング

グラタン皿で焼き魚の唄

詞　みちお

（メロディーはわかりやすく「ちょうちょ」）

スマホや
パソコンで
読み取ると
歌が聴こえます。

1.

C　　G7　　C　　C
グラタン皿で　塩鮭を焼こう
C　　G7　　C　　C
あみも汚れず　洗いもしない
G7　　C　　C
石皿だから　ぷりぷりの味
C　　G7　　C　　C
10分ちょい焼いて　あそべよ　楽々

2.

塩さば サンマに　宗八ガレイ
メザシも何とまあ　目うろこボロボロ
グラタン皿は　耐熱の皿
焼いてはあそべ　あそべよ　楽々

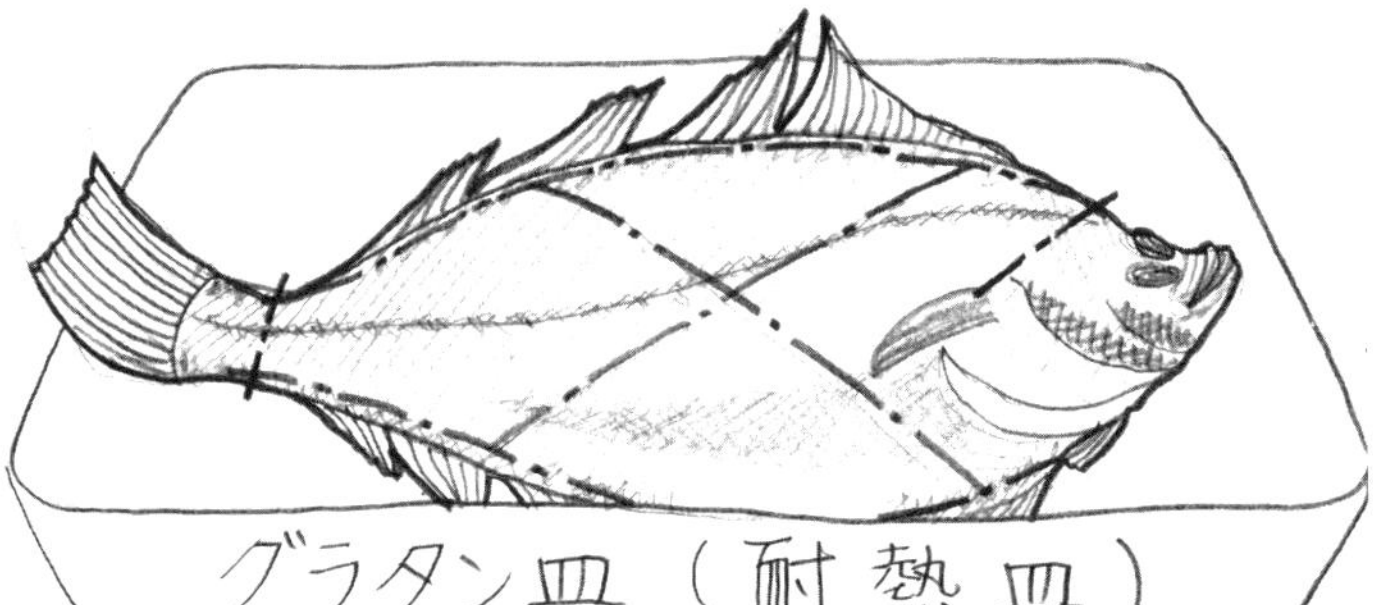
グラタン皿（耐熱皿）

鰈《かれい》の干物は、
愛の切り目で
ぐ〜んと食べやすく

ぱりっと焼けて
切り目
からはがれ、
食べやすい♡

グラタン皿で楽々

グラタン皿焼き魚メニュー

生の魚は、少々多めの塩をする（塩じめ）。3〜4日は日持ち、旨味《うまみ》にも驚き。

鯛《たい》

鰯《いわし》

鯵《あじ》

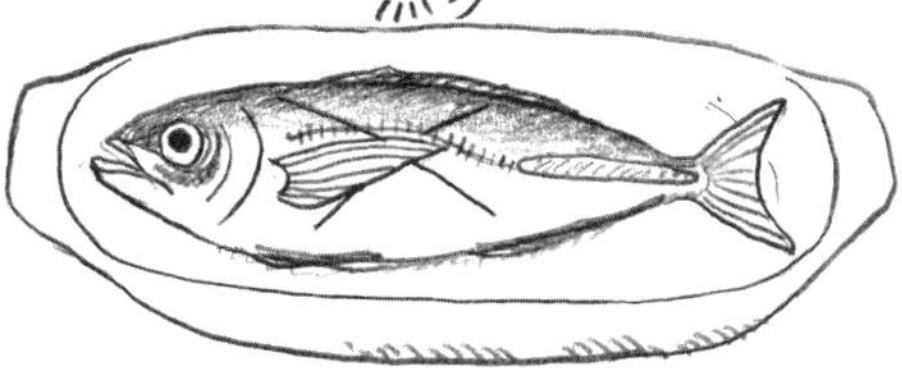

小《こ》鰯《いわし》

小《こ》鯵《あじ》、豆鯵《まめあじ》

鮭《さけ》

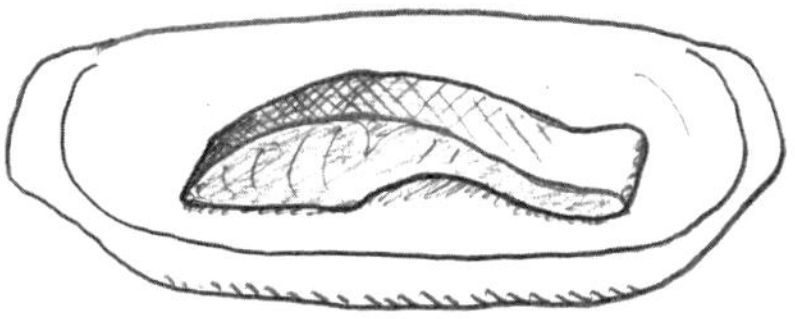

鯛《たい》

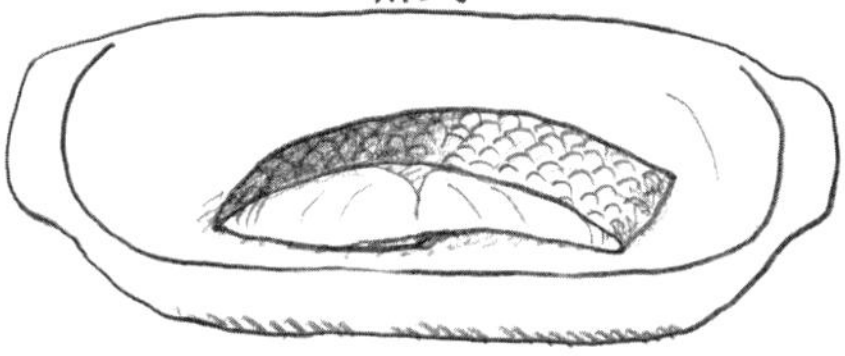

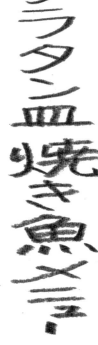

鰤《ぶり》

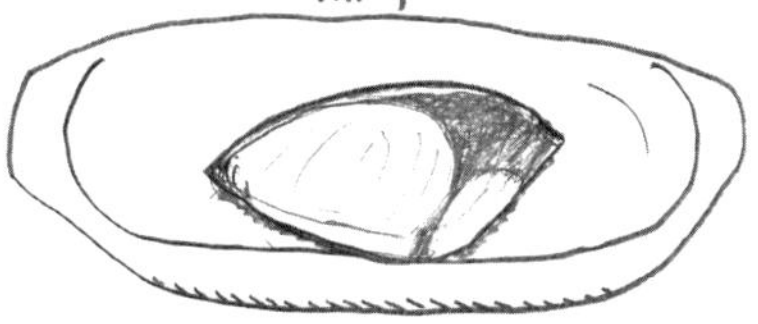

鰆《さわら》

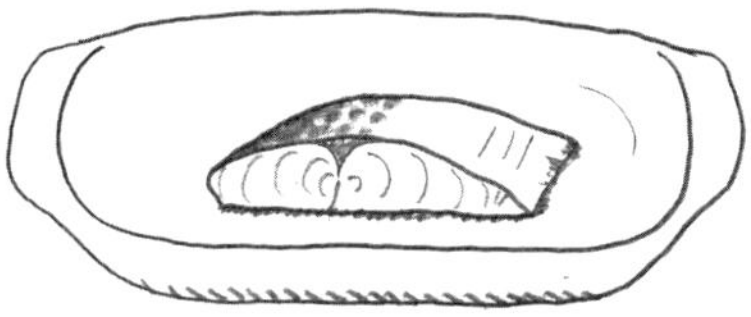

鱒《ます》

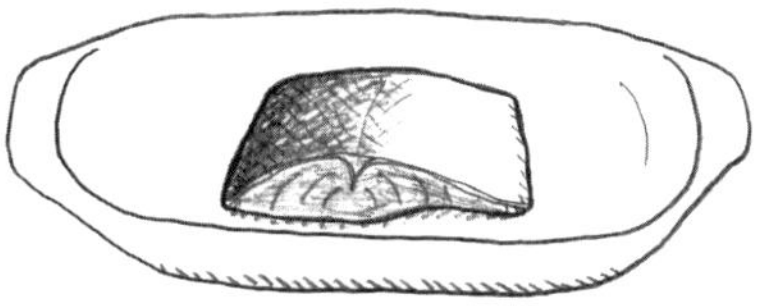

鱈《たら》

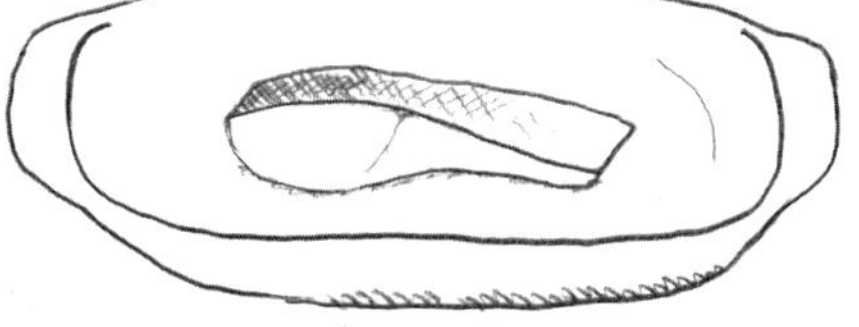

穴子《あなご》

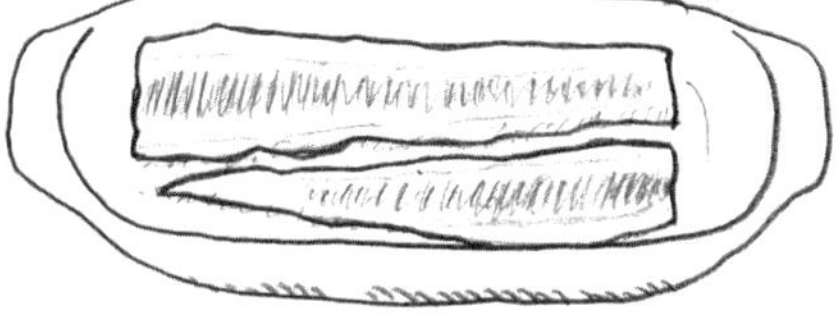

鮟鱇《あんこう》

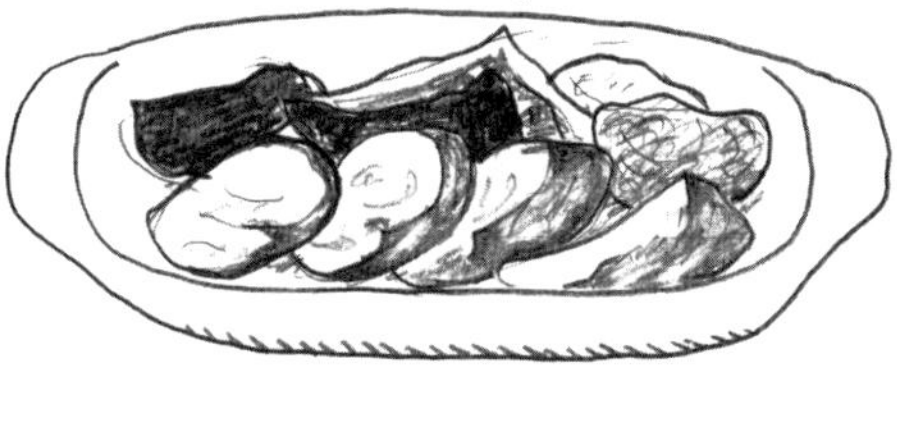

焼き時間・目安	
小魚	10分
切身 干物	15分
鯛など 姿焼	20分

焼き時間は、それぞれの器具で調整して下さい。

魚を裏返す必要なし。

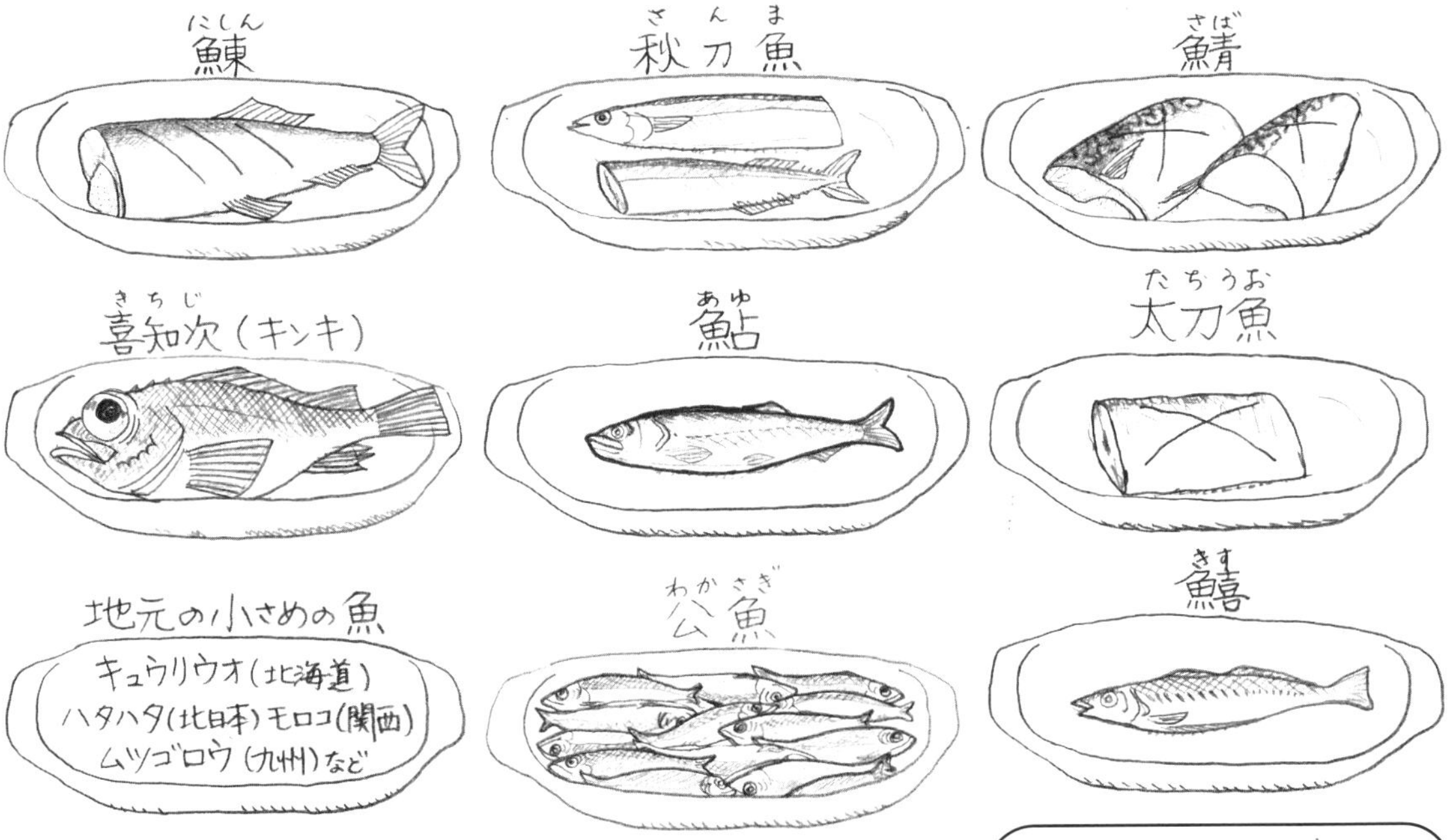
鰊《にしん》
秋刀魚《さんま》
鯖《さば》
喜知次《きちじ》(キンキ)
鮎《あゆ》
太刀魚《たちうお》
地元の小さめの魚
キュウリウオ(北海道)
ハタハタ(北日本) モロコ(関西)
ムツゴロウ(九州) など
公魚《わかさぎ》
鱚《きす》

干物はそのままで良い。
もう一度お日様に干すと
天然の絶品！

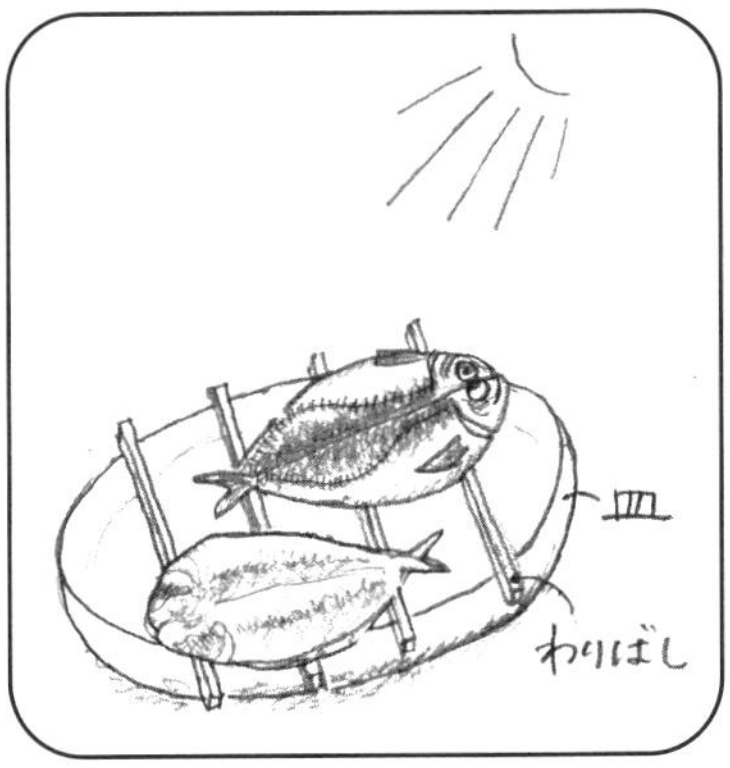
皿
わりばし

柳葉魚《ししゃも》

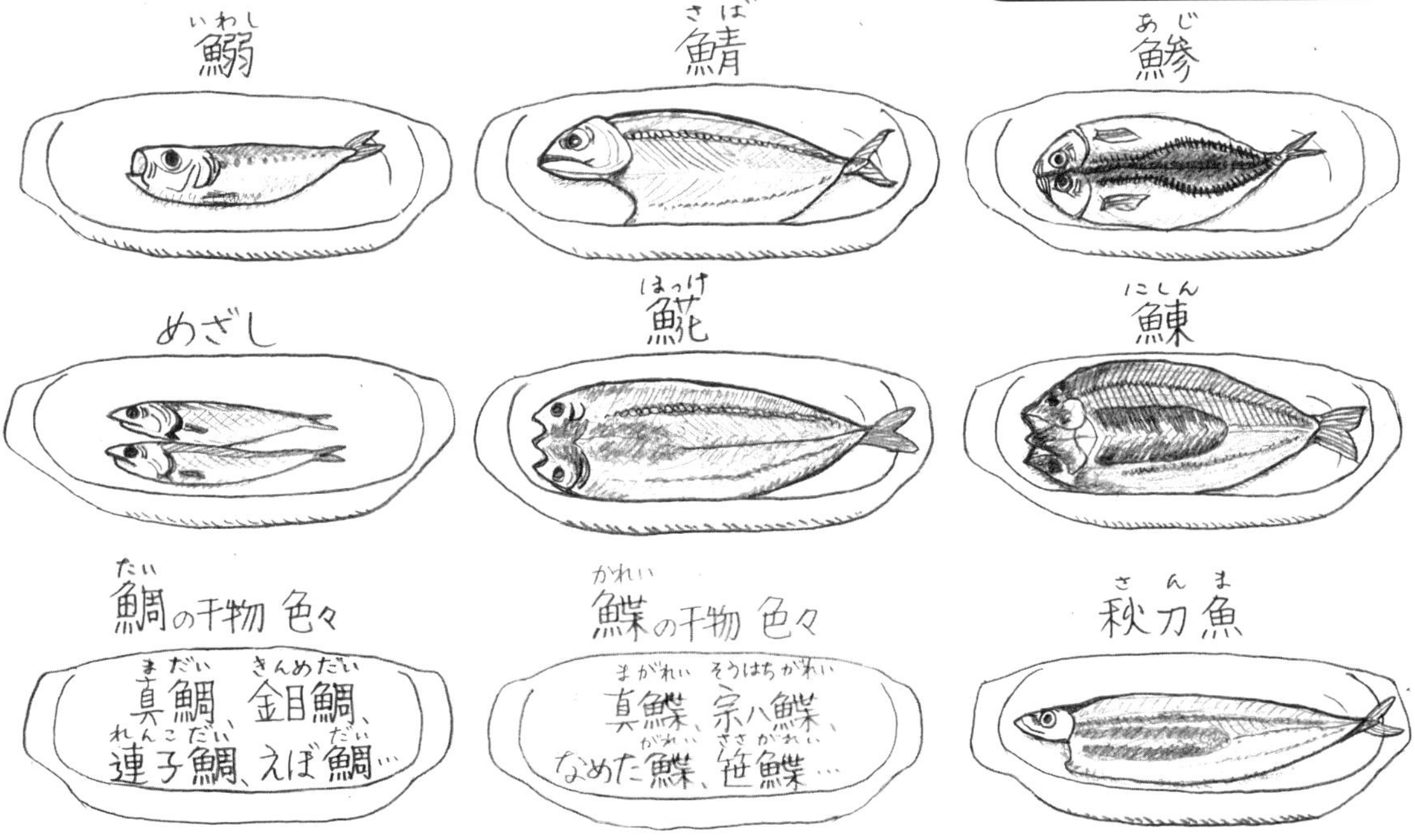
鰯《いわし》
鯖《さば》
鯵《あじ》
めざし
𩸽《ほっけ》
鰊《にしん》
鯛《たい》の干物 色々
真鯛《まだい》、金目鯛《きんめだい》、
連子鯛《れんこだい》、えぼ鯛《だい》…
鰈《かれい》の干物 色々
真鰈《まがれい》、宗八鰈《そうはちがれい》、
なめた鰈《がれい》、笹鰈《ささがれい》…
秋刀魚《さんま》

グラタン皿色々

耐熱皿・オーブン使用可の皿
陶磁器・ガラス等

グラタン皿料理が特別美味な訳

太陽からの光には、目に見える光（可視光線《かしこうせん》）と目に見えない光があります。その目に見える部分は、虹の七色で分かるように、波長の長い赤から、波長の短い紫までです。そして、波長の長い赤の外側にある、目に見えない光が「赤外線」で、紫の外側にある光が「紫外線」です。

この赤外線は、熱線とも呼ばれるように、物質を暖める力を持っています。特に赤外線の中でも最も波長の長い

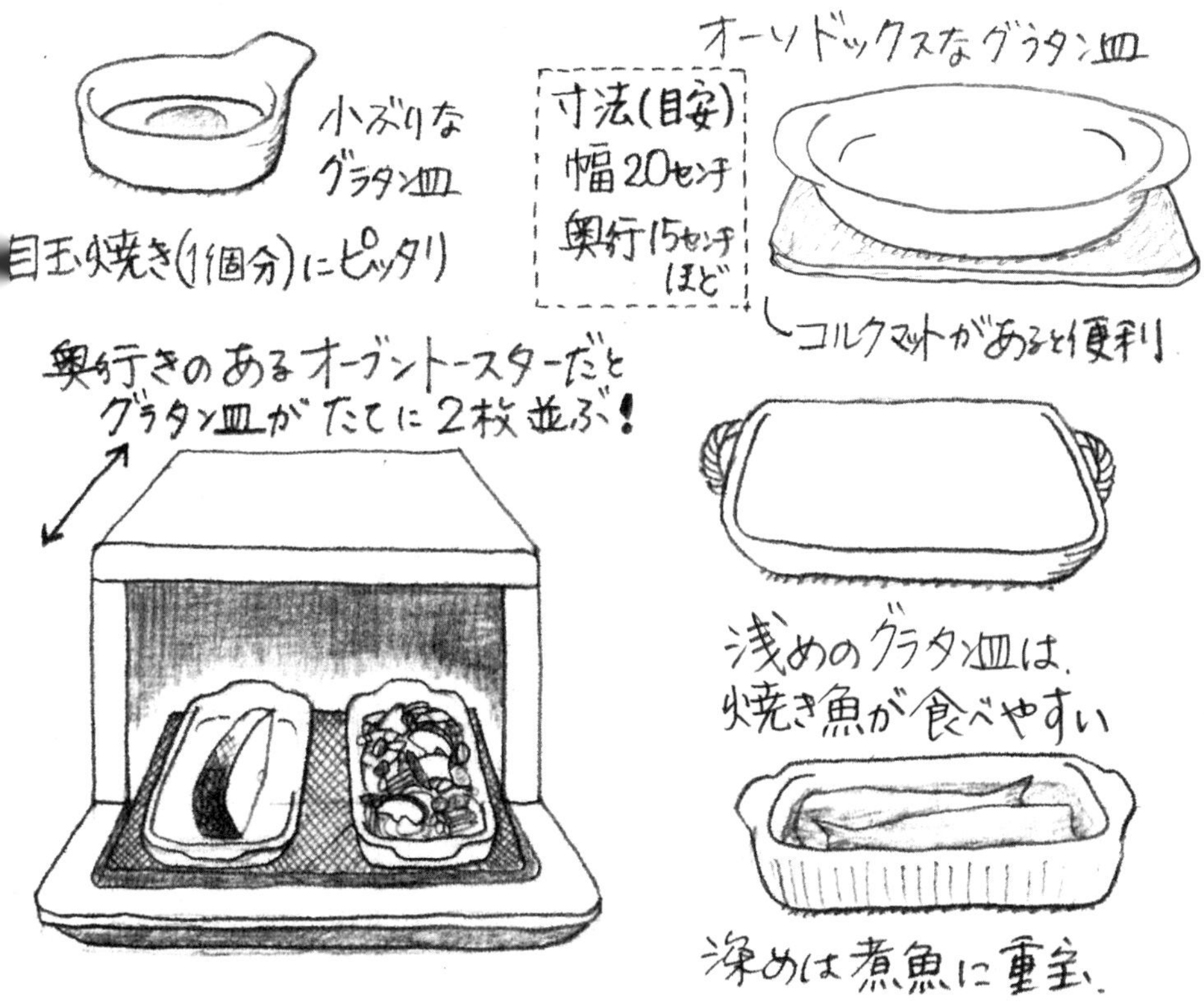

オーソドックスなグラタン皿
寸法（目安）
幅20センチ
奥行15センチほど
コルクマットがあると便利
小ぶりなグラタン皿
目玉焼き（1個分）にピッタリ
奥行きのあるオーブントースターだと
グラタン皿がたてに2枚並ぶ！
浅めのグラタン皿は、
焼き魚が食べやすい
深めは煮魚に重宝。

料理で気が重くなるか、気楽に楽しめるか。この差は大きい。

リスナーの声

河村さんに感謝です。グラタン皿料理で、心が解放されました。我が家では、オーブントースターにちょうど入る、大きめの楕円形のグラタン皿を2枚購入しました。出かけて帰宅が遅くなる日も、一皿には野菜を並べ、もう一皿には魚を並べて冷蔵庫に入れておき、帰宅後は、それをオーブントースターで焼いて、グラタン皿ごと食卓へ。もう、憂いなしです！

富山県　ゆうこ

通夫から

大きめのグラタン皿（耐熱皿）があると、魚を焼く時など重宝しますね。人は楽しむために生まれてきたとつくづく思いま

「遠赤外線《えんせきがいせん》」は、波長が長い分、表面だけでなく物の全体を均一に暖めることができます。（「日向ぼっこ」のポカポカは、この遠赤外線効果です）

また物質に熱が加わると、物質はその熱を冷やそうとして、遠赤外線の形で放熱をします。例えば土鍋を熱すると、土鍋は、冷えようとして遠赤外線を出します。その放熱で鍋の中の魚や野菜は、深部まで、熱されて、心まで温まる、美味しい土鍋料理となります。

オーブントースターの中のグラタン皿でも同じことが起きていて、熱せられたグラタン皿は、冷えようとして遠赤外線を出し、グラタン皿の中の魚や肉、野菜などは、芯までふっくら焼けるのです。

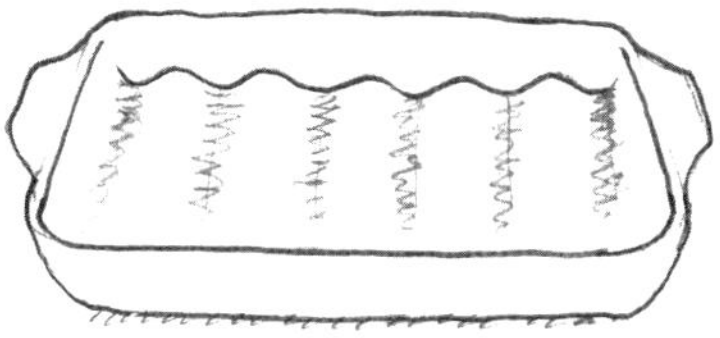

波形は天ぷらやフライが
よりからっと温まる

大きなグラタン皿は、大きな干物、
家族全員用、来客にも良し

寸法（目安）幅30センチ奥行20センチほど

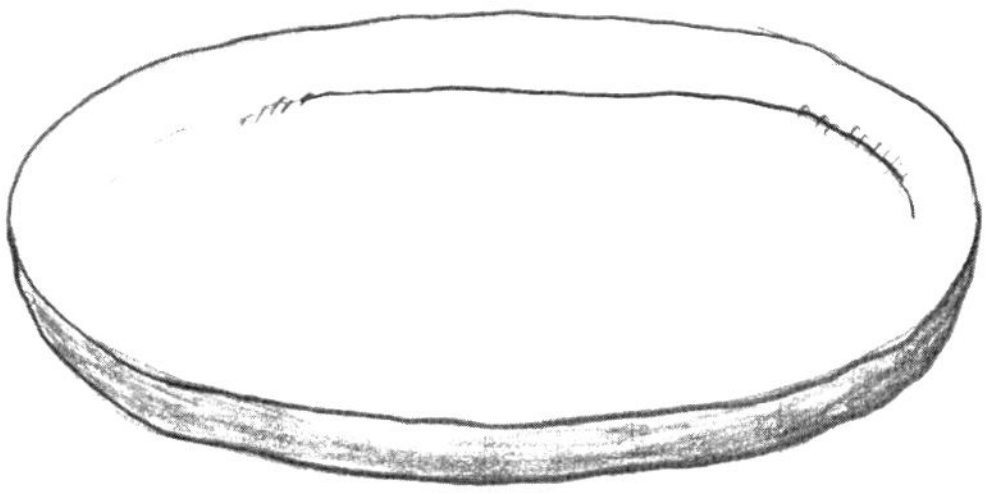

大きいグラタン皿は、
ホッケの開きも
焼ける

す。料理で気が重くなるのか、それとも気軽に楽しめるのか。この違いは、時間的にも精神的にも「ゆとりの差」を生みだします。ゆとりは笑顔につながります。お金で買えるものではありません。知恵があれば「幸せは足元にゴロゴロ」です。

グラタン皿・安心な使用法

○調理後の熱いグラタン皿を、ぬれ布巾の上や、水分のある所に置くと、温度差でひびが入り割れるので注意。

○落ちにくい汚れや焦げは、鍋にグラタン皿とかぶるくらいの水、純粉せっけんを大さじ一杯入れて火にかけ、煮立ったところで火を止め、一晩おくと、きれいに。

○こびりつきは、傷つきにくいアイスクリームのプラスチックスプーンや、期限切れのカードなどで、こそげ取る。

グラタン皿で楽々

いか焼き

グラタン皿なら美味なるわたを焼くのも楽。

頭足類《とうそくるい》(たこ・いか)は、精がつく。

いかの胴・足・お好みでわた(ゴロ)を並べる

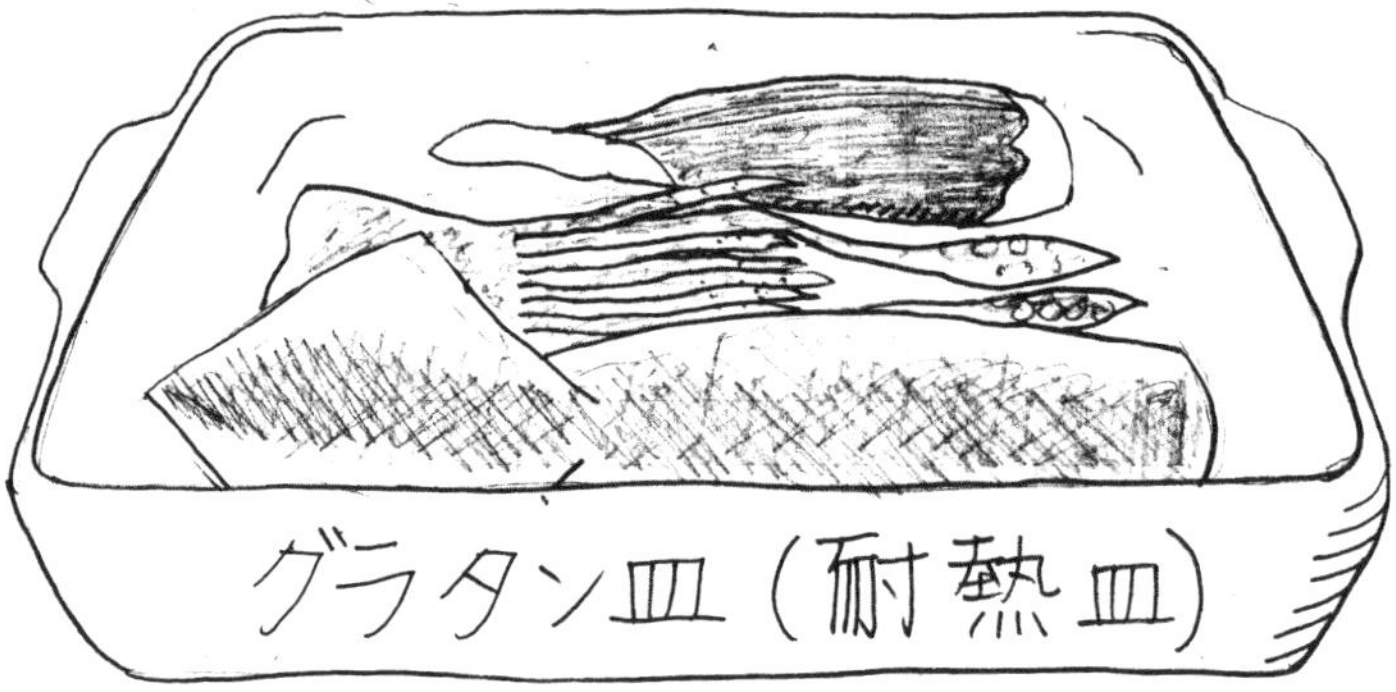
グラタン皿(耐熱皿)

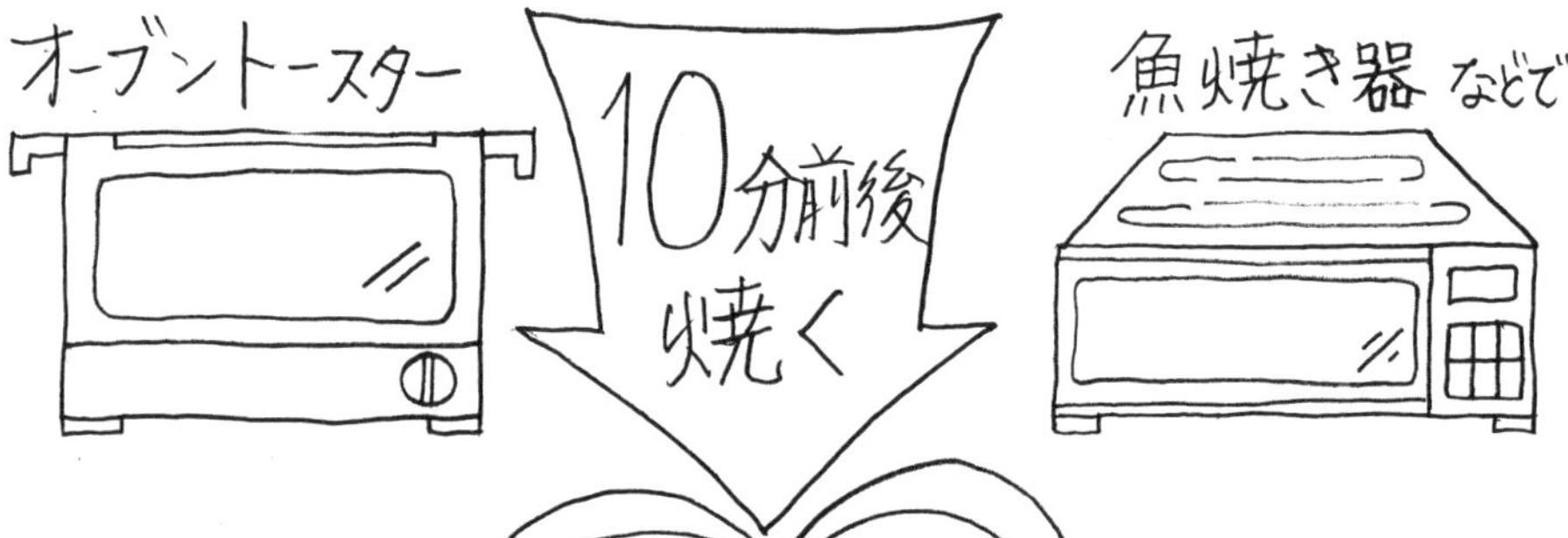
オーブントースター
10分前後焼く
魚焼き器などで

キッチンばさみで
表裏
チョキン
チョキン
おろし生姜は
やめられない

いか焼き用のさばき方

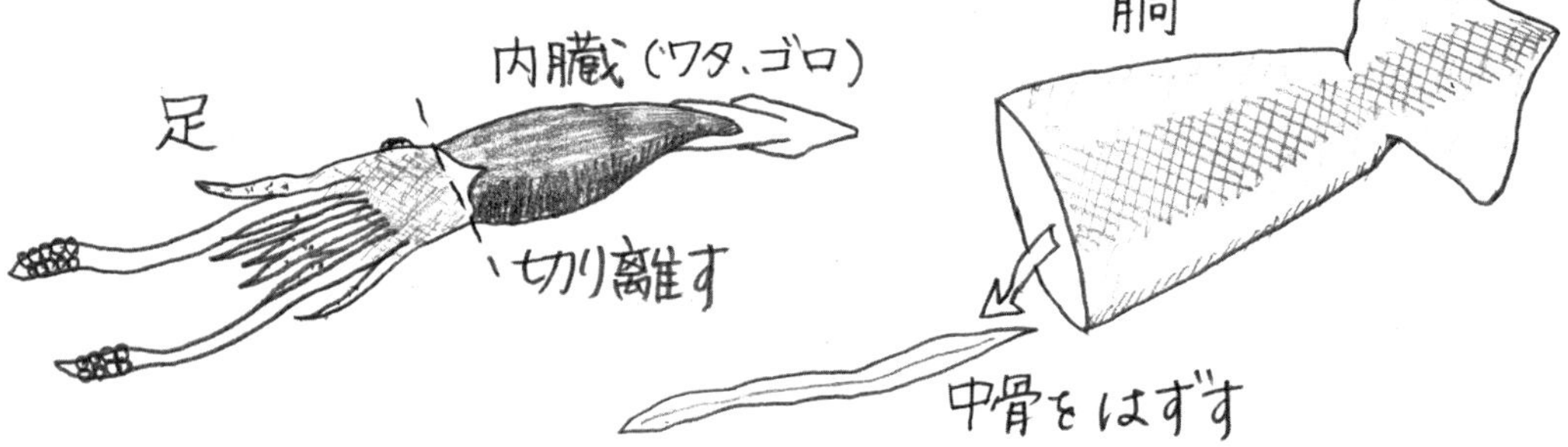
胴
内臓(ワタ、ゴロ)
足
切り離す
中骨をはずす

← 足のさばき方は次頁へ

魚介

グラタン皿で楽々

小ぶりのいか丸ごと焼き

（いかの皮むき お刺身の作り方は35ページ）

簡《かん》にして要《よう》を得《え》る。わたも丸ごと。

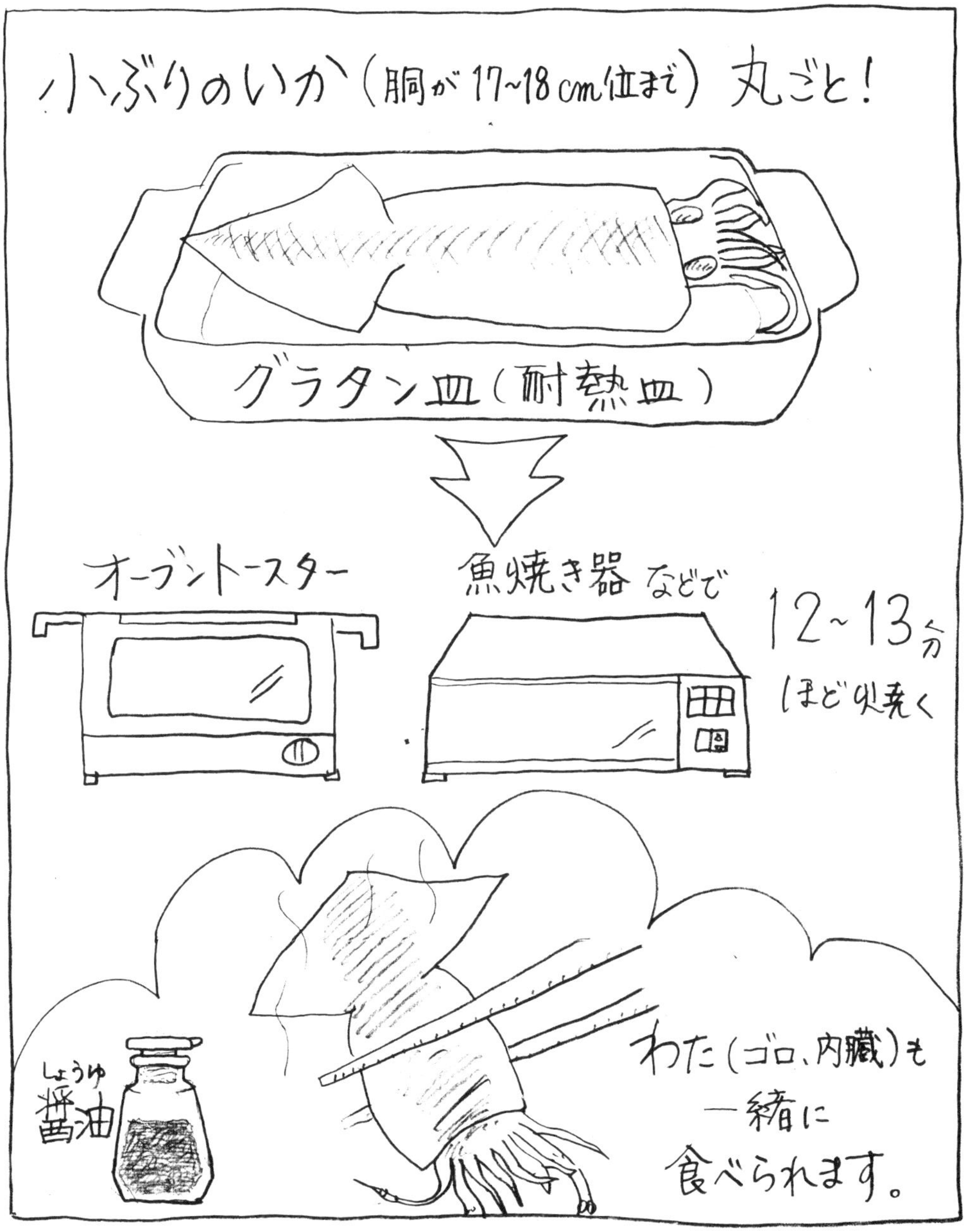

小ぶりのいか（胴が17~18cm位まで）丸ごと！
グラタン皿（耐熱皿）
オーブントースター
魚焼き器 などで
12~13分
ほど焼く
醤油《しょうゆ》
わた（ゴロ、内臓）も
一緒に
食べられます。

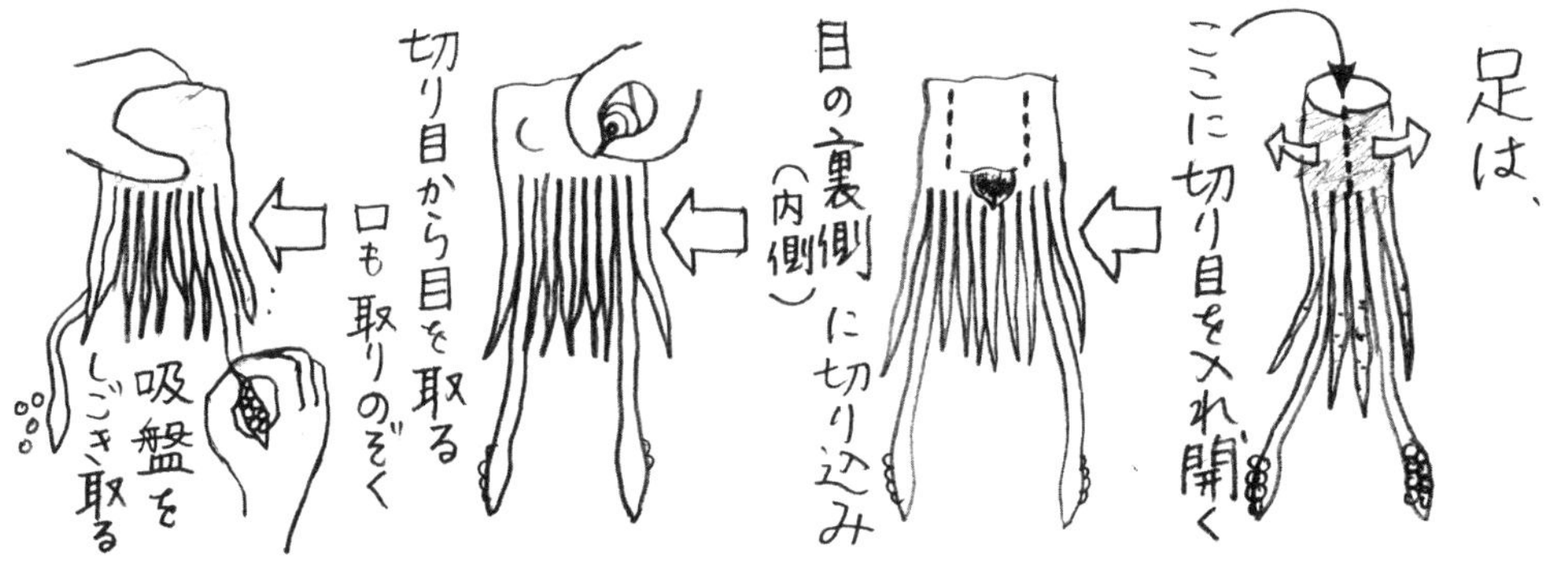

足は、
ここに切り目を入れ開く
目の裏側（内側）に切り込み
切り目から目を取る
口も取りのぞく
吸盤をしごき取る

グラタン皿で楽々

魚介

鱈《たら》の酒《さか》蒸《む》し焼き

塩と酒で料理屋の味。

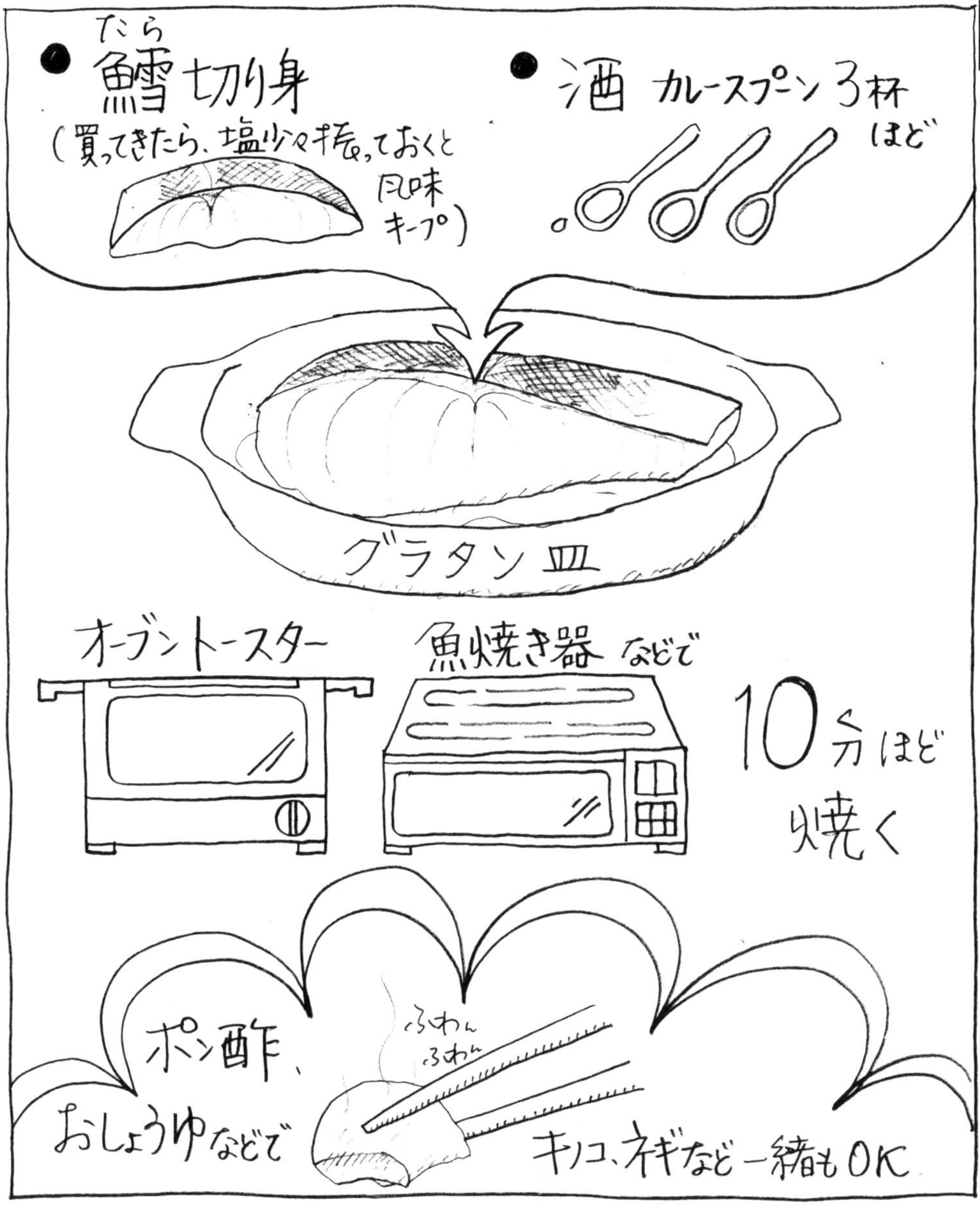

鱈《たら》切り身
（買ってきたら、塩少々振っておくと風味キープ）
酒 カレースプーン3杯ほど
グラタン皿
オーブントースター
魚焼き器 などで
10分ほど焼く
ふわん ふわん
ポン酢、おしょうゆなどで
キノコ、ネギなど一緒もOK

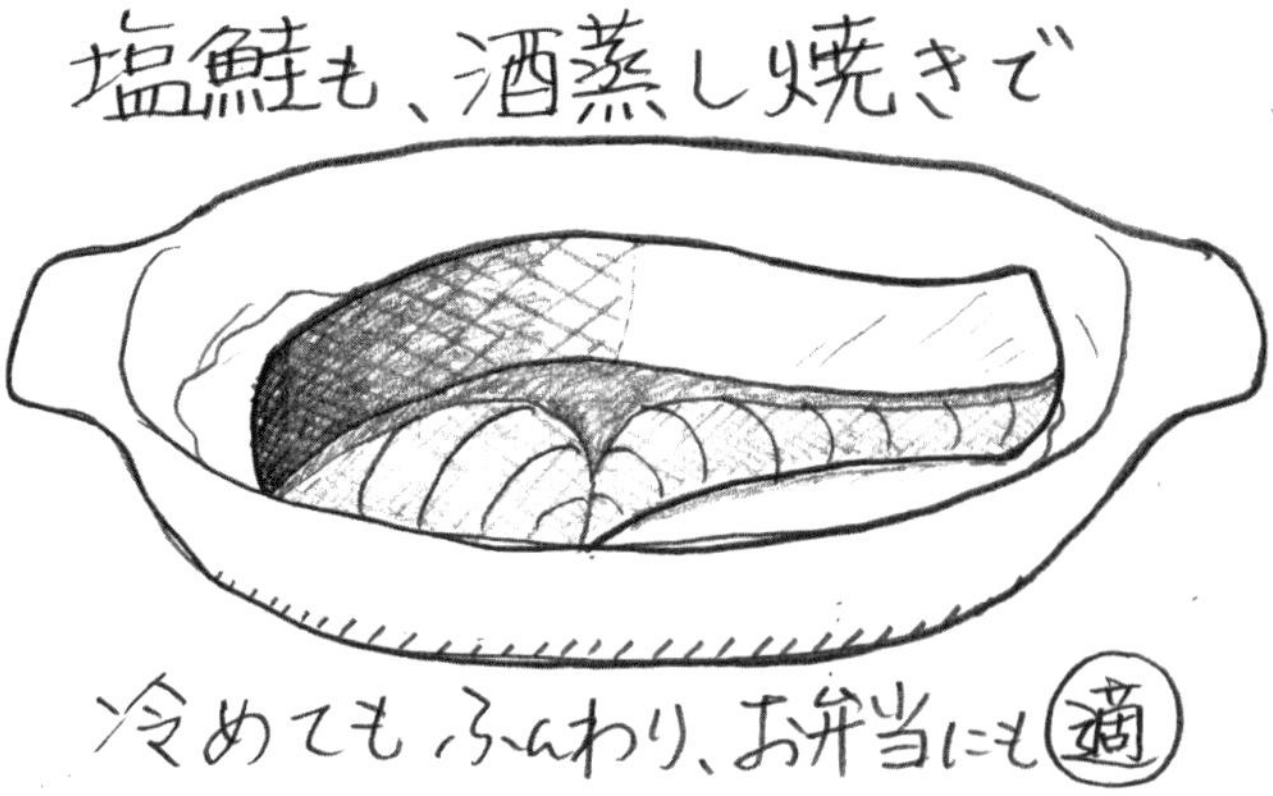

塩鮭も、酒蒸し焼きで
冷めてもふんわり、お弁当にも適

リスナーの声

塩鮭を、グラタン皿で酒蒸し焼きするようになってから、それまで食べなかった鮭を主人は、「美味しいな」と言って、食べてくれます。嬉しいです。

とみこ

魚介

グラタン皿で楽々

あさりの酒蒸《さかむ》し

「酒蒸《さかむ》し」は、お酒を振りかけて蒸した料理。

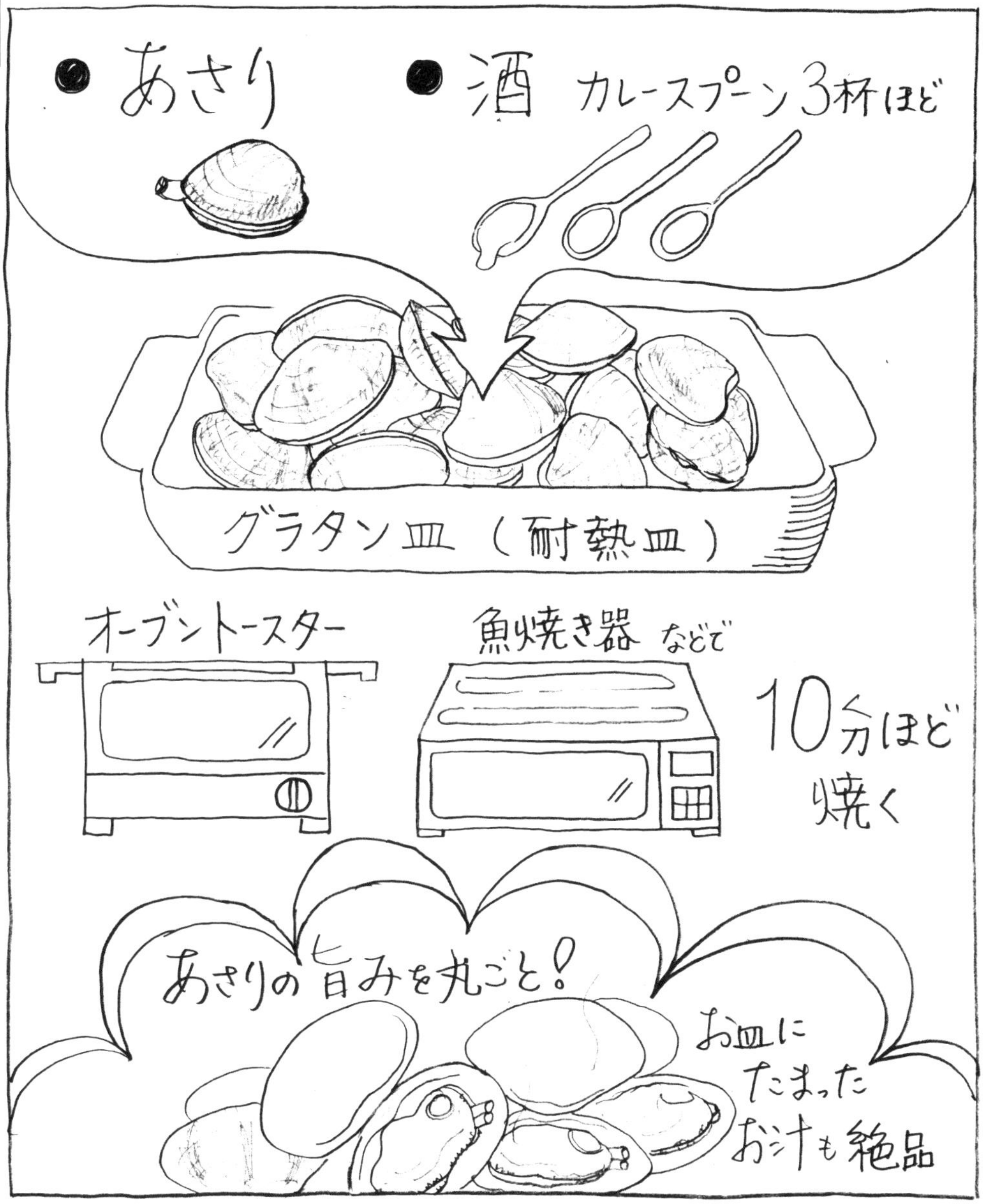

あさり
酒 カレースプーン3杯ほど
グラタン皿（耐熱皿）
オーブントースター
魚焼き器 などで
10分ほど焼く
あさりの旨みを丸ごと!
お皿にたまったお汁も絶品

ムール貝の酒蒸し

お酒を使うと 酒蒸し
ワインを 〃 ワイン蒸し

ほたて稚貝の酒蒸し

楽

はずした貝がらをスプーンがわりに

体が喜ぶ、一物全体食《いちぶつぜんたいしょく》。

海老《えび》のぱりっぱり焼き

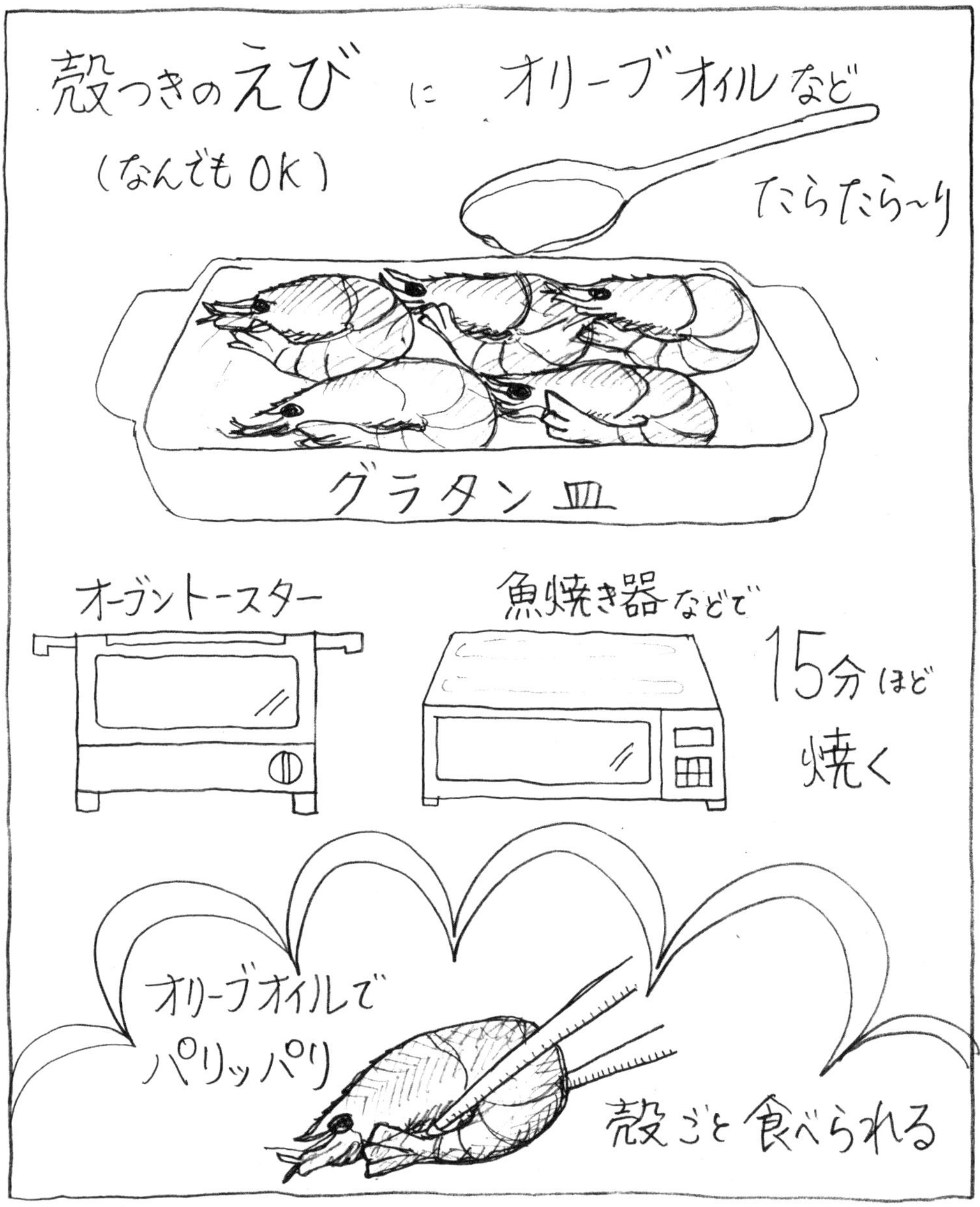
殻つきのえび
（なんでもOK）
に
オリーブオイルなど
たらたら〜り
グラタン皿
オーブントースター
魚焼き器などで
15分ほど
焼く
オリーブオイルで
パリッパリ
殻ごと食べられる

お刺身にしたあとの頭や殻を焼くのも、おいしい。

頭は焼かずに
お汁《しる》も美味
水から
火にかけ
沸騰したら
コトコト
2〜3分
アクを
すくう
味つけは、
塩や醤油で
すまし汁
も良し
みそ汁
も良し

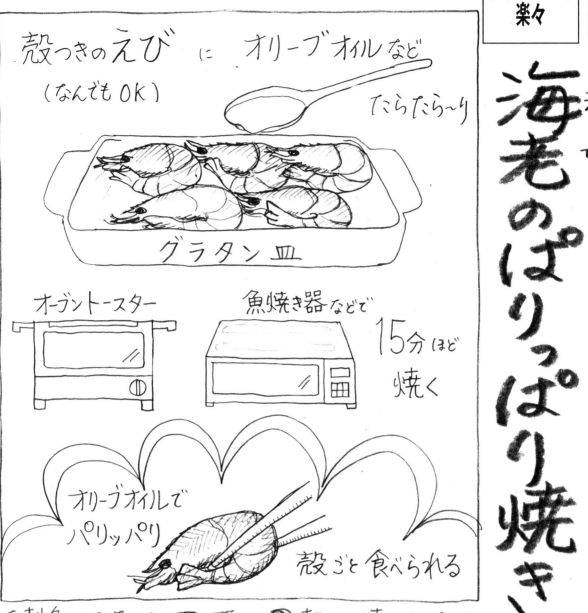

グラタン皿で楽々

鱒《ます》のムニエル

焼けたら醤油《しょうゆ》少々で、醍醐味《だいごみ》倍増。

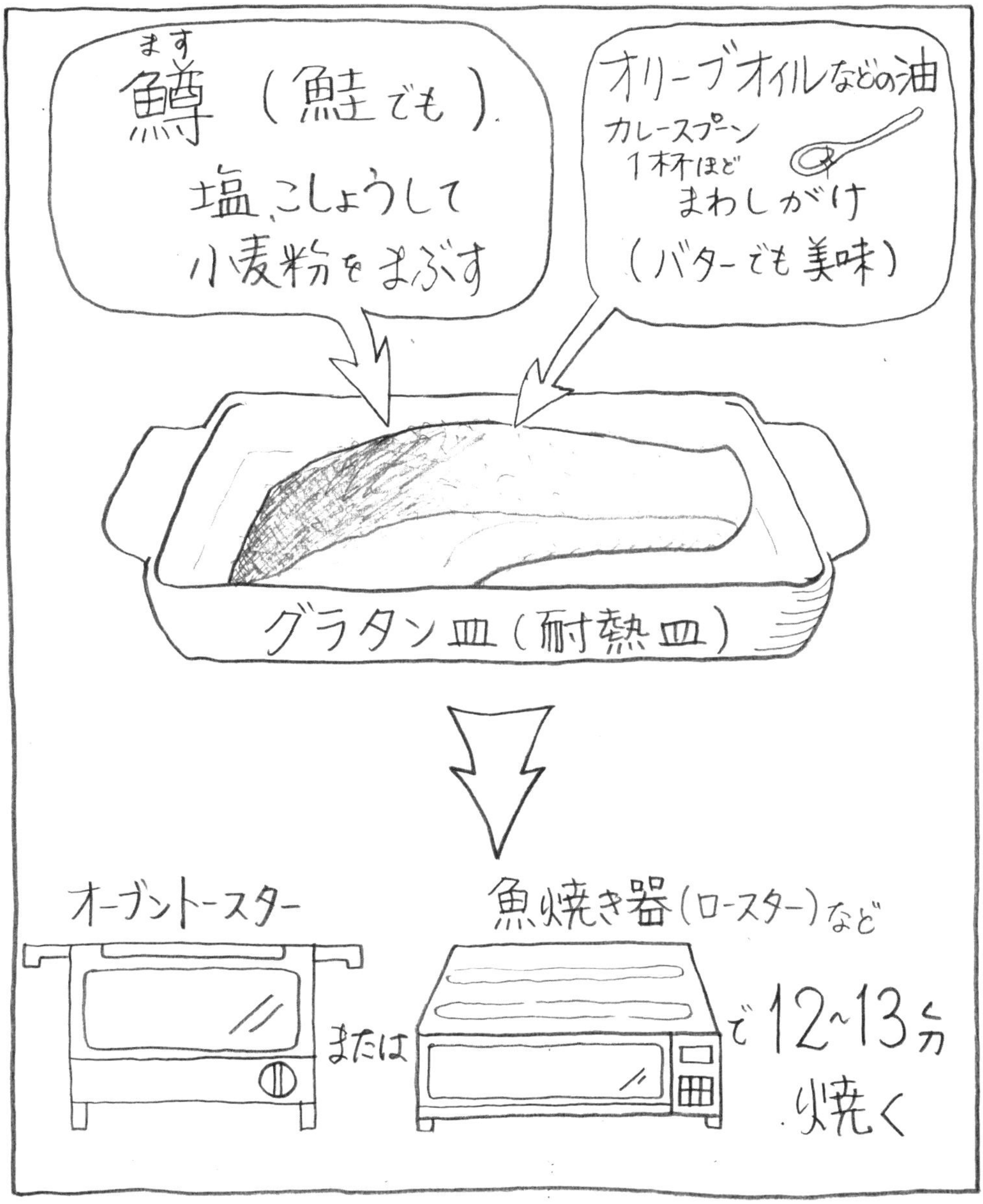
鱒《ます》(鮭でも)
塩、こしょうして
小麦粉をまぶす
オリーブオイルなどの油
カレースプーン1杯ほど
まわしがけ
(バターでも美味)
グラタン皿(耐熱皿)
オーブントースター
または
魚焼き器(ロースター)など
で12~13分焼く

我が家の油は、昔ながらの圧搾製法で搾られたごま油や、オリーブオイル、菜種油などを使っています。化学的な処理がされていないので、香りと深い味わいがあり、楽しんでいます。バターも調味料として使っています。

因《ちな》みに、バターやチーズは、日本の伝統料理においても、殺生《せっしょう》を伴わないため、食されることがありました。醍醐味《だいごみ》の醍《だい》醐《こ》とは、仏教で「牛乳を精製した最上の味のもの」の意です。

「ムニエル」とはフランス語で「粉屋風」。小麦粉をつけてバターで焼いた魚料理のこと

丸ごと全体食《ぜんたいしょく》。とんかつソースでスパイシー。

グラタン皿で楽々

魚介

ほたて焼き

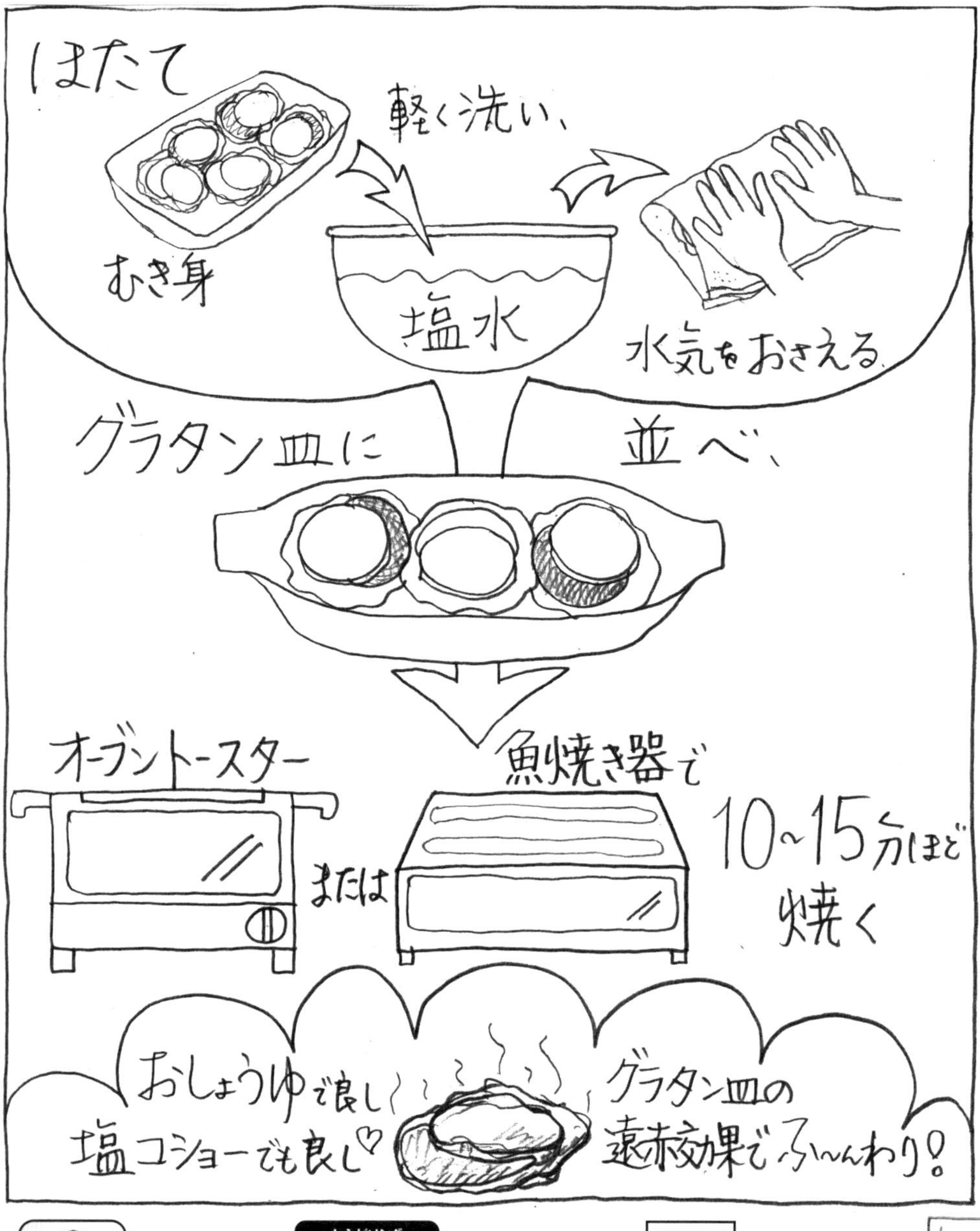

ほたて
むき身
軽く洗い、
塩水
水気をおさえる
グラタン皿に
並べ、
オーブントースター
または
魚焼き器で
10~15分ほど
焼く
おしょうゆで良し
塩コショーでも良し♡
グラタン皿の
遠赤効果でふ〜んわり!

レシピソング

グラタン皿でほたて焼き

詞・曲　みちお

とんかつソース焼き
とんかつソース
たらたら〜っとかけて
10分ちょい焼く

Ref

G　Bm
ホタテ　ホタテ貝
Am7　D7
グラタン皿に入れ
G　Bm
オーブントースターで
Am7　D7　G7
10分ちょい　焼く

1、
Em　Bm　Am7　D7
味付けは　しお　ポンスもいいね
Em　Bm　Am7　D7　G
とびっきりの　味は　トンカツソース　さ

Ref

2、ロースターでも　いい　グリルもいいね
15分程　焼けば　むしって　オツな味

魚介

グラタン皿で楽々

焼きがき

酒の肴《さかな》にも・肝臓《かんぞう》を整える。

貝殻《かいがら》つきかき貝

むきがきも美味

グラタン皿（耐熱皿）

オーブントースター　魚焼き器　などで

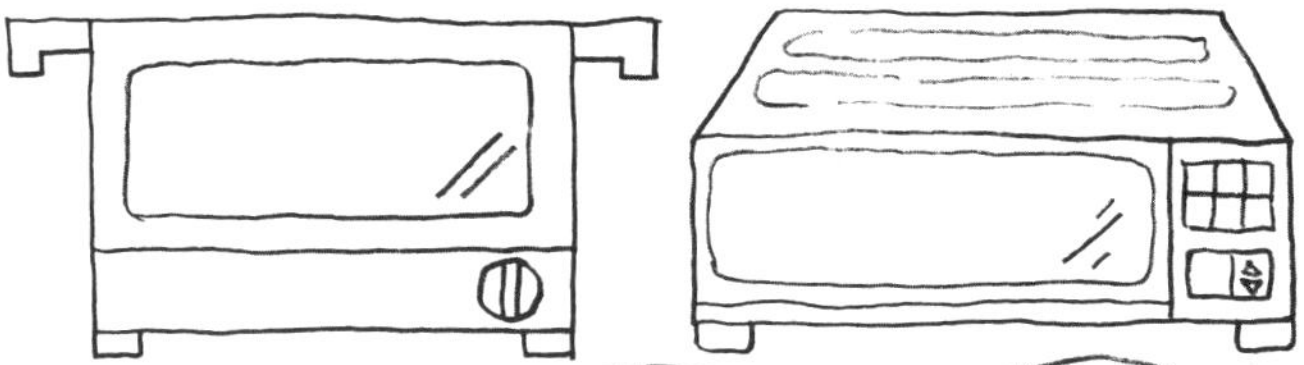

5～10分
（レア）（ミディアム）
焼く

お好みの焼き加減、
レモン
しょうゆ
ポン酢
お好みの
味つけで

貝殻《かいがら》ごと焼きは、貝が開いたらOK。

ほたてなら15~20分。大きいグラタン皿が便利

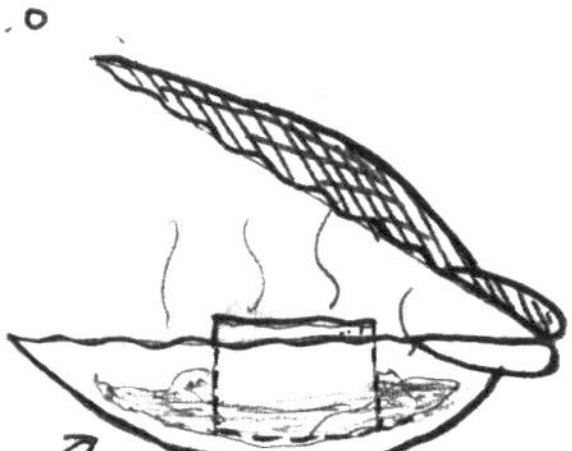

丸い方を下にすると
おつゆがたまる

醤油《しょうゆ》・酒で焼くと、炉端焼《ろばたや》きの味わい。

つぶ焼き（さざえ焼き）

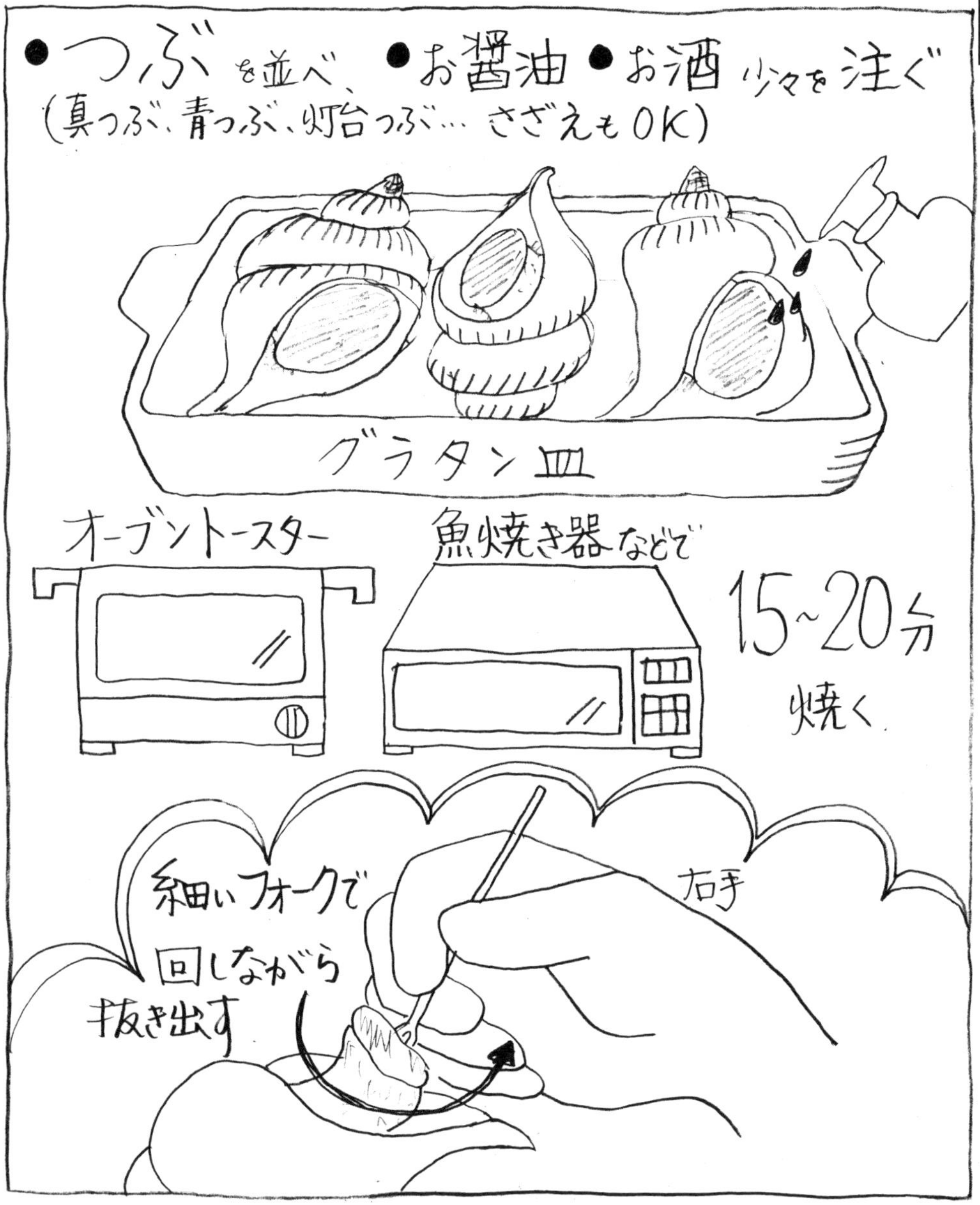
●つぶを並べ ●お醤油 ●お酒 少々を注ぐ
（真つぶ、青つぶ、灯台つぶ… さざえもOK）
グラタン皿
オーブントースター
魚焼き器などで
15~20分
焼く
細いフォークで
回しながら
抜き出す
右手

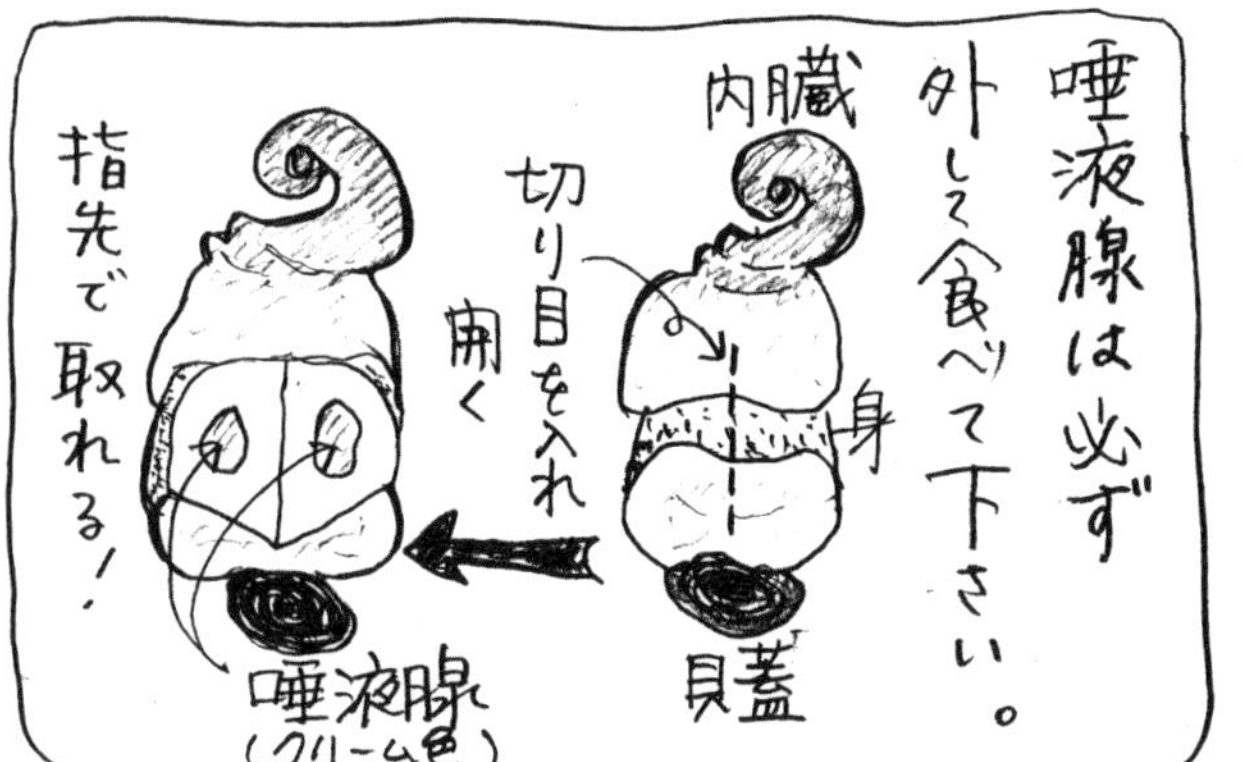
唾液腺は必ず
外して食べて下さい。
内臓
切り目を入れ
開く
身
貝蓋
指先で取れる！
唾液腺
（クリーム色）

「つぶ貝の食べすぎ注意」？

こう言われるのは、たくさん食べると、つぶ貝の唾液腺（アブラとも）に含まれるテトラミンが、身の部分に微量でも移ることで食中毒症状を起こす場合があるためです（個人差があります）。

魚介

グラタン皿で楽々

たちの醤油《しょうゆ》焼き

北海道弁で鱈《たら》の白子《しらこ》は「たち」と言います。

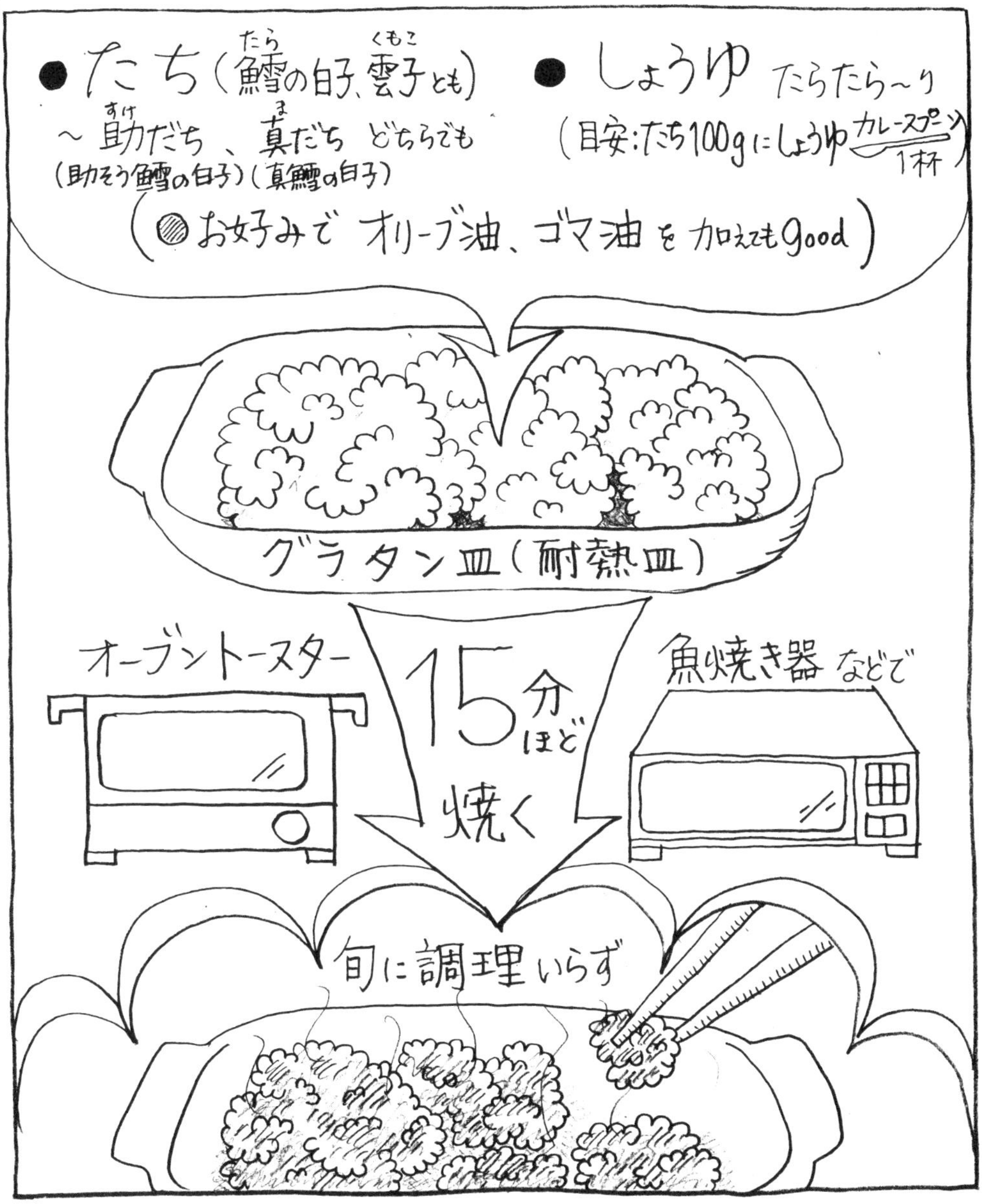

●たち（鱈《たら》の白子、雲子《くもこ》とも）
～助《すけ》だち、真《ま》だち　どちらでも
（助そう鱈の白子）（真鱈の白子）
●しょうゆ　たらたら～り
（目安：たち100gにしょうゆカレースプーン1杯）
（◎お好みで　オリーブ油、ゴマ油を加えてもgood）
グラタン皿（耐熱皿）
オーブントースター
15分ほど焼く
魚焼き器などで
旬に調理いらず

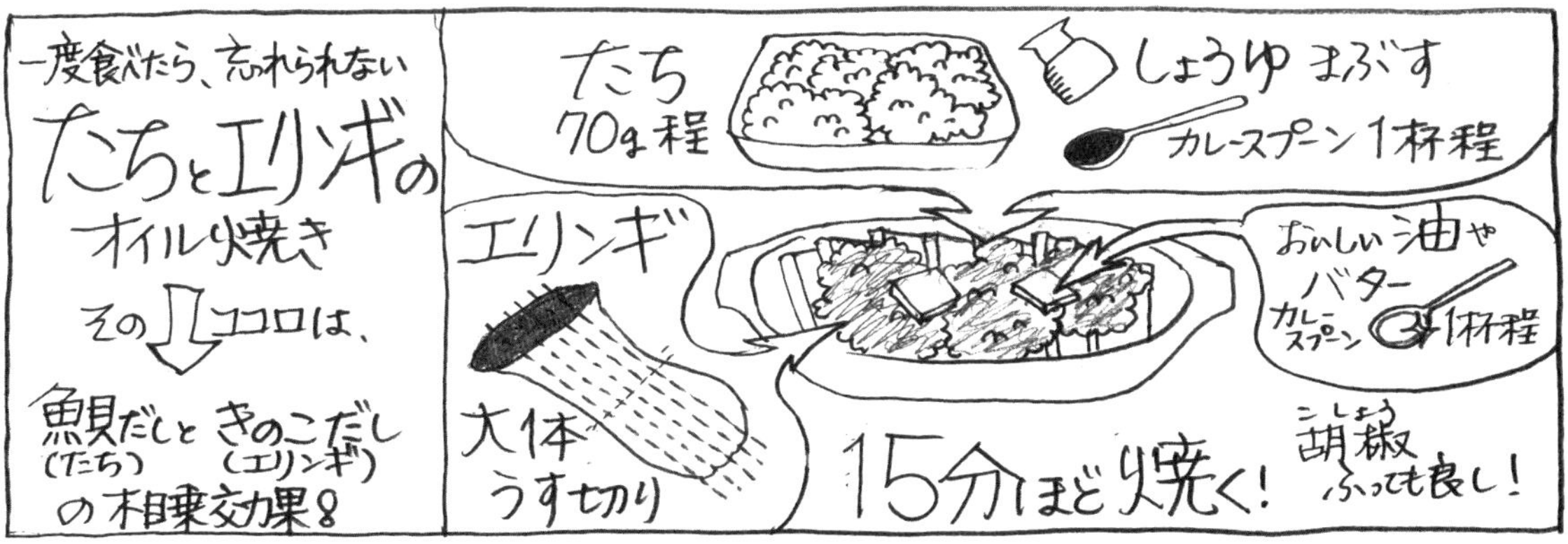

一度食べたら、忘れられない
たちとエリンギのオイル焼き
その⇩ココロは、
魚貝だし（たち）ときのこだし（エリンギ）の相乗効果８
たち　70g程
しょうゆ　まぶす
カレースプーン1杯程
エリンギ
大体うす切り
おいしい油やバター
カレースプーン1杯程
15分ほど焼く！
胡椒《こしょう》ふっても良し！

鰤《ぶり》を焼き、照《て》り汁《じる》を注ぐ。

定番

魚介

鰤《ぶり》の照《て》り焼《や》き

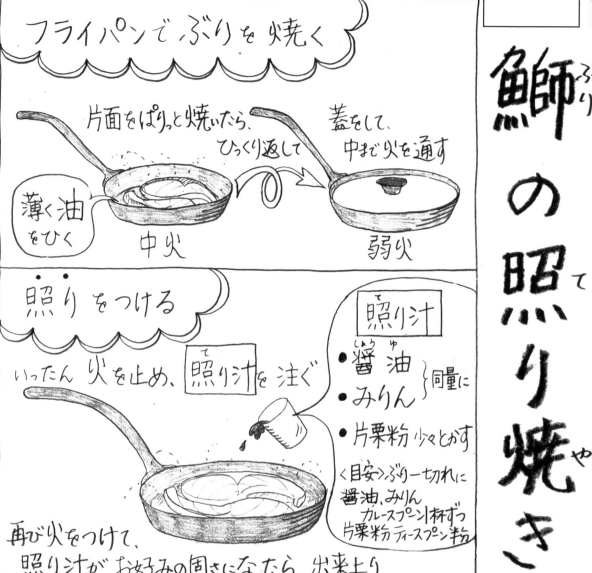

フライパンでぶりを焼く

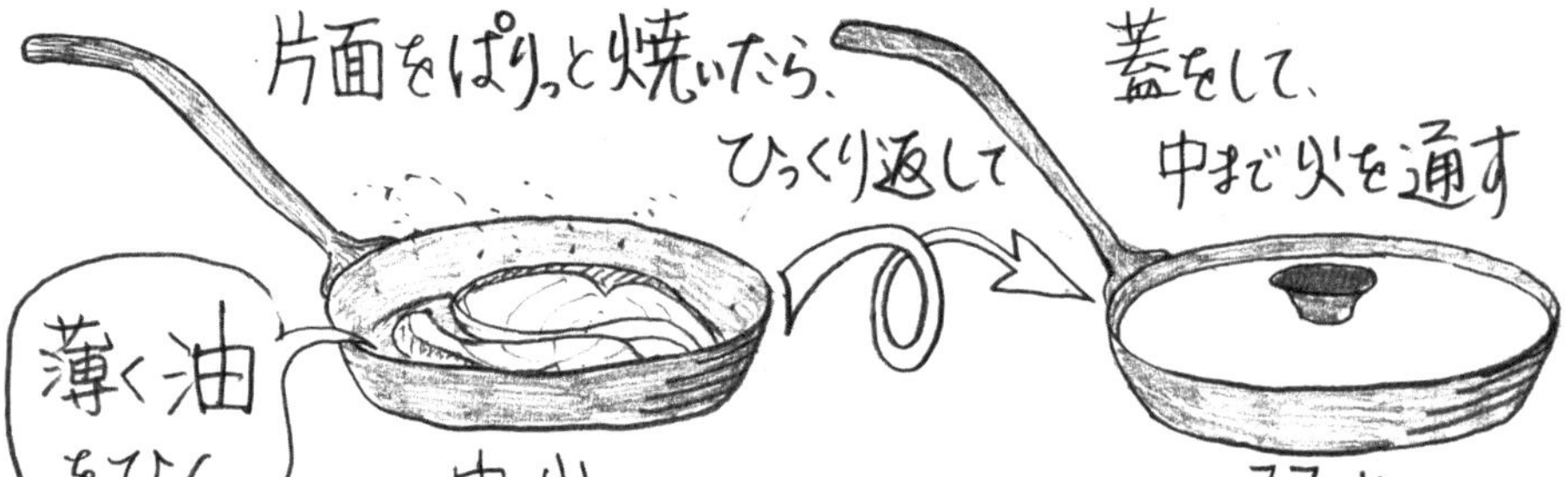

薄く油をひく

中火

片面をぱりっと焼いたら、ひっくり返して

蓋をして、中まで火を通す

弱火

照りをつける

いったん火を止め、照《て》り汁を注ぐ

照《て》り汁

- 醤《しょう》油《ゆ》 } 同量に
- みりん
- 片栗粉 少々とかす

〈目安〉ぶり一切れに
醤油、みりん カレースプーン1杯ずつ
片栗粉 ティースプーン半分

再び火をつけて、照り汁がお好みの固さになったら、出来上り

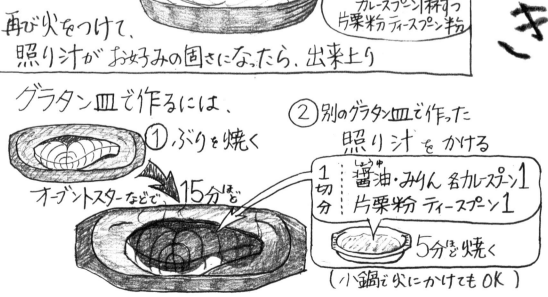

グラタン皿で作るには、

① ぶりを焼く

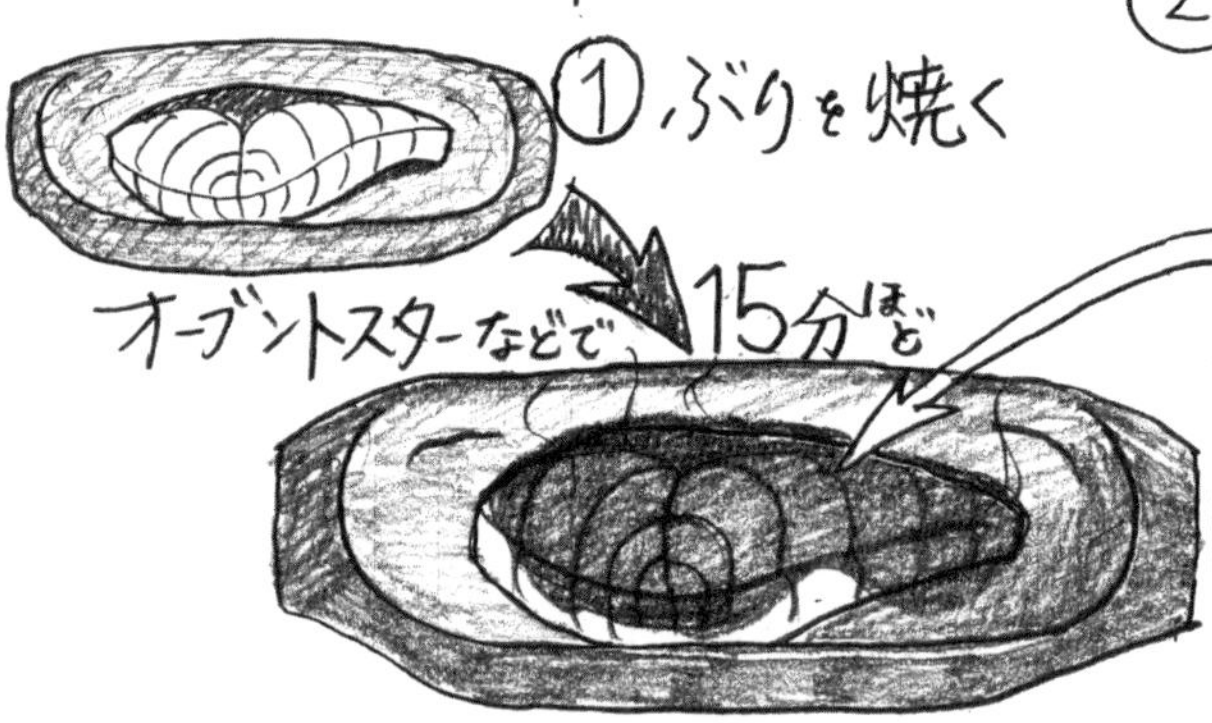

オーブントースターなどで 15分ほど

② 別のグラタン皿で作った照り汁をかける

1切分
醤《しょう》油《ゆ》・みりん 各カレースプーン1
片栗粉 ティースプーン1

5分ほど焼く

（小鍋で火にかけてもOK）

魚介

定番

鰈《かれい》の煮つけ

煮魚《にざかな》は、醤油《しょうゆ》1：水3。

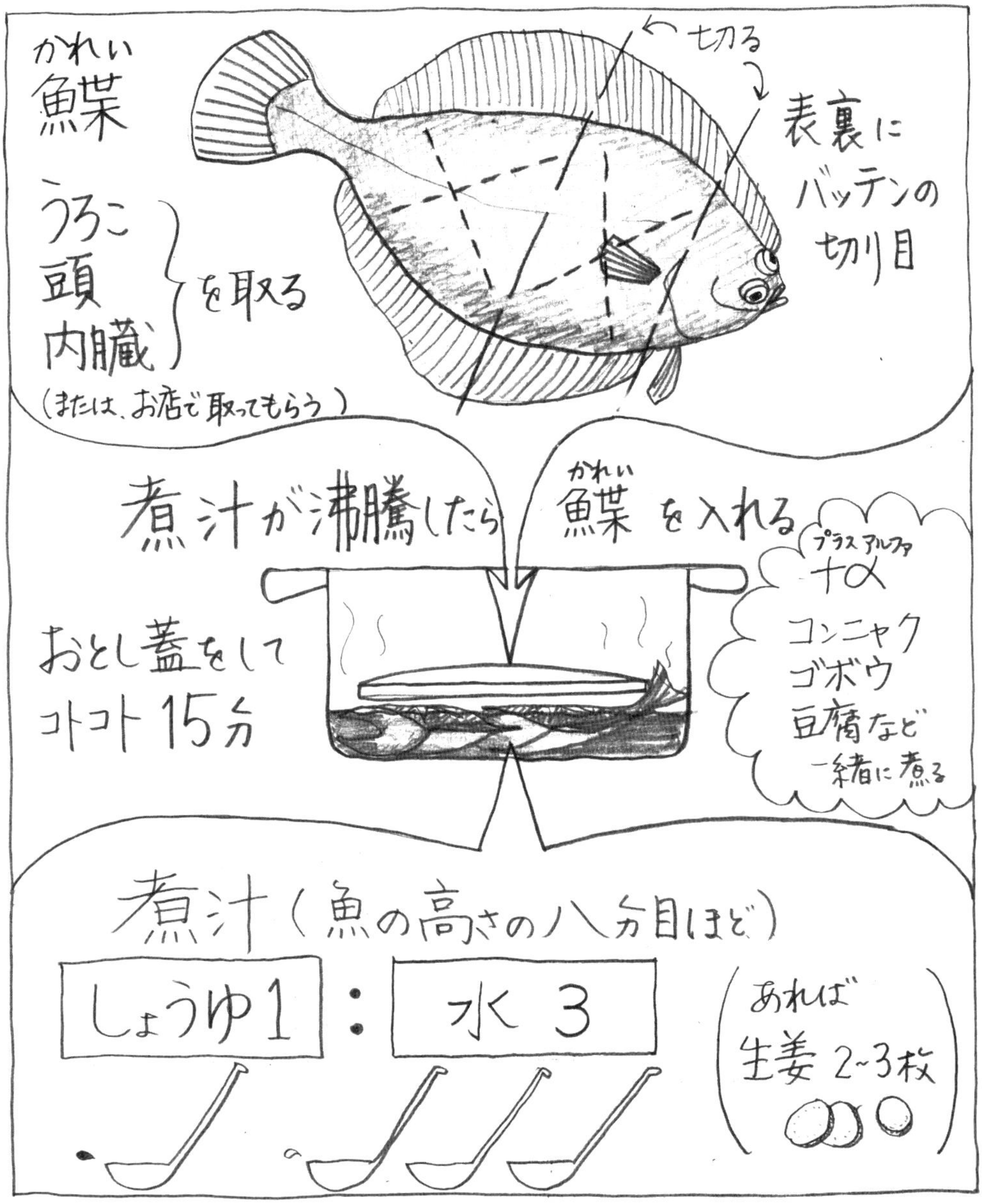

鰈《かれい》
うろこ
頭
内臓
を取る
（または、お店で取ってもらう）
切る
表裏に
バッテンの
切り目
煮汁が沸騰したら
鰈《かれい》を入れる
おとし蓋をして
コトコト15分
＋α《プラスアルファ》
コンニャク
ゴボウ
豆腐など
一緒に煮る
煮汁（魚の高さの八分目ほど）
しょうゆ1
：
水 3
あれば
生姜 2~3枚

レシピソング

煮魚の唄

詞・曲　みちお

C　Am　F　Fm　C
イントロ　魚の 煮付は　誰でも できる

C　Gm　G7　C
1. お玉一杯のお醤油と　お玉三杯の　お水を

C　G7　C
お鍋に入れて　火にかける

F　C　G7　C
煮たった所で魚を入れて　落しぶたして　コトコト

F　C　G7　C
10分から 15分　弱火で 煮て下さい

F　C　G7　C
𝄆煮魚は 醤油一杯　水　三杯𝄇

2. カレイの煮付は まろやかで　鰯の煮付は こくがある

昔ながらの　おふくろの味

水じゃなく ダシを使えば 魚がおこる ダシは私《デショ》

煮魚は 醤油一杯　水　三杯

𝄆煮魚は 醤油一杯　水　三杯𝄇

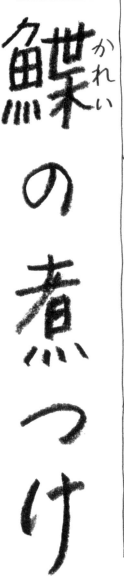

グラタン皿で楽々

鰈《かれい》の煮つけ

煮魚も、1〜2人前なら、グラタン皿！

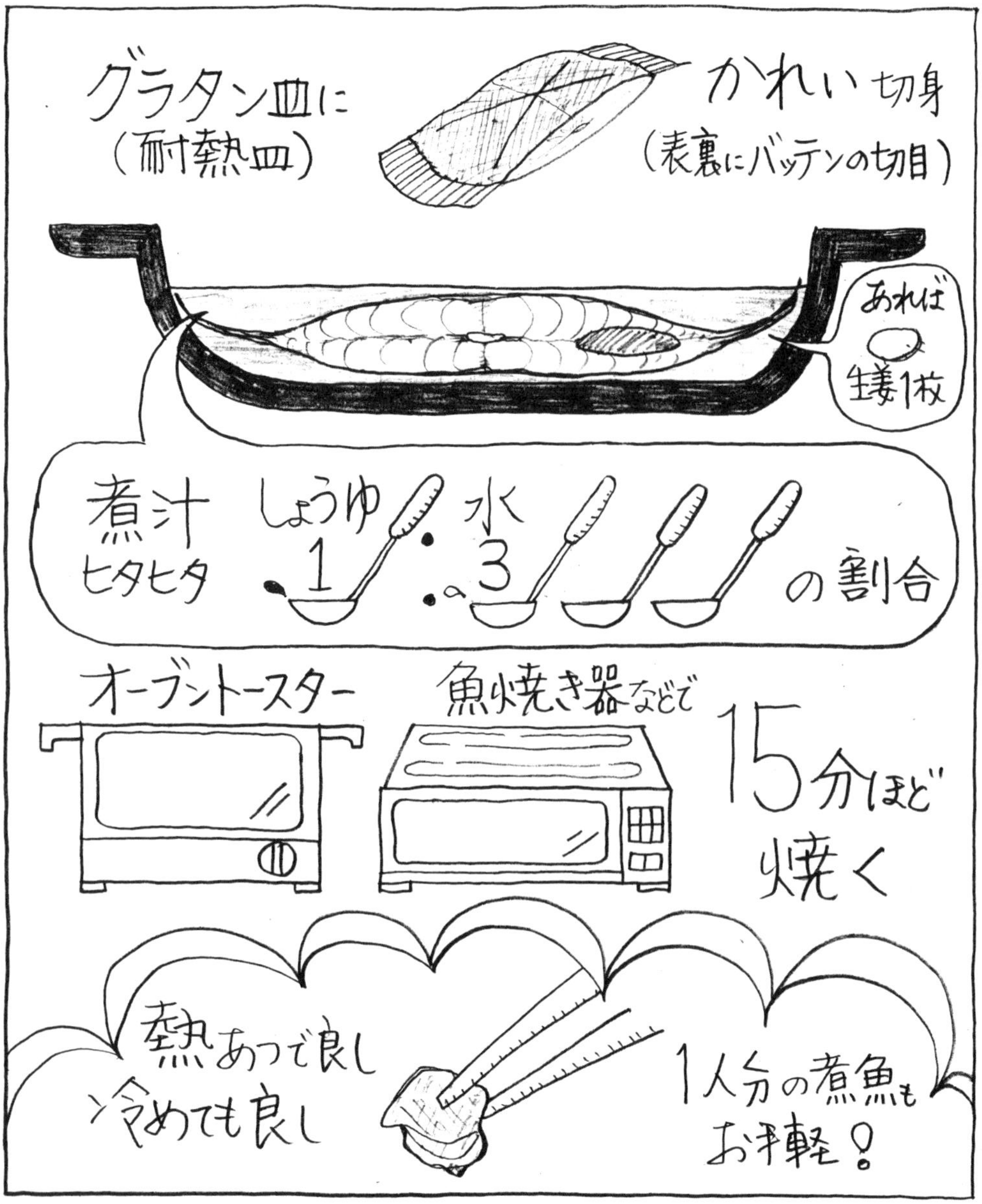

グラタン皿に
(耐熱皿)
かれい 切身
(表裏にバッテンの切目)
あれば
生姜1枚
煮汁
ヒタヒタ
しょうゆ 1 : 水 3
の割合
オーブントースター
魚焼き器などで
15分ほど
焼く
熱あつで良し
冷めても良し
1人分の煮魚も
お手軽！

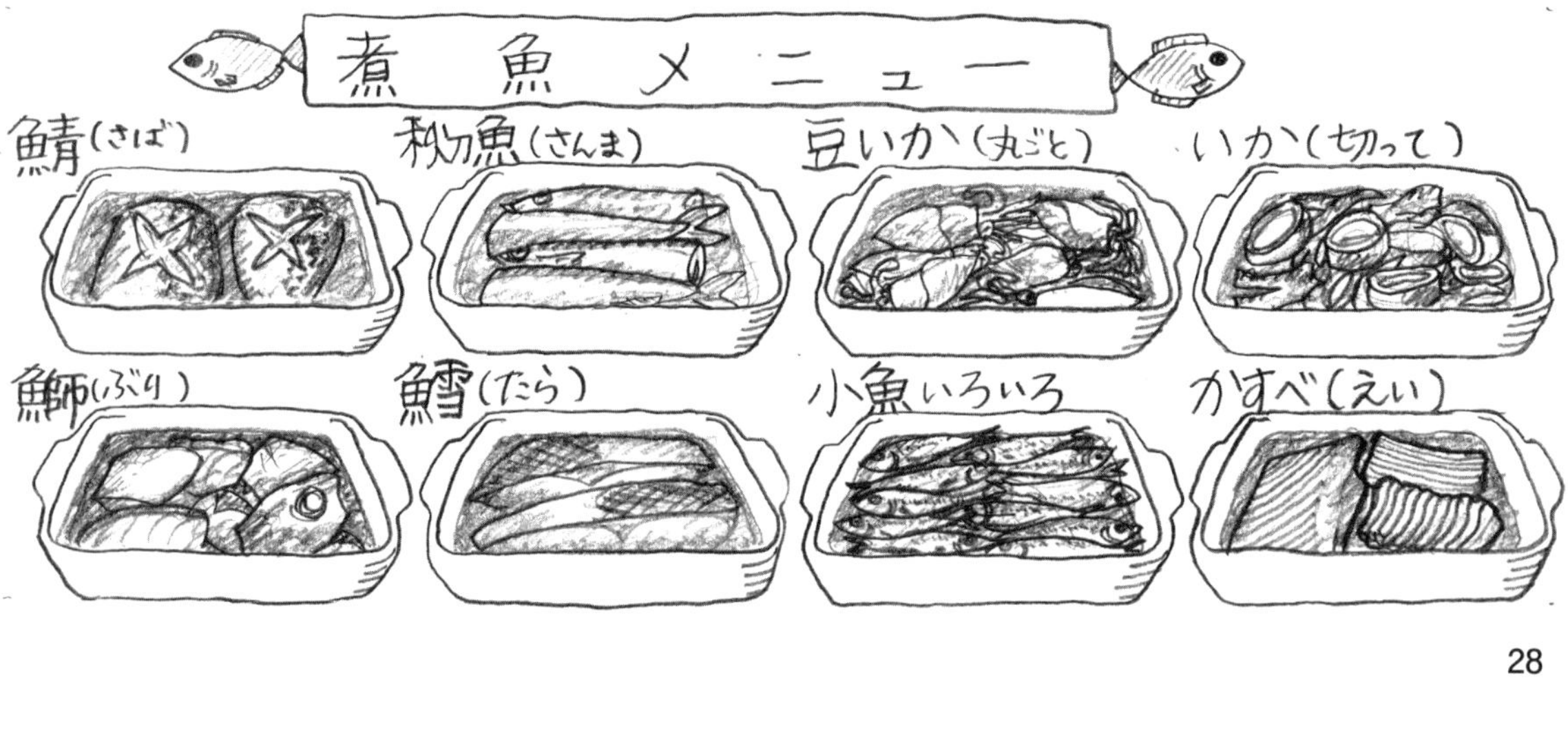

煮魚メニュー
鯖(さば)
秋刀魚(さんま)
豆いか(丸ごと)
いか(切って)
鰤(ぶり)
鱈(たら)
小魚いろいろ
かすべ(えい)

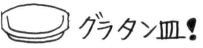

魚介

グラタン皿で楽々

鰯《いわし》の煮つけ

魚の煮汁は、究極の麺《めん》つゆ。

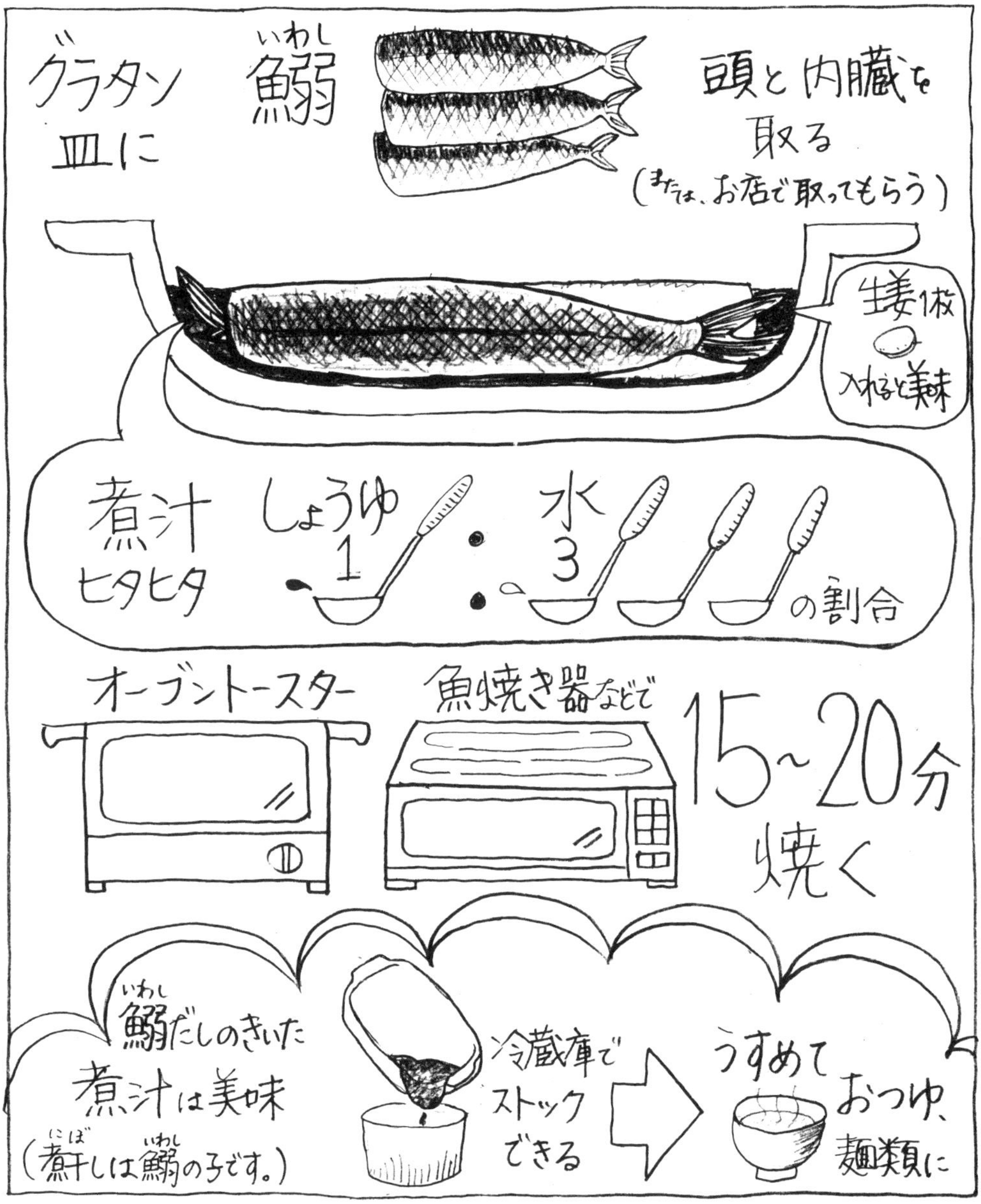
グラタン皿に
鰯《いわし》
頭と内臓を取る
(または、お店で取ってもらう)
生姜1枚
入れると美味
煮汁ヒタヒタ
しょうゆ1：水3 の割合
オーブントースター
魚焼き器などで
15～20分焼く
鰯《いわし》だしのきいた
煮汁は美味
(煮干《にぼ》しは鰯《いわし》の子です。)
冷蔵庫でストックできる
うすめておつゆ、麺類に

鰯《いわし》・鰈《かれい》など　魚の煮汁で　お楽しみあれ

蕎麦《そば》・うどん　拉麺《らーめん》・煮麺《にゅうめん》　ぶっ掛け麺（そば・うどん　そうめん・らーめん）　付け汁麺（そば・うどん　そうめん・らーめん）

魚の油（EPA＝血液サラサラ、DHA＝頭が良くなる）を余《あま》すところなく、いただける。

グラタン皿で楽々

公魚《わかさぎ》の煮つけ・佃煮《つくだに》

醤油《しょうゆ》1：水3で煮つけ・醤油《しょうゆ》のみで佃煮《つくだに》。

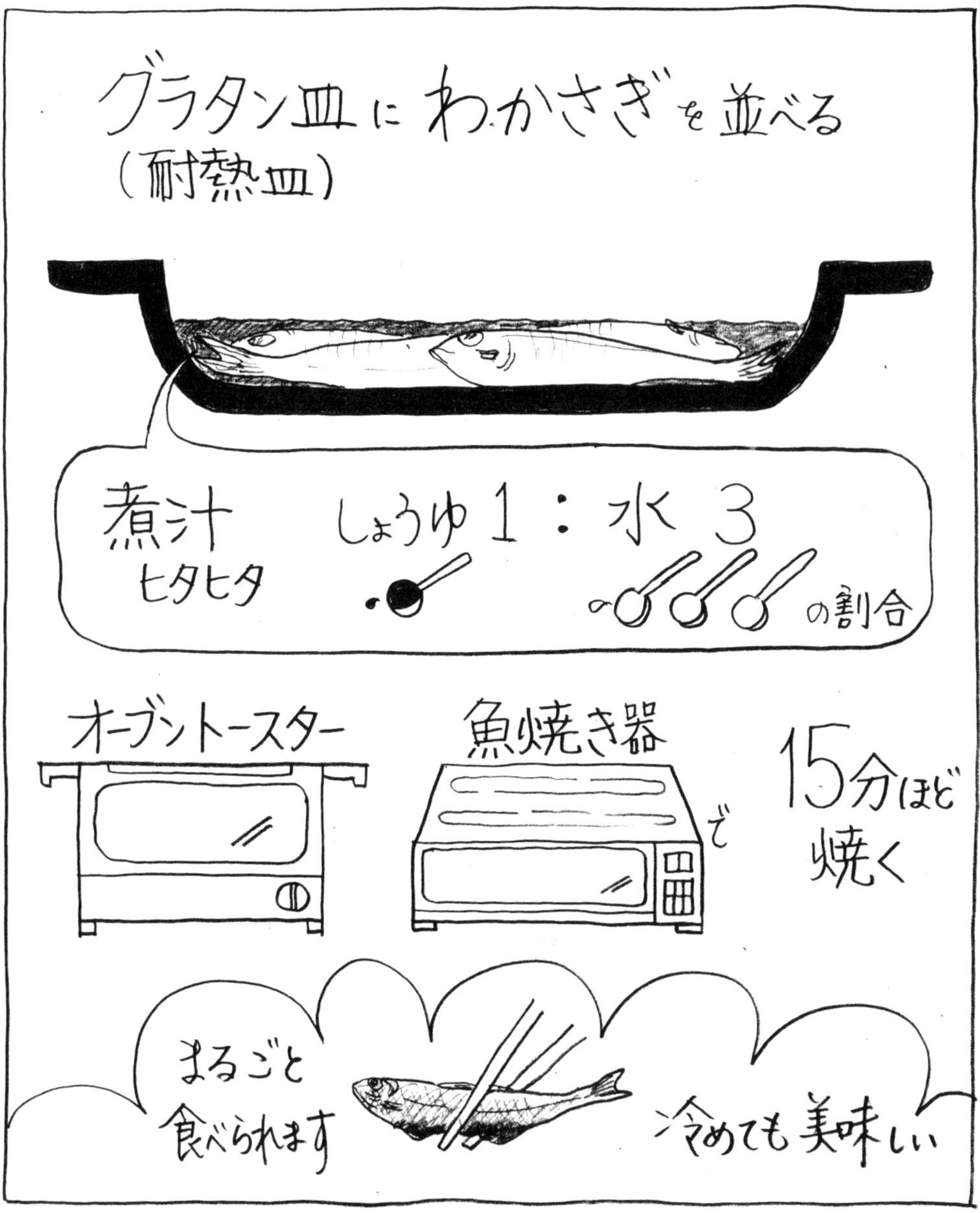
グラタン皿にわかさぎを並べる
（耐熱皿）
煮汁
ヒタヒタ
しょうゆ1：水3
の割合
オーブントースター
魚焼き器
で
15分ほど
焼く
まるごと
食べられます
冷めても美味しい

佃煮《つくだに》とは

江戸時代、佃島《つくだじま》の漁民が、残り物の小魚などを醤油《しょうゆ》で煮て、自家用保存食としたのが始まり。

小鮎《こあゆ》、諸子《もろこ》、縮緬《ちりめん》じゃこ、小えび、蜆《しじみ》や浅蜊《あさり》などの貝類、地元の小魚、昆布、椎茸、山菜などを醤油で煮つめる。甘みはお好みで。

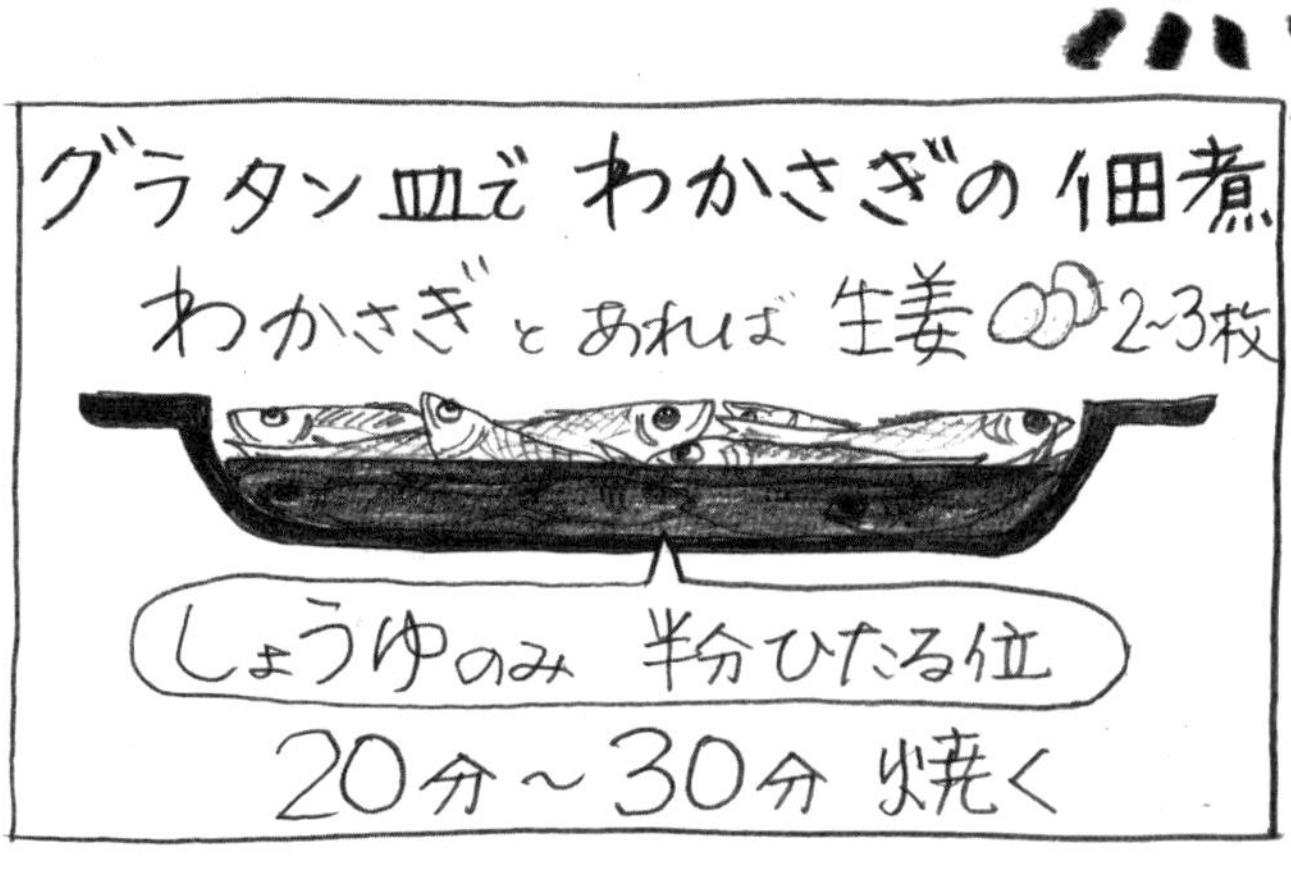
グラタン皿でわかさぎの佃煮
わかさぎとあれば生姜2~3枚
しょうゆのみ 半分ひたる位
20分～30分焼く

魚介

グラタン皿

作り置き

あさりのしぐれ煮

佃煮《つくだに》・しぐれ煮は、醤油《しょうゆ》で煮た保存食。

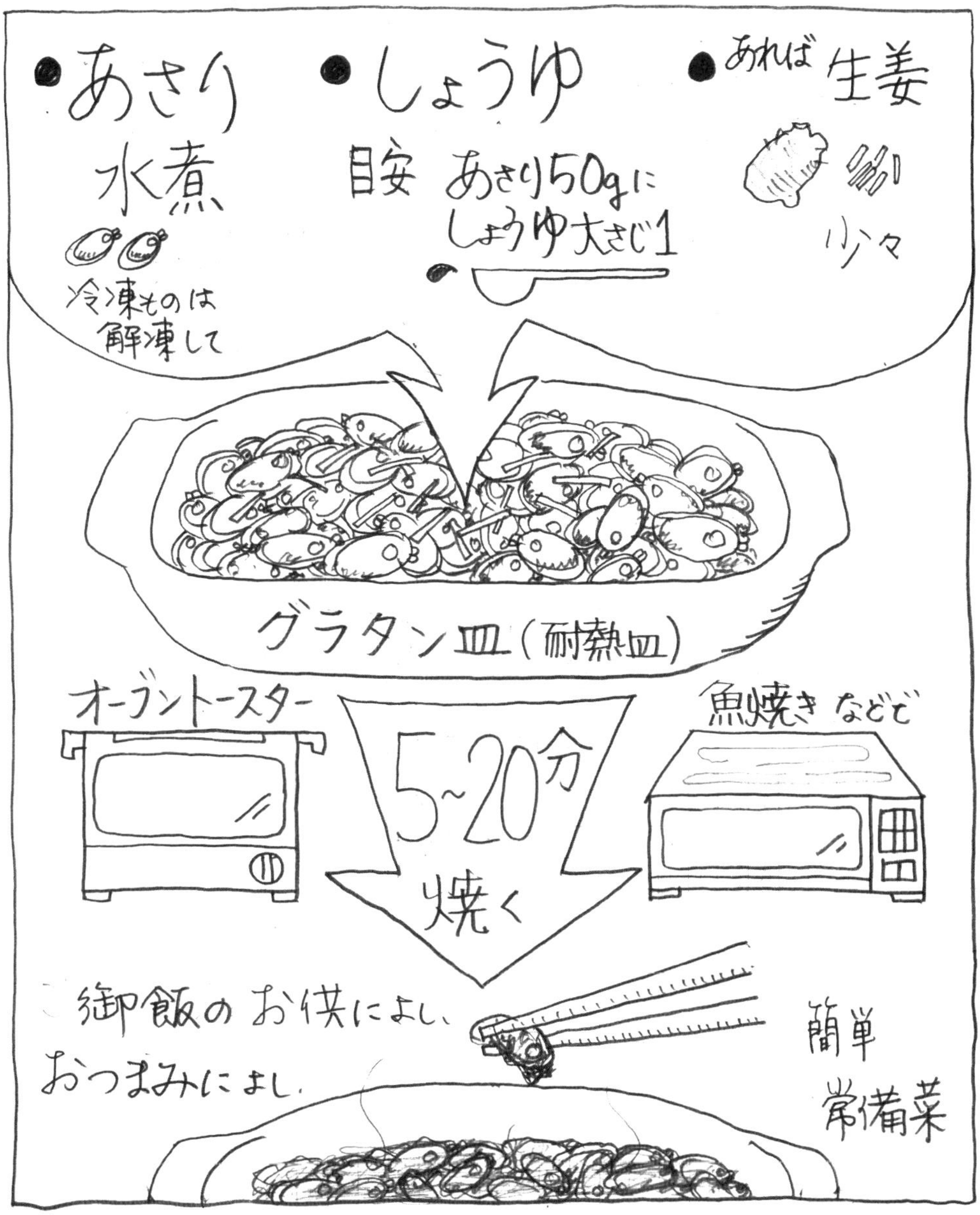

あさり
しょうゆ
あれば 生姜
水煮
冷凍ものは 解凍して
目安 あさり50gに しょうゆ大さじ1
少々
グラタン皿（耐熱皿）
オーブントースター
魚焼き などで
5~20分
焼く
御飯のお供によし
おつまみによし
簡単
常備菜

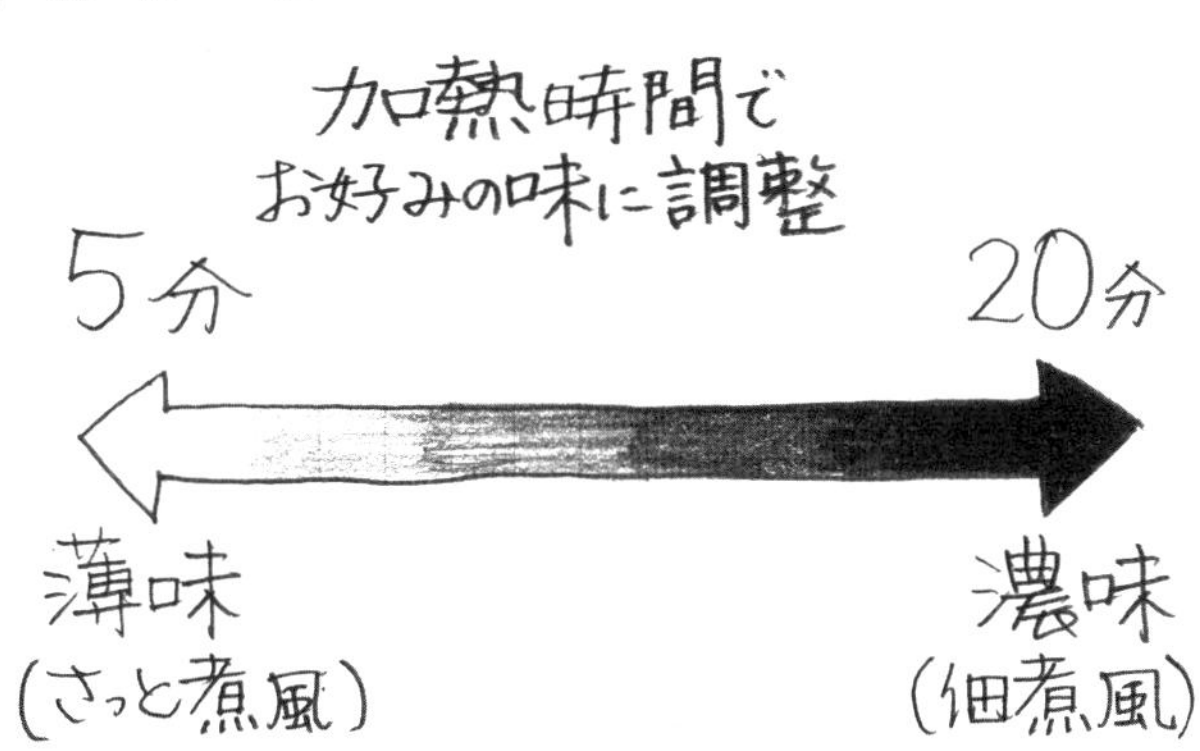

加熱時間で
お好みの味に調整
5分
20分
薄味
（さっと煮風）
濃味
（佃煮風）

しぐれ煮は、佃煮の仲間

江戸中期、芭蕉《ばしょう》の弟子、各務《かがみ》支考《しこう》が、桑名《くわな》の名物・蛤《はまぐり》を、生姜を薬味にして醤油で煮たものを、「時雨蛤《しぐれはまぐり》」と名付けたことが、「しぐれ煮」の名称の始まりとされています。なぜ、「しぐれ」と付けたのかは謎。あさりのしぐれ煮をいただきながら、思いをめぐらせてみるのも、一興《いっきょう》です。

先人の知恵　味噌《みそ》は、魚介・鳥獣《ちょうじゅう》の臭《くさ》みを消す。

グラタン皿で楽々

鯖《さば》の味《み》噌《そ》煮《に》

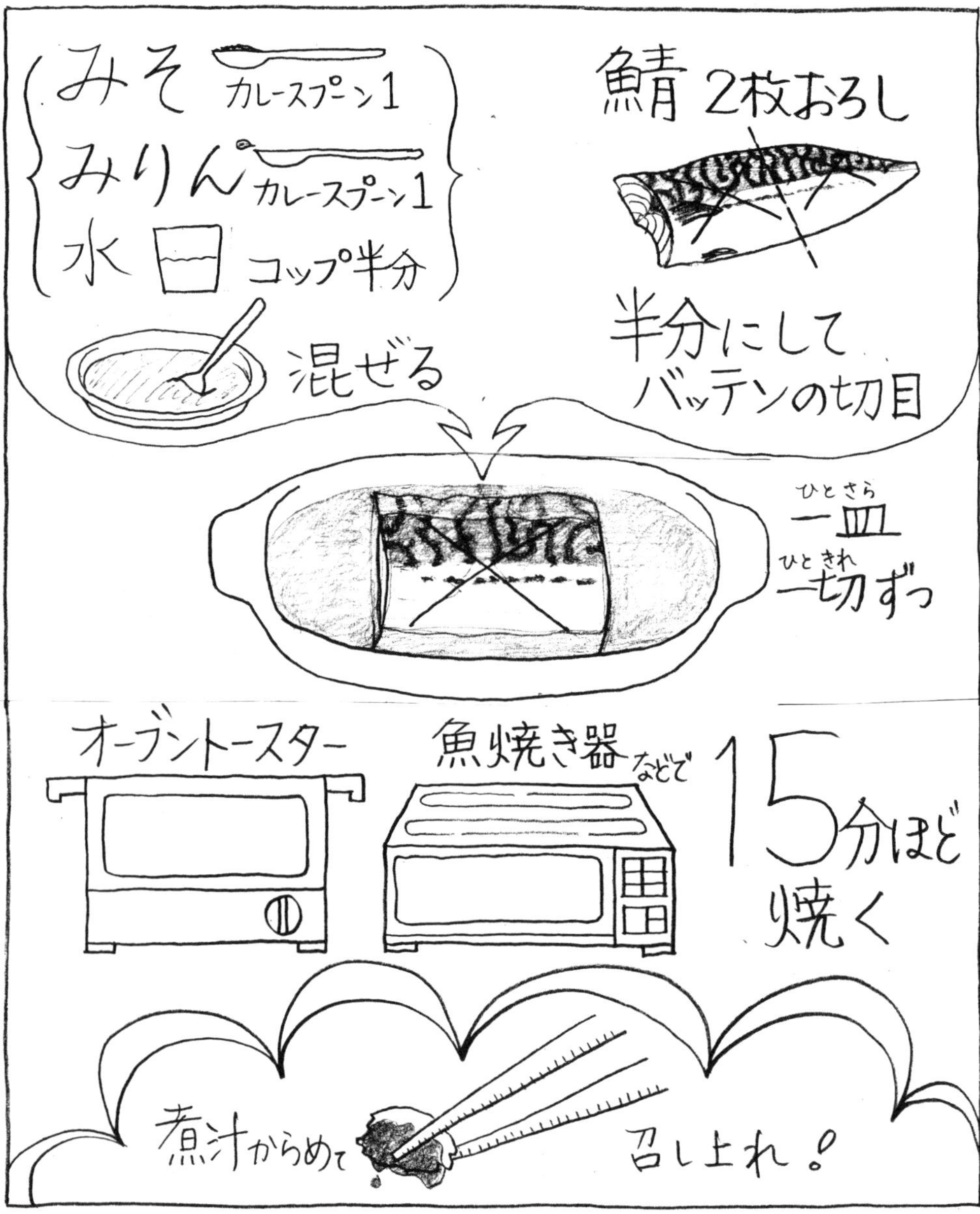
みそ カレースプーン1
みりん カレースプーン1
水 コップ半分
混ぜる
鯖 2枚おろし
半分にして
バッテンの切目
一皿《ひとさら》
一切《ひときれ》ずつ
オーブントースター
魚焼き器
などで
15分ほど
焼く
煮汁からめて
召し上れ！

フライパンなら　鯖一尾分（4切れ）できる

鯖《さば》
一尾
（4切）
皮に
バッテンの
切り目
みそだれ
酒 コップ1/3
水 コップ1/3
みりん カレースプーン1杯
みそ カレースプーン3杯
ごま油
少々ひいて
皮から焼く
皮がパリッと
焼けたら、
ひっくり返して、みそだれ注ぐ
落し蓋して
中火でグツグツ5分

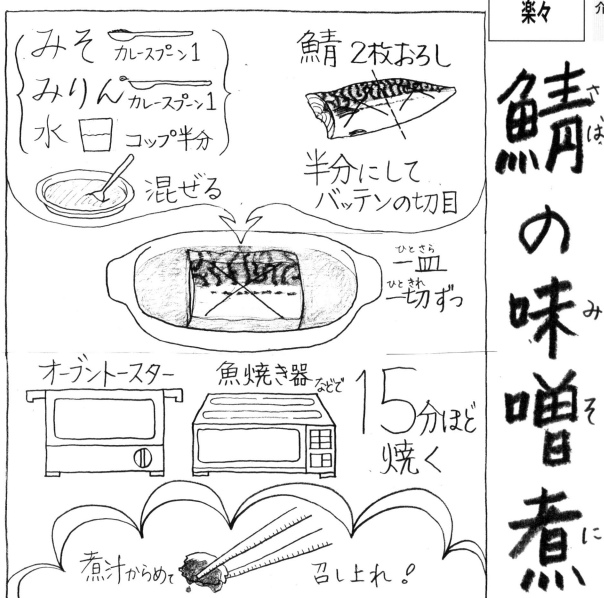

魚介

グラタン皿

作り置き

そのまま焼くのも美味。唐《から》揚《あ》げ・ザンギは日持ちする。

公魚《わかさぎ》の唐《から》揚《あ》げ

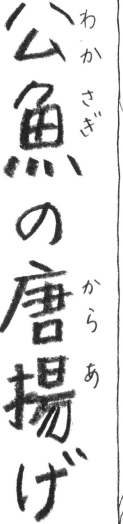

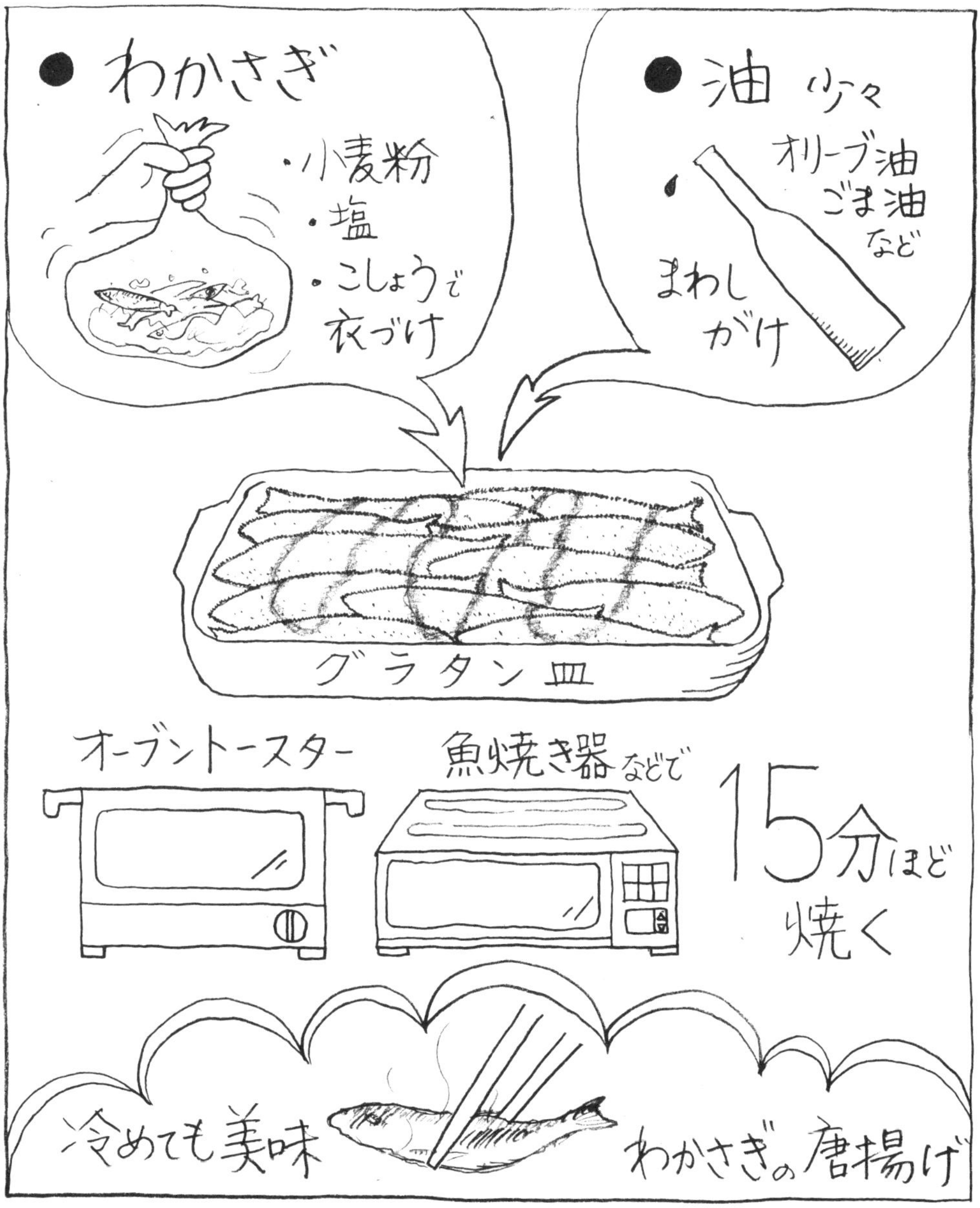

● わかさぎ
・小麦粉
・塩
・こしょうで
衣づけ
● 油 少々
オリーブ油
ごま油
など
まわしがけ
グラタン皿
オーブントースター
魚焼き器などで
15分ほど焼く
冷めても美味
わかさぎの唐揚げ

公魚《わかさぎ》ザンギ

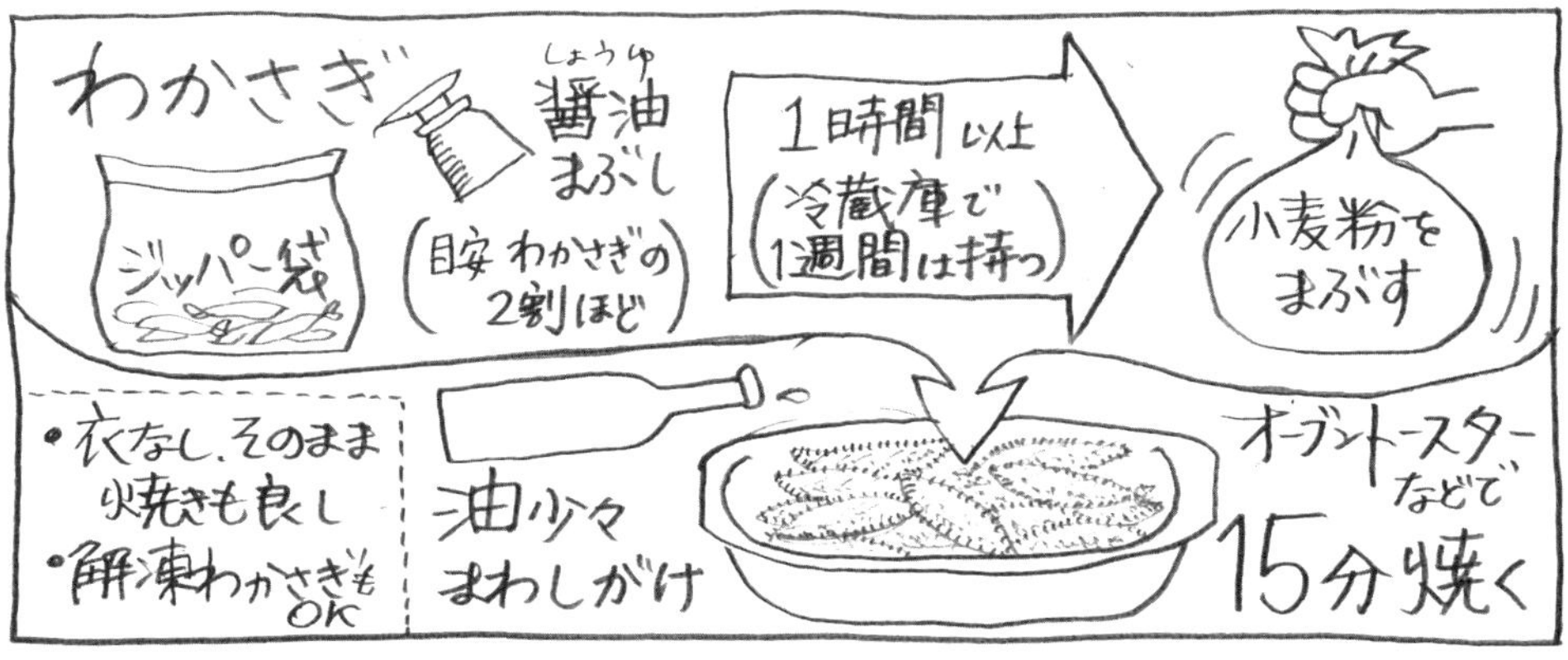

わかさぎ
醤油《しょうゆ》まぶし
ジッパー袋
(目安 わかさぎの2割ほど)
1時間以上
(冷蔵庫で1週間は持つ)
小麦粉をまぶす
・衣なし、そのまま焼きも良し
・解凍わかさぎもOK
油少々まわしがけ
オーブントースターなどで
15分焼く

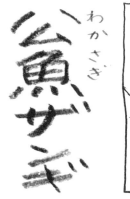

魚介

定番

ほうれんそういかサラダ

烏賊《いか》のぷりぷり術～火を止めて、烏賊《いか》を入れる。

春は、三つ葉・にら・ふき（さっとゆでて）
夏は、きゅうり・キャベツ（塩して水気しぼる）
も美味

魚介

定番

いか納豆

強肝《きょうかん》解毒《げどく》・居酒屋の定番。かんたん いかの皮むき。

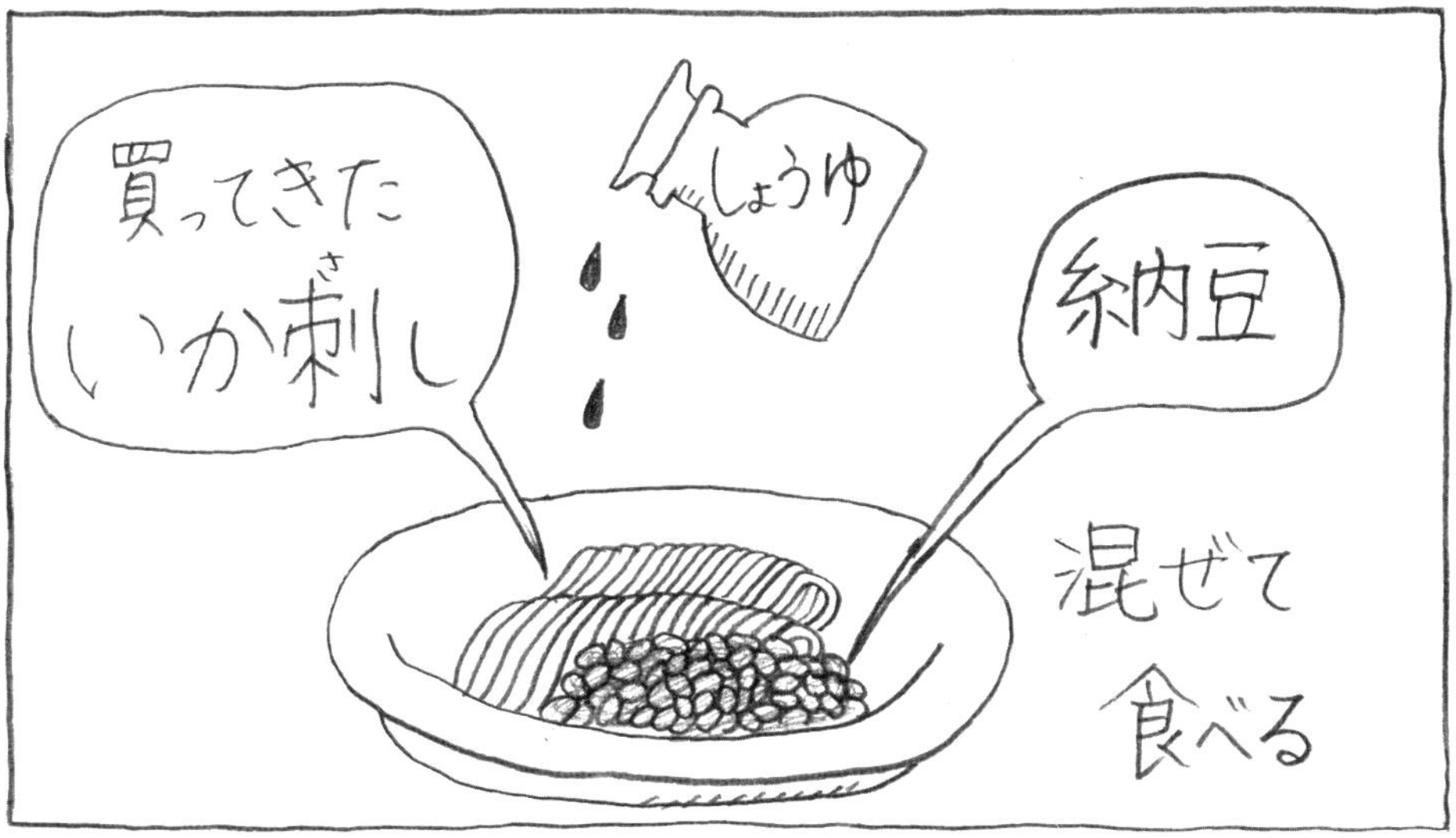

買ってきた いか刺《さ》し
しょうゆ
納豆
混ぜて食べる

いかをさばきたい人は、

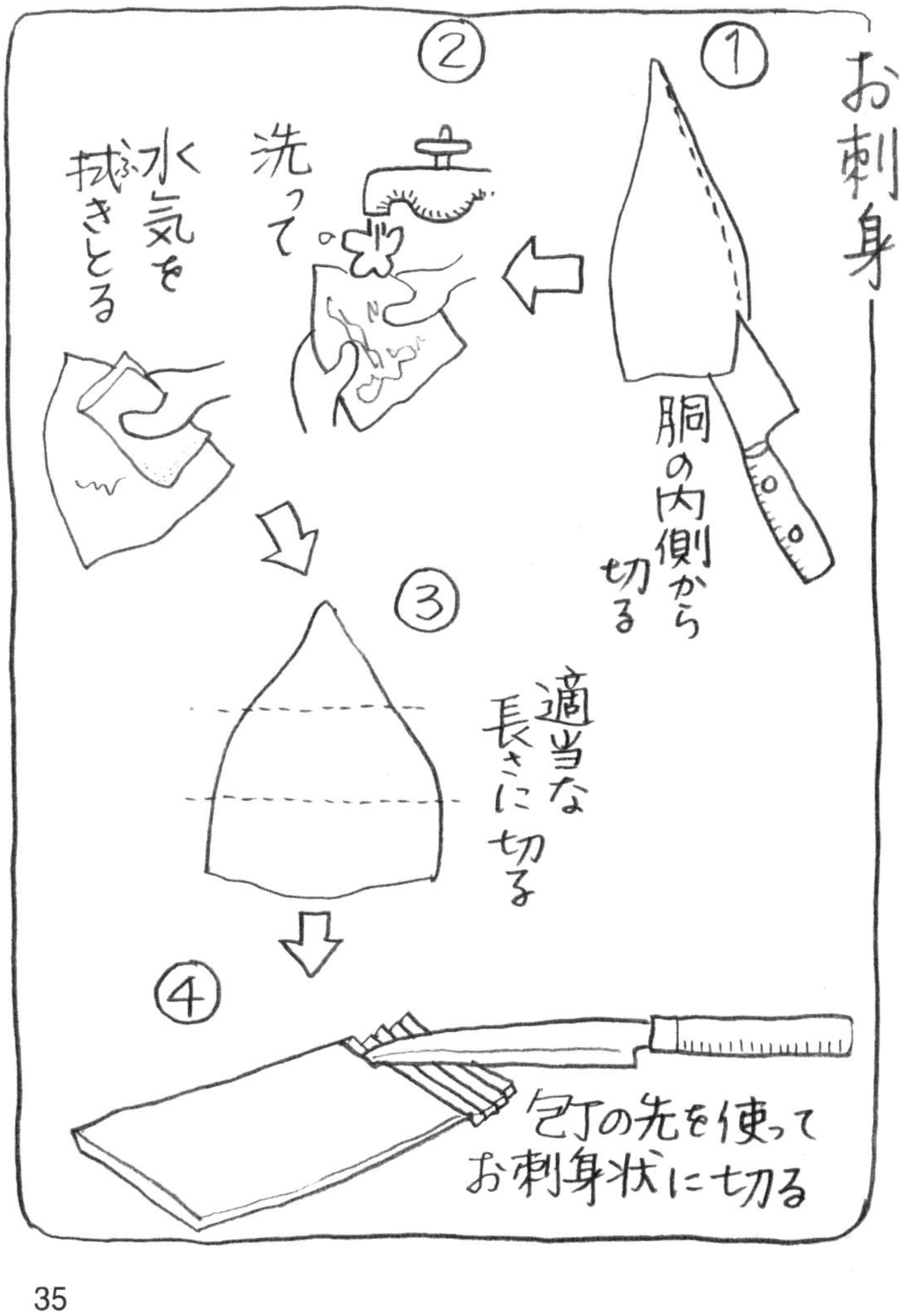

お刺身
① 胴の内側から切る
② 洗って。
水気を拭《ふ》きとる
③ 適当な長さに切る
④ 包丁の先を使ってお刺身状に切る

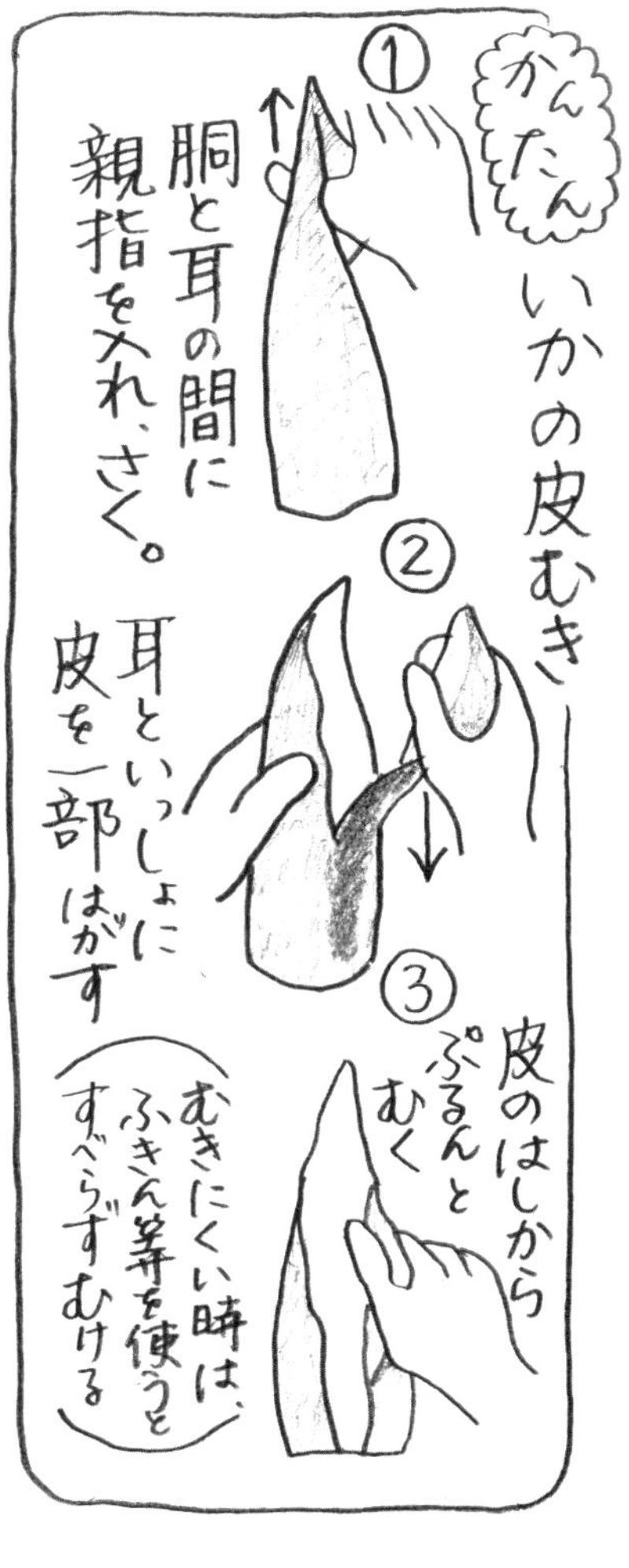

かんたん いかの皮むき
① 胴と耳の間に親指を入れ、さく。
② 耳といっしょに皮を一部はがす
③ 皮のはしからぷるんとむく
(むきにくい時は、ふきん等を使うとすべらずむける)

冷凍いかでもできる。一晩塩〆《しおじめ》で生臭《なまぐさ》さなし。

作り置き

発酵食品

魚介

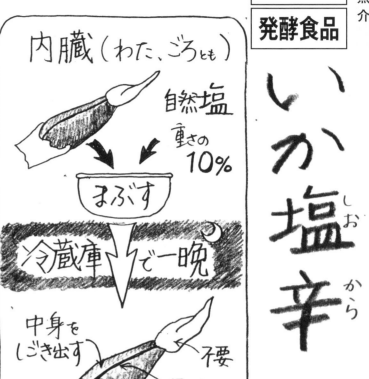

いか塩《しお》辛《から》

「こうじ入り」だから、発酵食品。なので、長持ちする。日に日においしくなる。

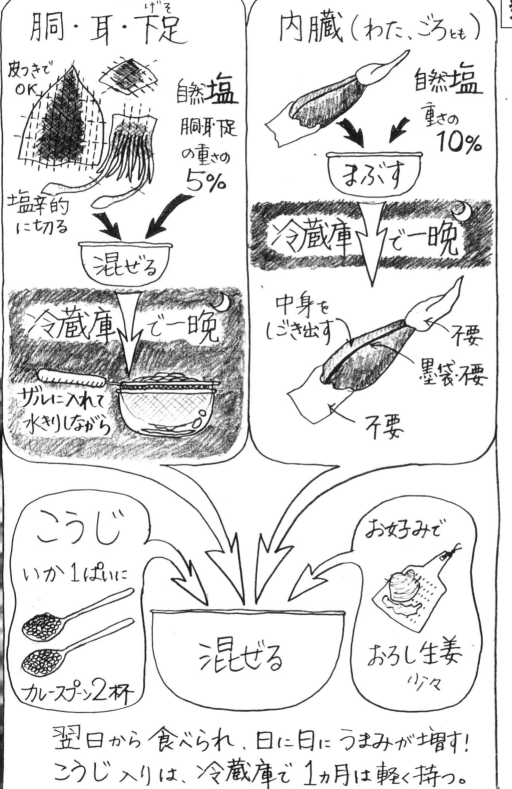

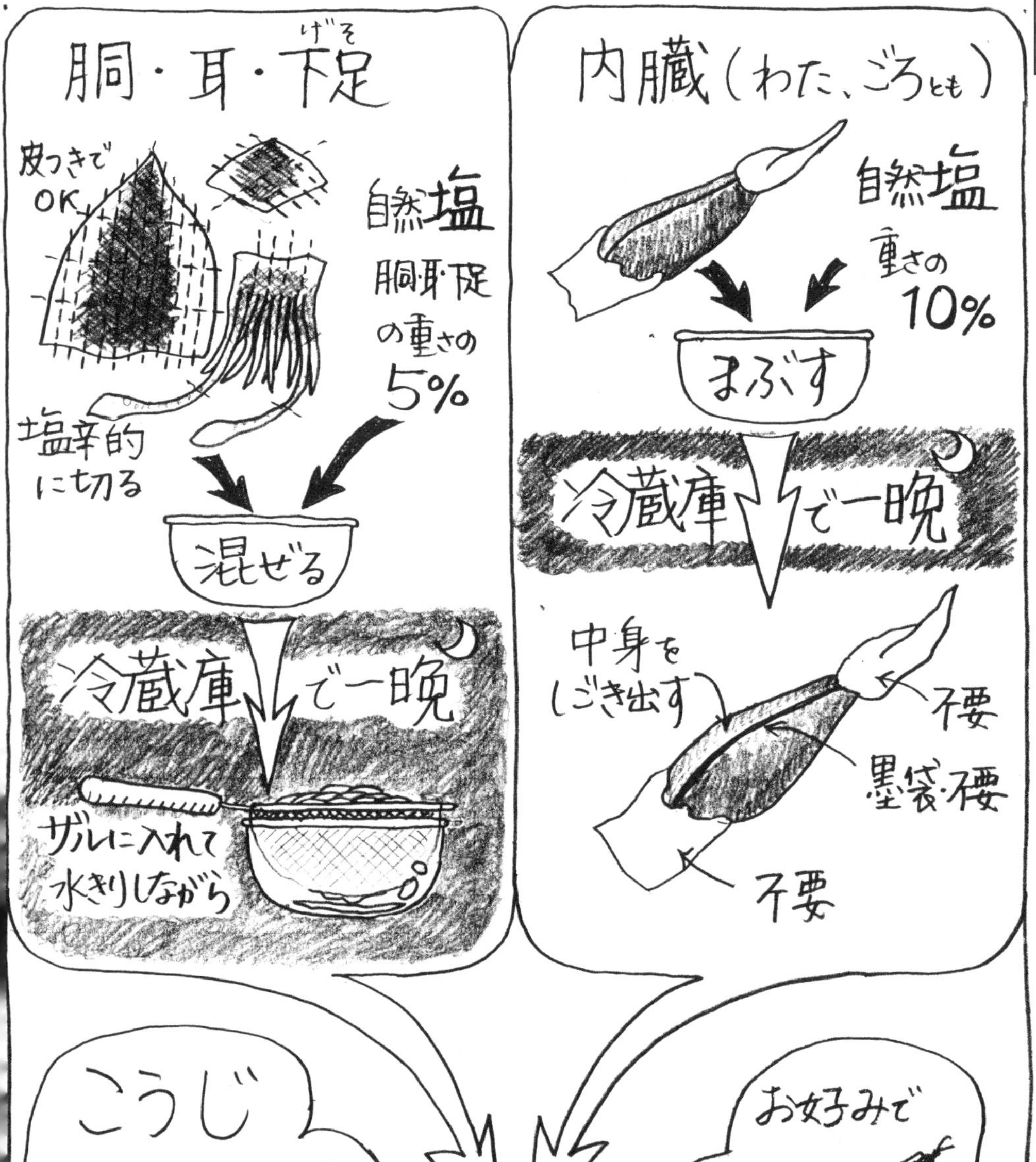

胴・耳・下足《げそ》
皮つきでOK
自然塩
胴・耳・下足の重さの5%
塩辛的に切る
混ぜる
冷蔵庫で一晩
ザルに入れて水きりしながら
内臓（わた、ごろとも）
自然塩
重さの10%
まぶす
冷蔵庫で一晩
中身をしごき出す
不要
墨袋・不要
不要
こうじ
いか1ぱいに
カレースプーン2杯
混ぜる
お好みで
おろし生姜
少々

翌日から食べられ、日に日にうまみが増す！
こうじ入りは、冷蔵庫で1カ月は軽く持つ。

魚介

作り置き

発酵食品

いかの白づくり

日持ち一カ月は楽々。特売のいか刺し見つけたら、白づくり。

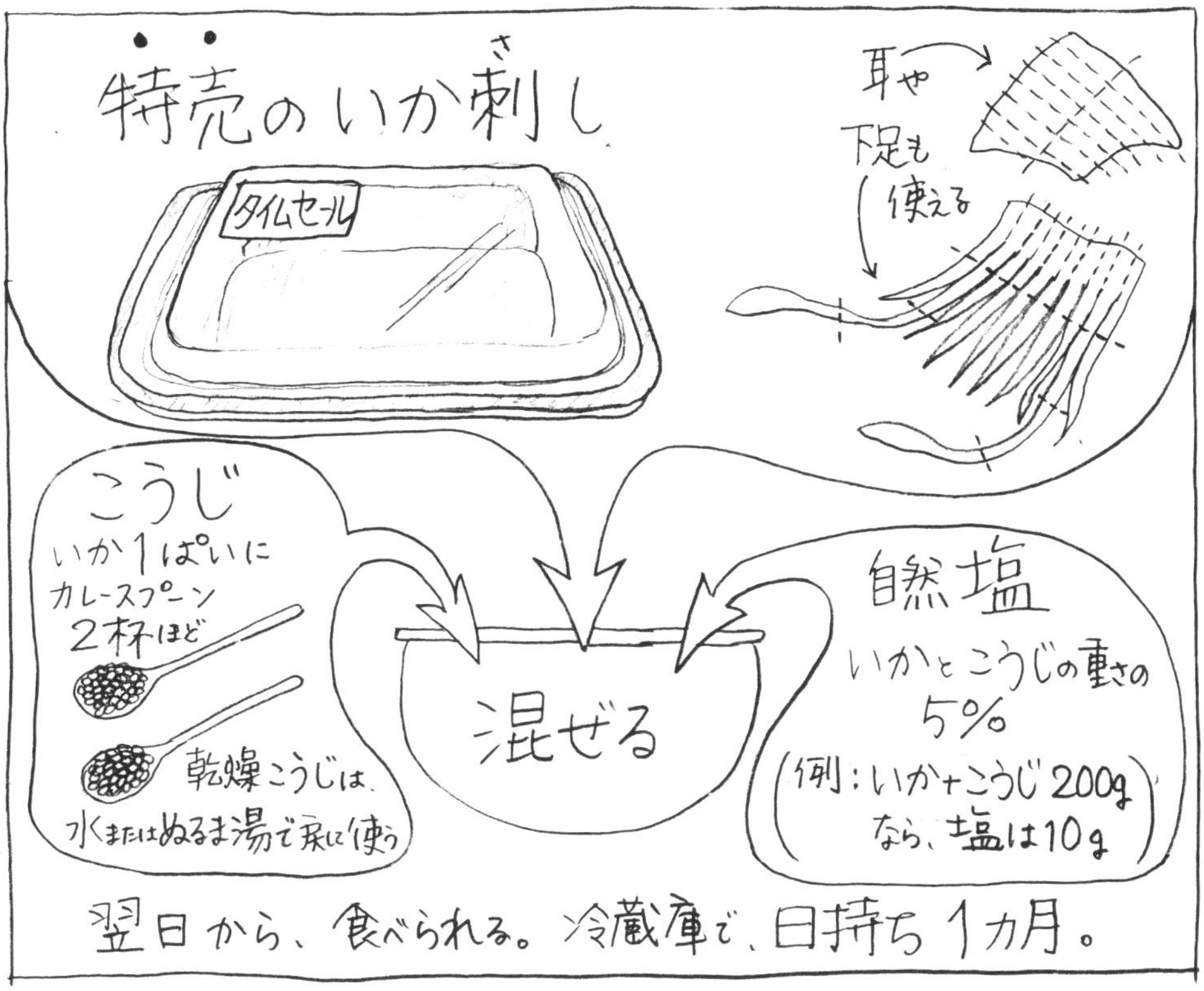
特売のいか刺《さ》し
タイムセール
耳や下足も使える
こうじ
いか1ぱいに
カレースプーン
2杯ほど
乾燥こうじは、水またはぬるま湯で戻して使う
混ぜる
自然塩
いかとこうじの重さの5%
(例:いか+こうじ200gなら、塩は10g)
翌日から、食べられる。冷蔵庫で、日持ち1カ月。

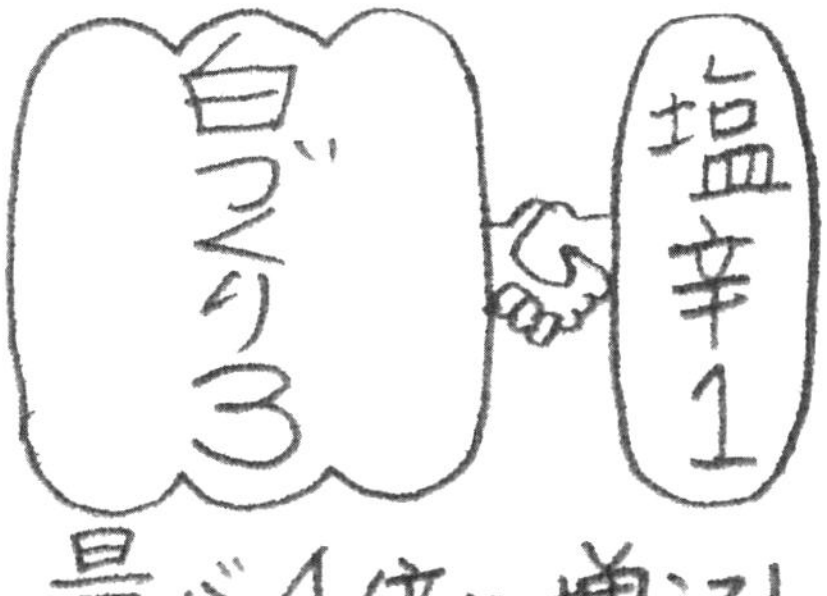
塩辛1
白づくり3
量が4倍に増える!

塩辛増量法

いかの塩辛がすぐになくならないように、増量法を考えました。

スーパーのタイムセールでいか刺しを見つけたら、まとめ買い。こうじと塩を混ぜて白づくりに。

塩辛1に対し白づくり3の割合で混ぜて増量。安心してたくさんいただけます。

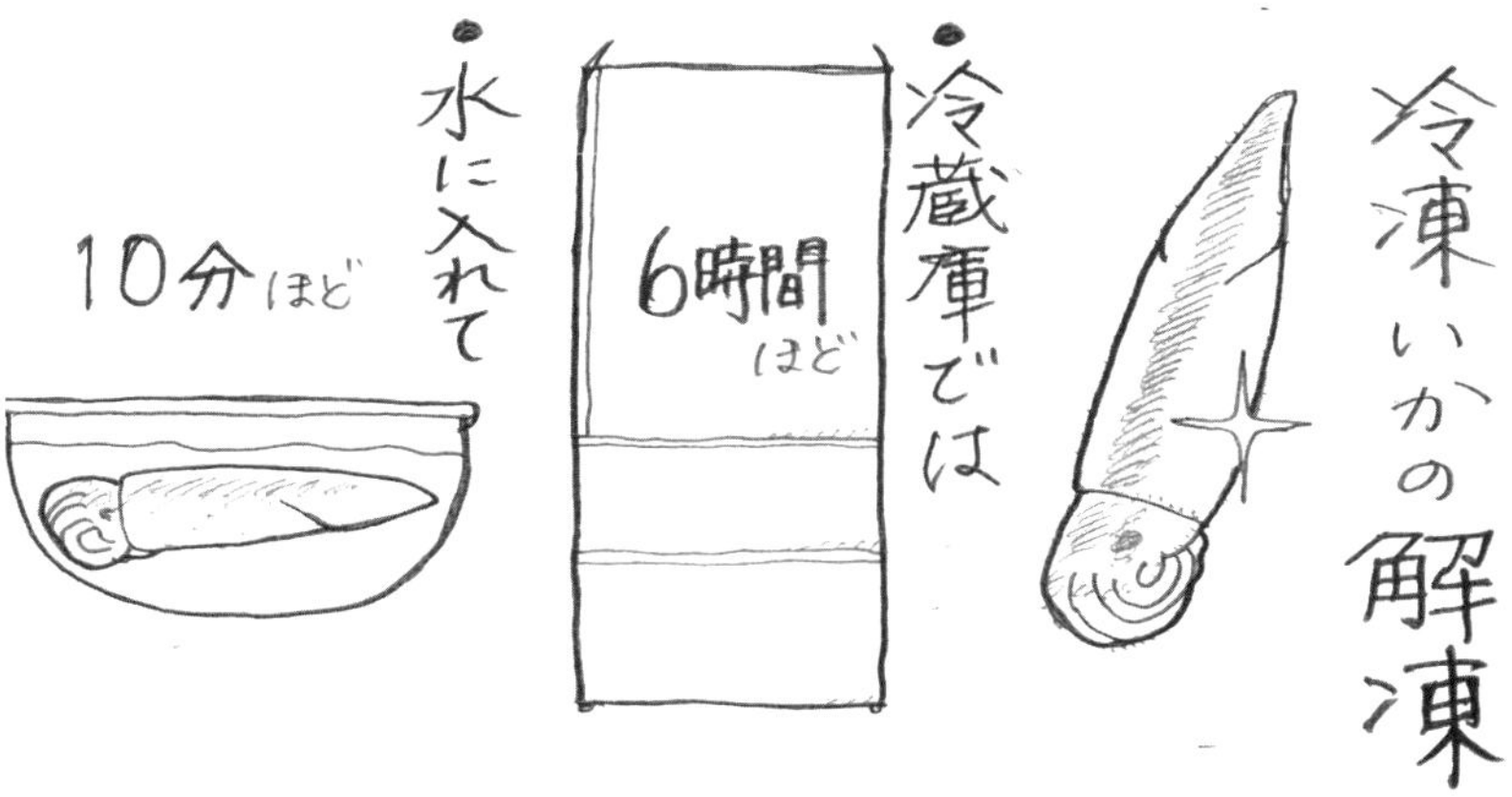
冷凍いかの解凍
冷蔵庫では
6時間ほど
水に入れて
10分ほど

いかは、冷凍してもおいしさが変わらないすぐれもの。

船内急速冷凍のいかは、鮮度抜群でお刺身にも!

至福の知恵

イクラの醤油《しょうゆ》漬《づ》け

魚卵は、総合ビタミン、ガン予防。

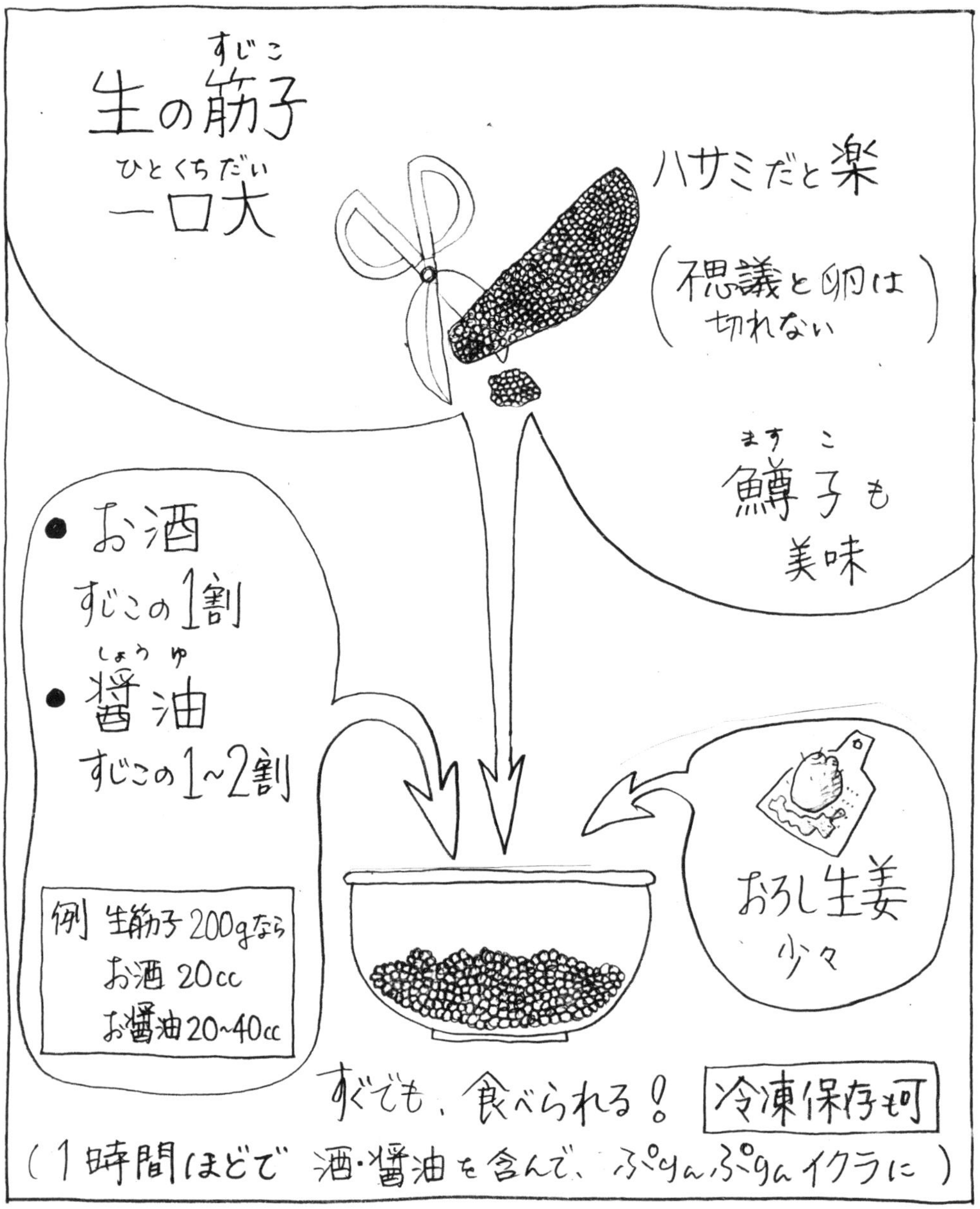

生の筋子《すじこ》
一口大《ひとくちだい》
ハサミだと楽
（不思議と卵は切れない）
鱒子《ますこ》も美味
・お酒 すじこの1割
・醤油《しょうゆ》 すじこの1〜2割
例 生筋子200gなら
お酒 20cc
お醤油 20〜40cc
おろし生姜 少々
すぐでも、食べられる！
冷凍保存も可
（1時間ほどで 酒・醤油を含んで、ぷりんぷりん イクラに）

リスナーの声

「筋子はほぐさなくて良い」と河村さんに教わり、大助かりです。気軽に醤油《しょうゆ》漬けを作って楽しんでいます。

ゆみこ

通夫から

何事も、やる気がするかどうか、ですね。

イクラの醤油漬けは、僕が三十五歳の時に、「一口大にちぎったら簡単かもしれない」と作ってみたところ、「くっついている方が、お箸で食べやすい」と気付きました。それ以来、我が家では、一口大のイクラの醤油漬け。

因みに「ハサミを使うと楽」と教えてくれたのは、長女です。僕も、大助かりです。

魚介

定番

酢《す》みそ三昧《ざんまい》

「ぬた」は、酢味噌《すみそ》和《あ》えのこと
酢味噌のどろりとした様子が「沼田《ぬまた》（泥《どろ》深い田んぼ）」に似ているから、「ぬまた」が転じ、「ぬた」。

簡単酢みそは、2：1：1。

混ぜるだけ！ 酢《す》みそ

みそ2：砂糖1：酢1

（白みそだと優しい味わい）

（粉黒糖 粗製糖 美味）

混ぜる

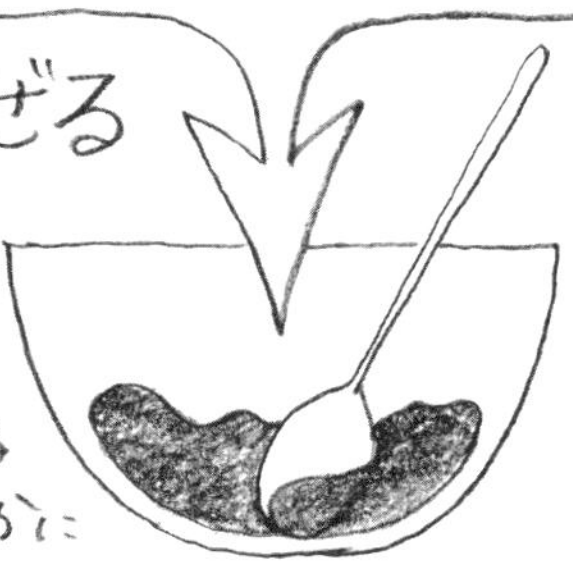

※火にかけてもOK
火にかけると
① 砂糖が早くとける
② すっぱさが まろやかに

辛子《からし》をいれれば
辛子酢みそ

酢みそで美味

たこ
いか
ほたて
いたや貝、赤貝 など 貝各種
ほたるいか
はも
鯛《たい》や平目《ひらめ》
鯵《あじ》
わかめ
刺身こんにゃく
生きゅうり
湯通しねぎ、にら、せり
たことわかめ
たこときゅうり
湯通しいかとねぎ

などなど…

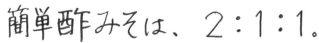

簡単節約

魚介

お刺身の賞味期限をのばす法

余ったお刺身もこの手でオーケー

先人から学ぶ・刺身5日法。

塩じめ

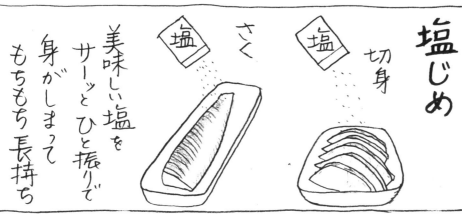

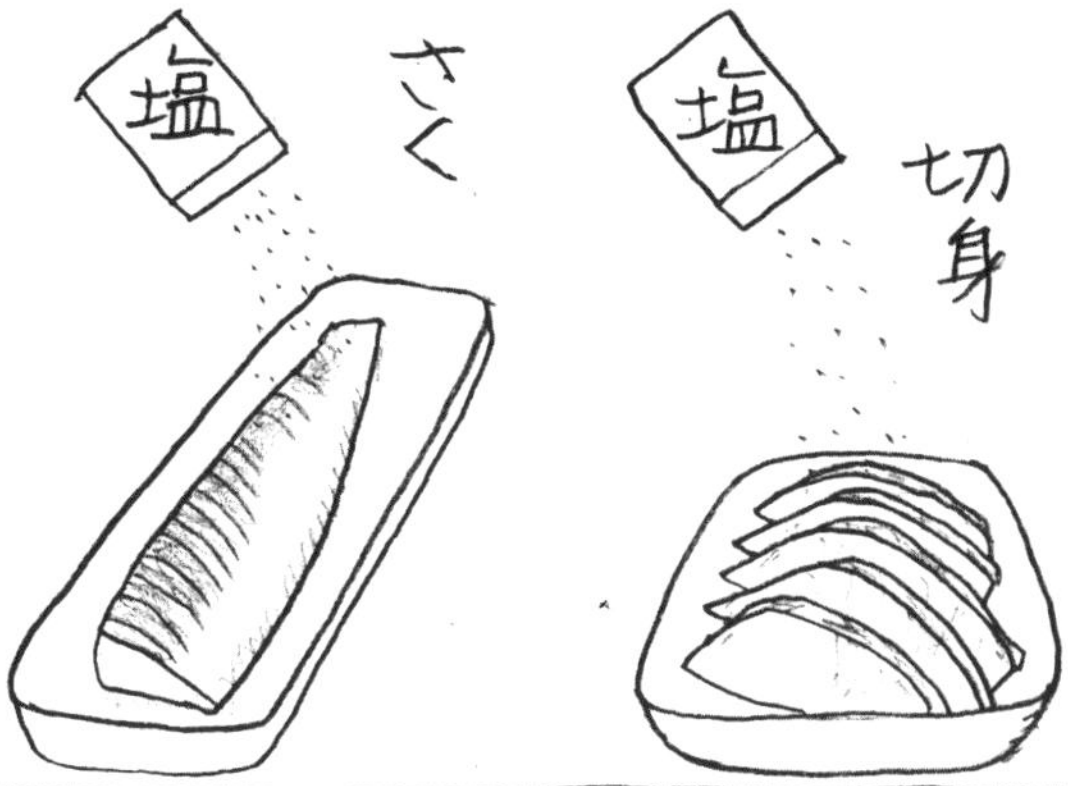

美味しい塩をサーッとひと振りで身がしまってもちもち長持ち

醤《しょう》油《ゆ》じめ

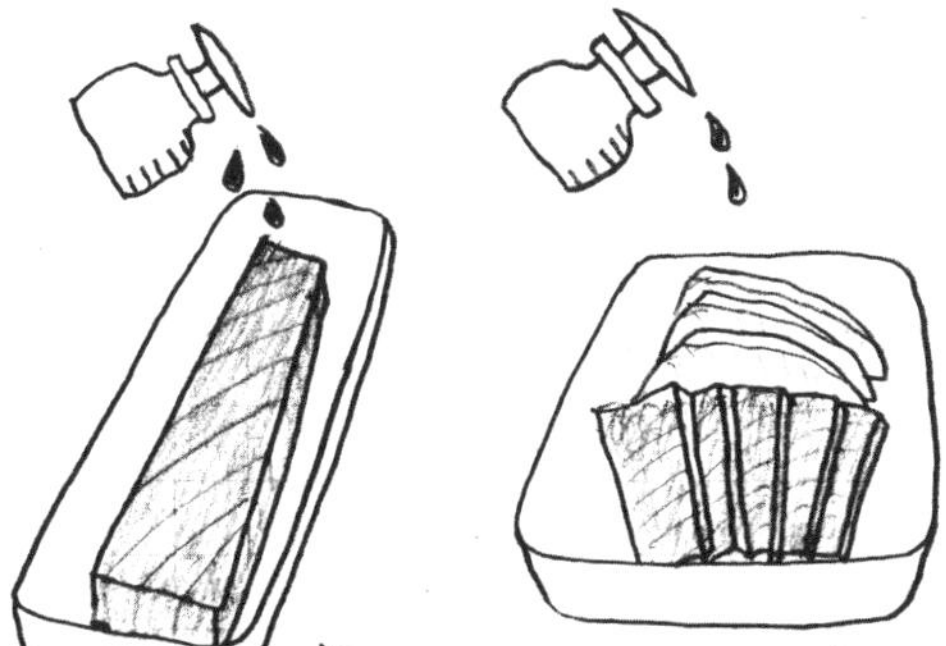

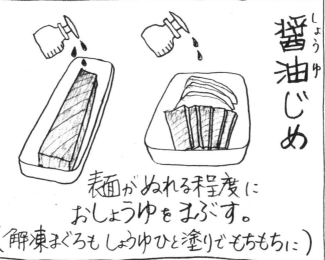

表面がぬれる程度におしょうゆをまぶす。

(解凍まぐろもしょうゆひと塗りでもちもちに)

アレンジ

しょうゆじめに山椒の粉ひと振り

ピリリとたまらない!

昆《こ》布《ぶ》じめ

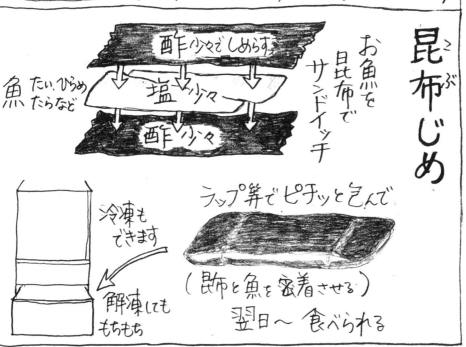

お魚を昆布でサンドイッチ

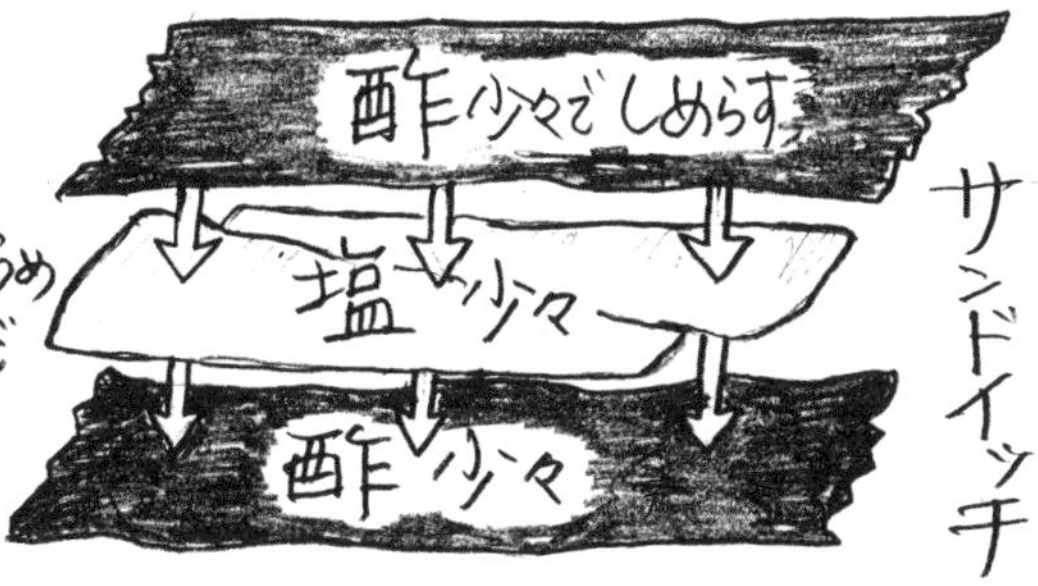

魚 たい、ひらめ たらなど

ラップ等でピチッと包んで

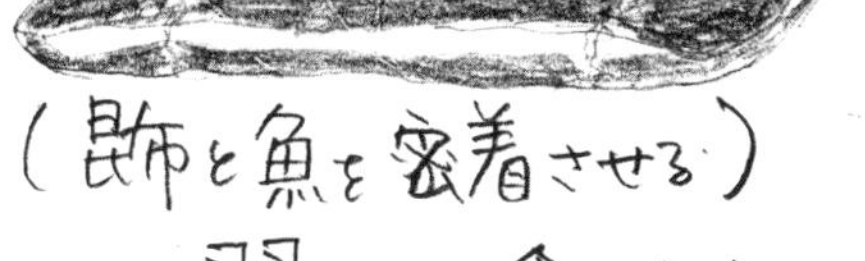

(昆布と魚を密着させる)

翌日〜食べられる

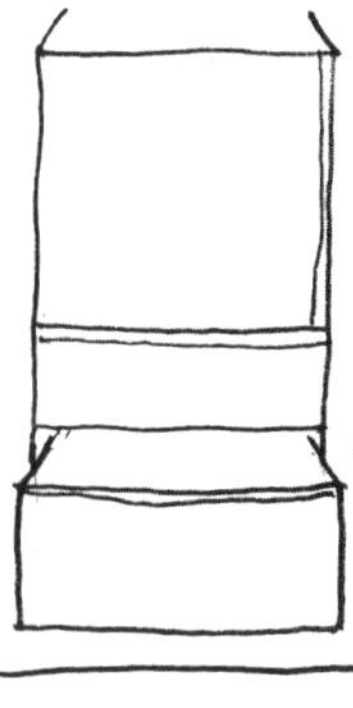

冷凍もできます

解凍してももちもち

グラタン皿で楽々

肉 焼き肉

焼き肉の基本・熱した鉄板などで焼く。ならば!

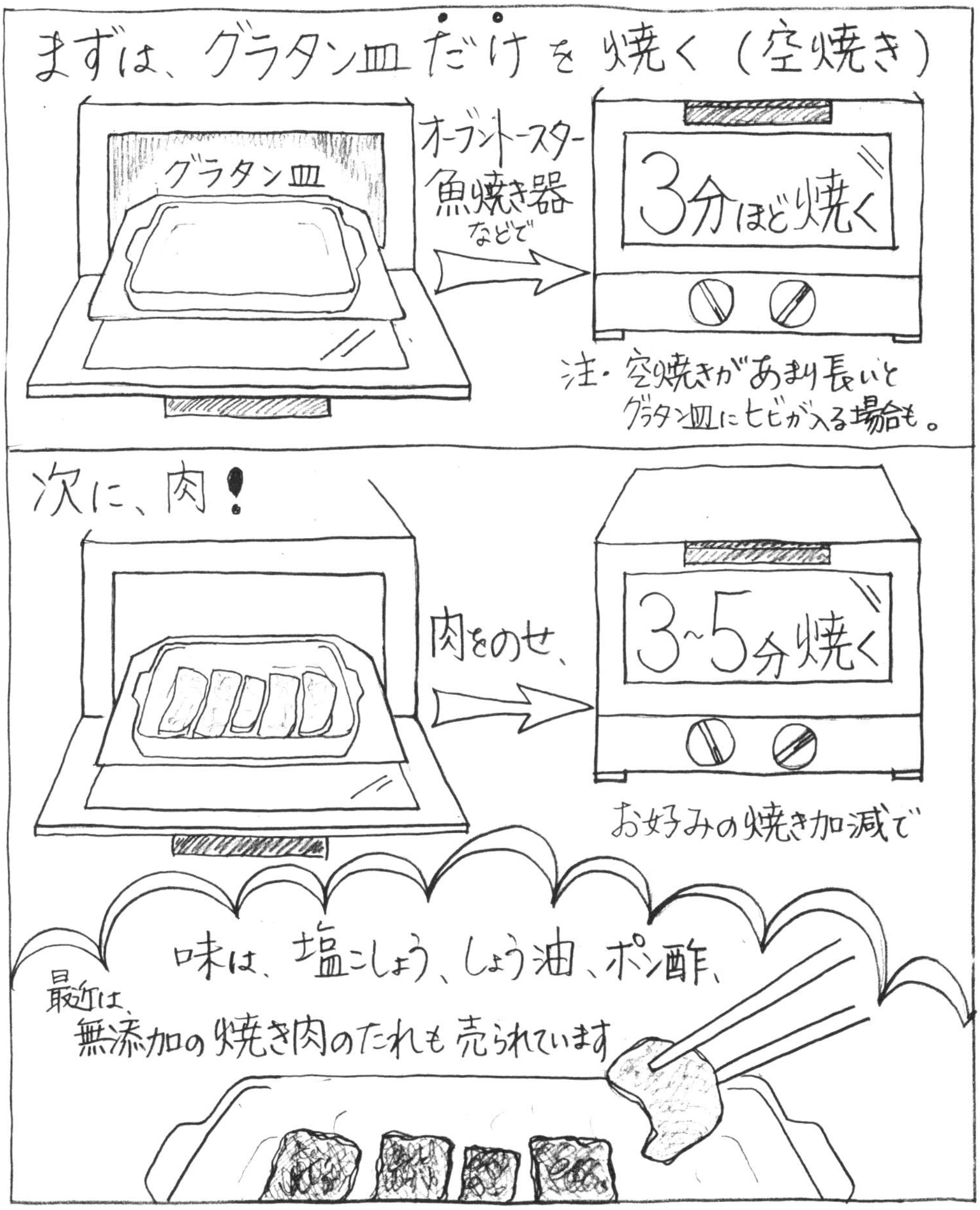

まずは、グラタン皿だけを焼く（空焼き）
グラタン皿
オーブントースター
魚焼き器
などで
3分ほど焼く
注・空焼きがあまり長いと
グラタン皿にヒビが入る場合も。
次に、肉!
肉をのせ、
3~5分焼く
お好みの焼き加減で
味は、塩こしょう、しょう油、ポン酢、
最近は、
無添加の焼き肉のたれも売られています

レバー、タン、ハツなども

空焼き3分 本焼き3~5分

焼き肉（酸性）
には、
アルカリ性の
ナムル
キムチなど 漬物
わかめスープ

肉の中和

焼き肉屋さんのメニューに、野菜料理（アルカリ性）の「ナムル」や「キムチ」「わかめスープ」があるのは、身体が肉（酸性）との中和を求めているからです。

（酸性食品とアルカリ性食品は、140ページに詳しく。）

グラタン皿で楽々

鶏肉《とり》のもも焼き

大きいグラタン皿(耐熱皿)だと、野菜もいっしょに楽々。

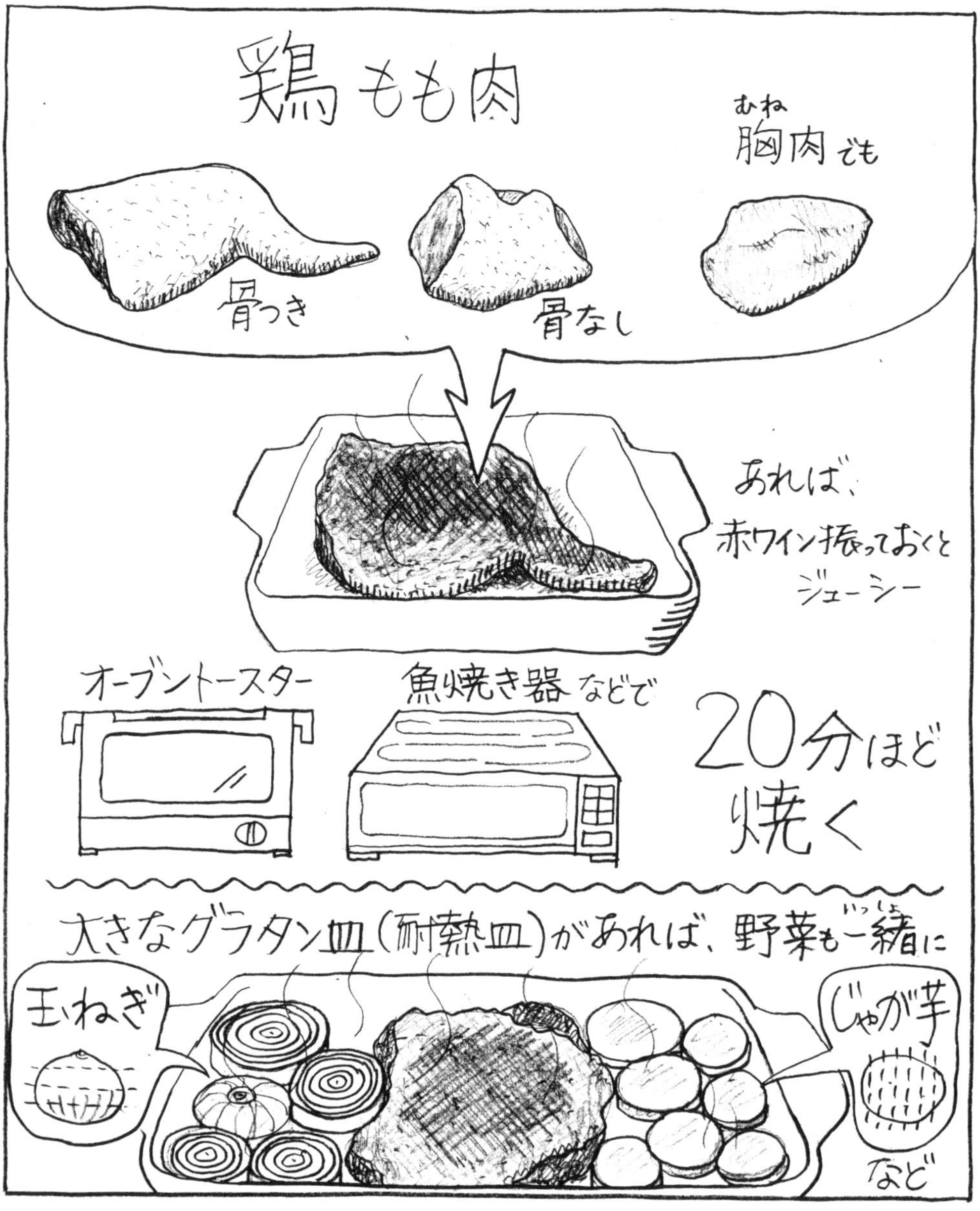
鶏もも肉
胸《むね》肉でも
骨つき
骨なし
あれば、赤ワイン振っておくとジューシー
オーブントースター
魚焼き器などで
20分ほど焼く
大きなグラタン皿(耐熱皿)があれば、野菜も一緒《いっしょ》に
玉ねぎ
じゃが芋
など

醤油《しょうゆ》のつけ焼きは、日持ち三昧

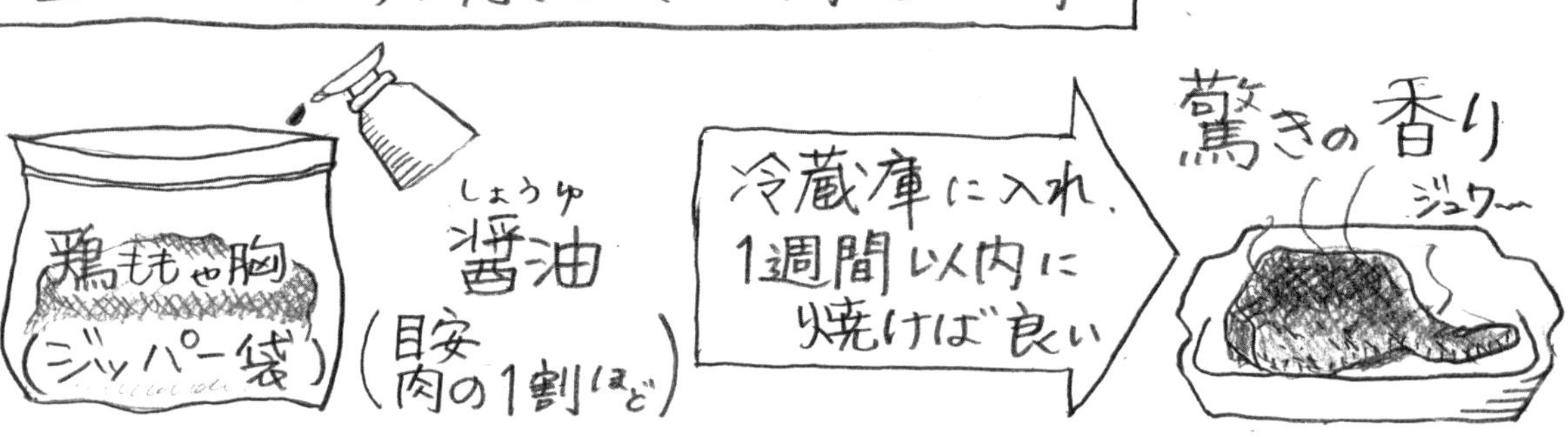
鶏もも・胸
(ジッパー袋)
醤油《しょうゆ》
(目安 肉の1割ほど)
冷蔵庫に入れ、1週間以内に焼けば良い
驚きの香り
ジュワ〜

グラタン皿で楽々

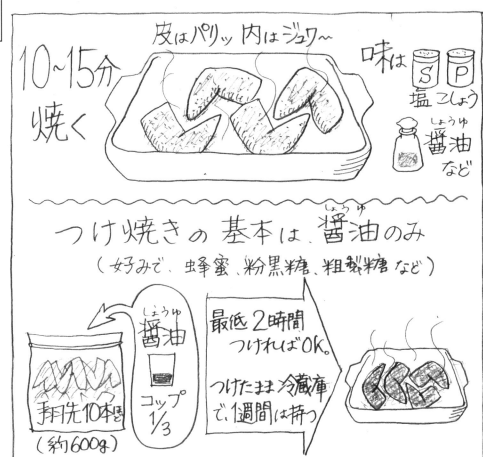

肉

手《て》羽《ば》素《す》焼《や》き・つけ焼き

手羽先、手羽元、手羽中、そして鶏レバー、砂肝《すなぎも》も。

10～15分焼く

皮はパリッ 肉はジュワ～

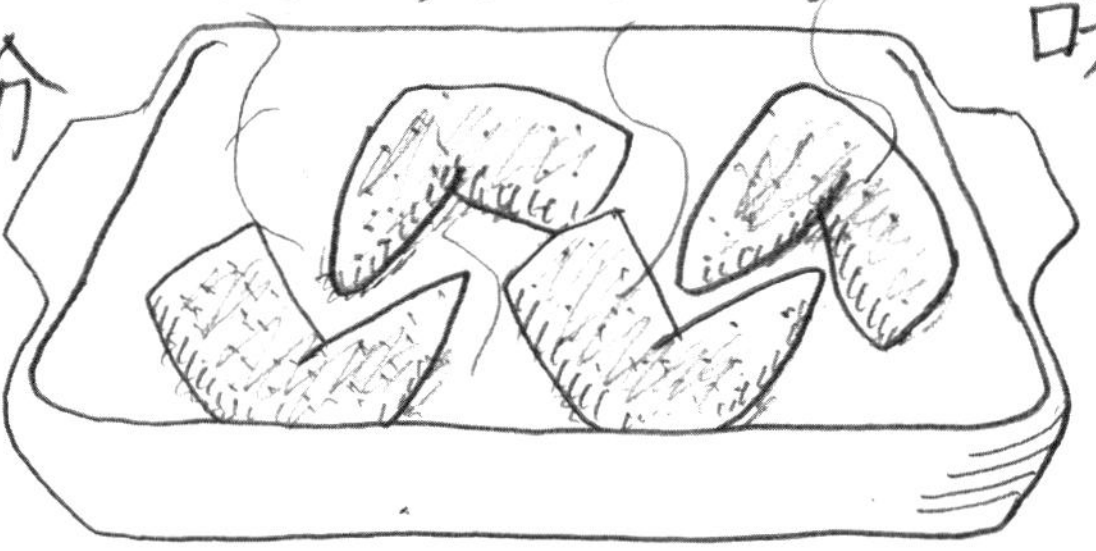

味は

塩 こしょう

醤油《しょうゆ》など

つけ焼きの基本は、醤油《しょうゆ》のみ

（好みで、蜂蜜、粉黒糖、粗製糖など）

手羽先10本ほど

（約600g）

醤油《しょうゆ》

コップ1/3

最低2時間つければOK。

つけたまま冷蔵庫で、1週間は持つ

作り置きにも！ レバーのザンギ

鶏レバー（牛や豚でも）

半分に切る

砂肝も美味

味つけは しょうゆ

レバー100gにカレースプーン2杯ほど

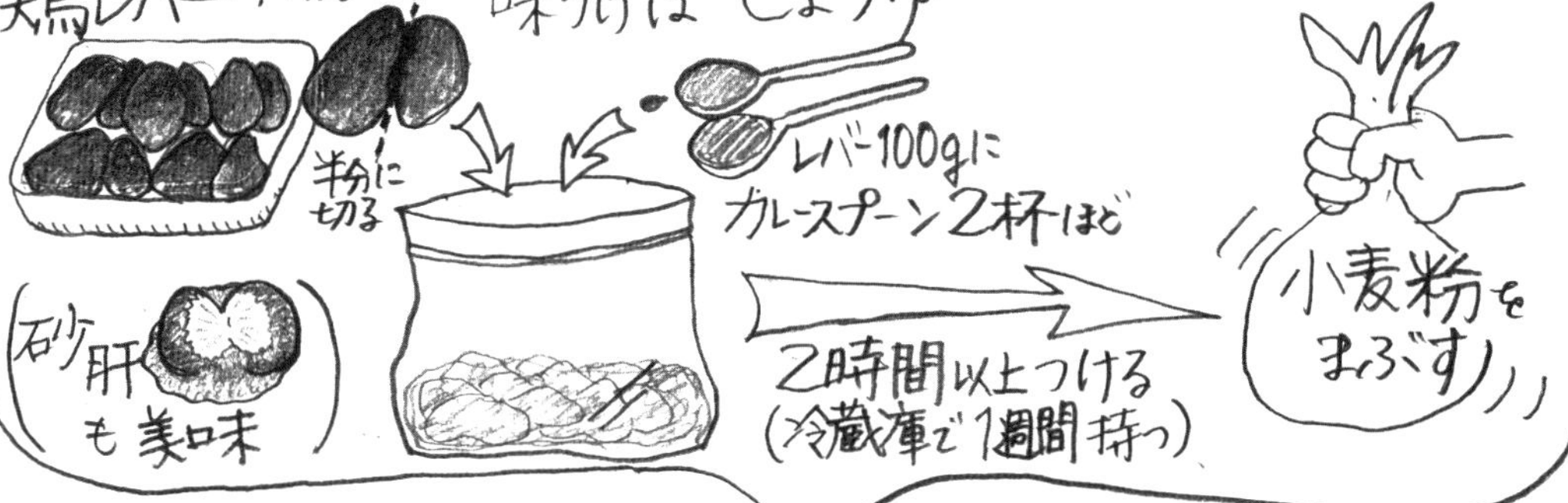

2時間以上つける（冷蔵庫で1週間持つ）

小麦粉をまぶす

油

少々たらたら～

15分焼く

北海道で味つき唐揚げを「ザンギ」と呼びます。

冷めても柔らか！

冷蔵庫で日持ち1週間～

蓋つき小鉢などで

肉

牛《ぎゅう》丼《どん》の具《ぐ》

グラタン皿で楽々

牛丼とは、牛肉と玉ねぎを醤油《しょうゆ》で煮ただけ。

- 牛こま切れ → 1人分 適当（目安50g）
- 玉ねぎ薄切り → 半玉分ほど
- しょうゆ
- 酒

（しょうゆ・酒）カレースプーン1杯ずつ

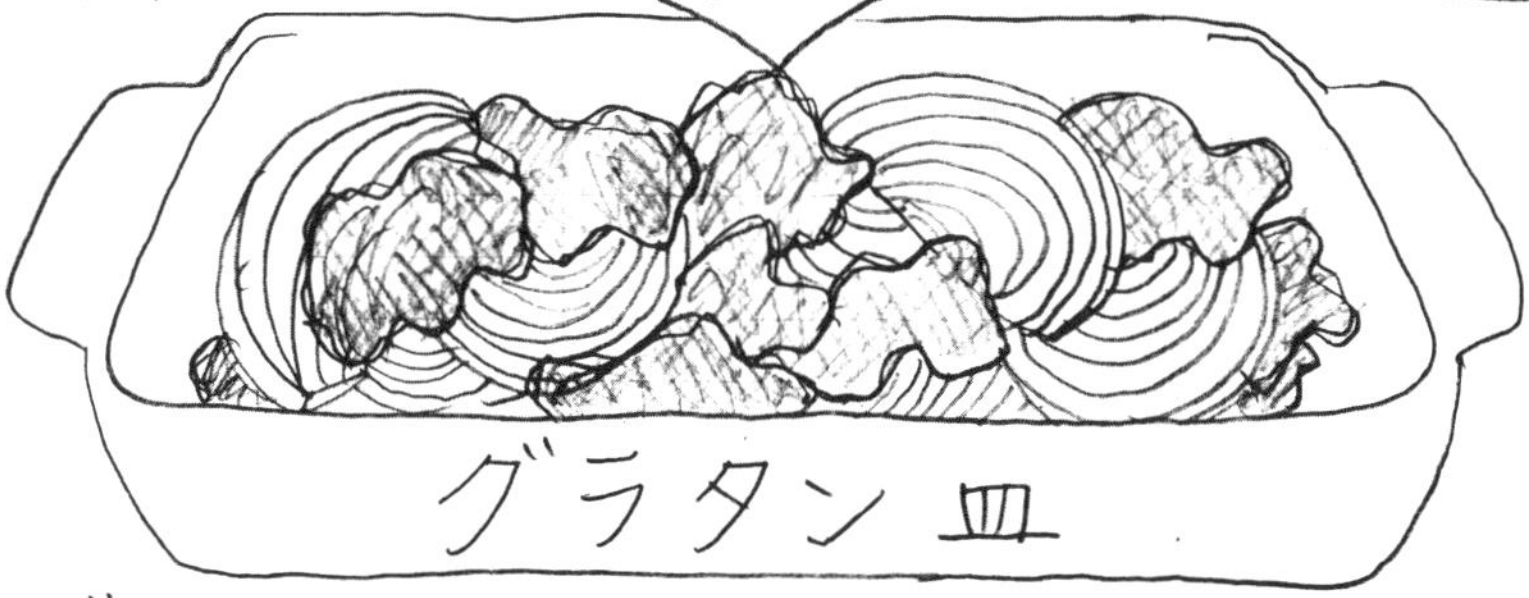

グラタン皿

オーブントースター

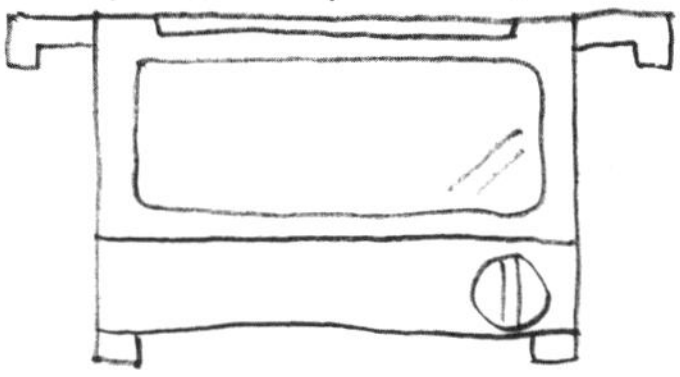

魚焼き器などで

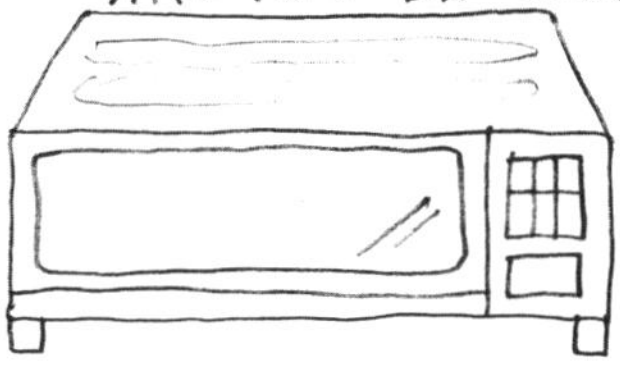

8～10分焼く

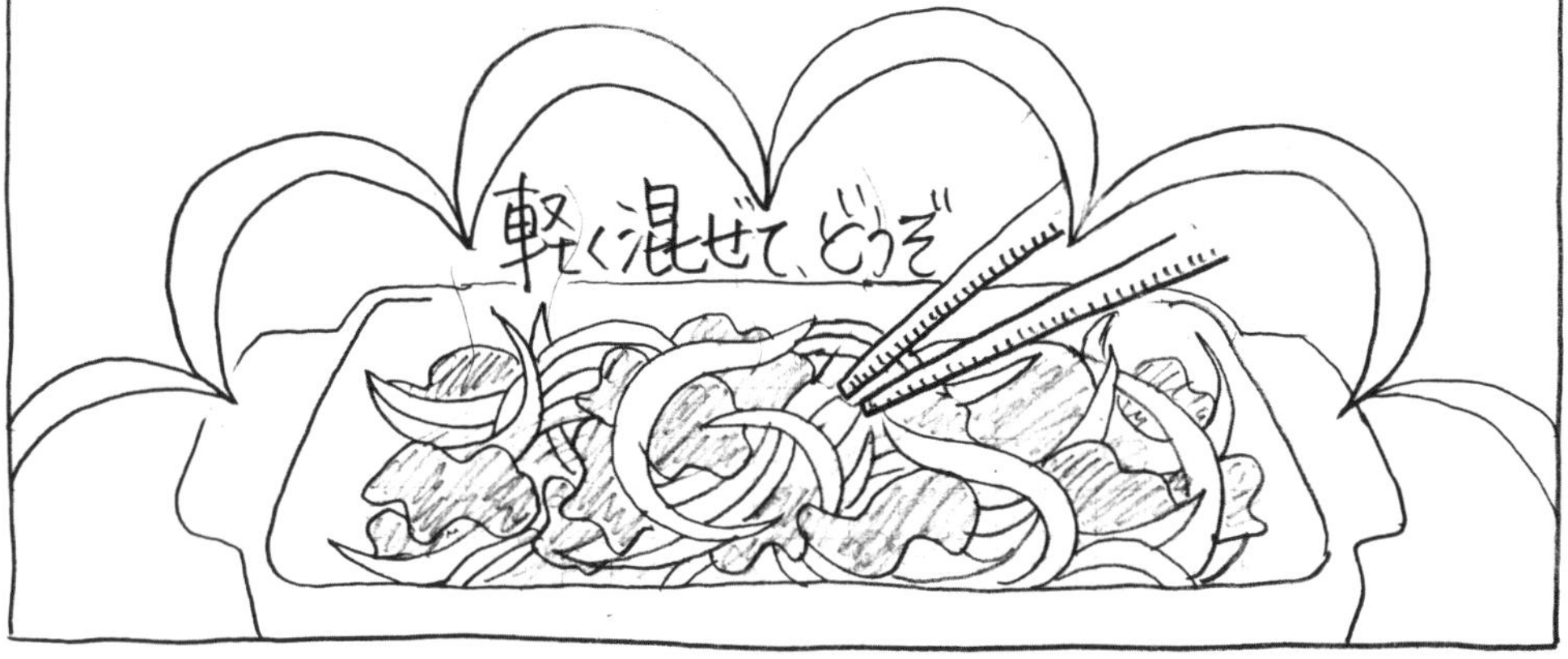

夏におすすめ「なす牛丼」

- 牛こま切れ
- なす うす切（5ミリ厚）
- しょうゆ
- 酒
- ごま油

（しょうゆ・酒・ごま油）カレースプーン1杯ずつ

10分ほど焼く

仕上げに生卵もgood！

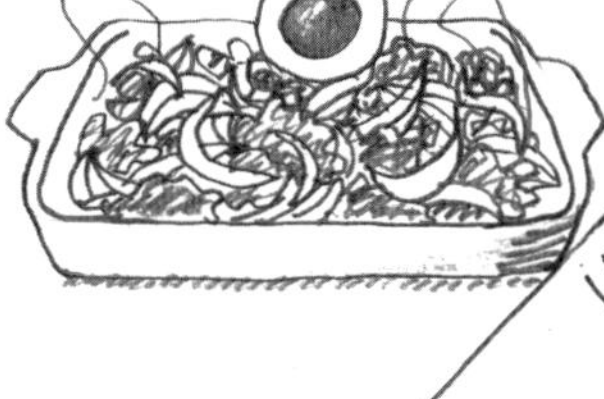

ごはんにかけたら牛丼！

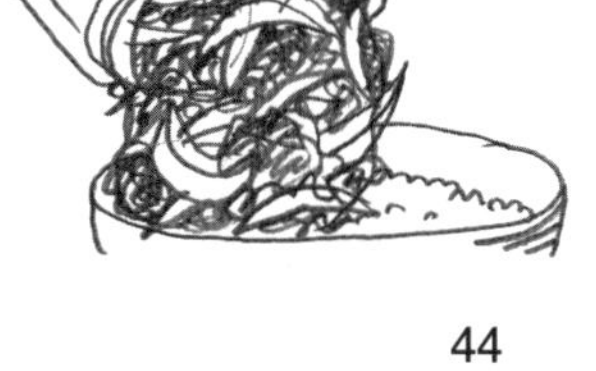

グラタン皿で楽々

肉 すきやき

すきやきは、肉出汁《だし》の野菜鍋。

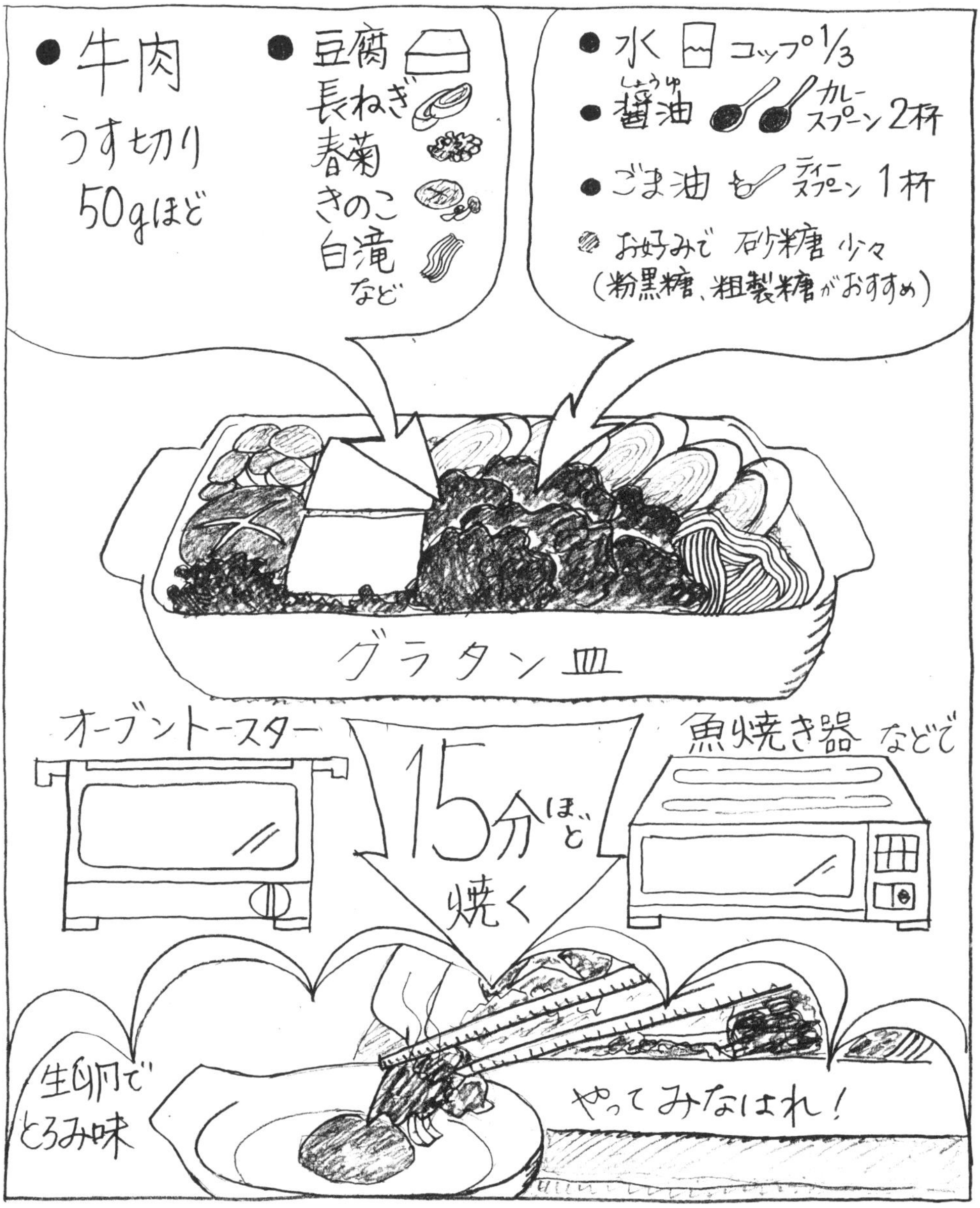

● 牛肉
うす切り
50gほど
● 豆腐
長ねぎ
春菊
きのこ
白滝
など
● 水 コップ1/3
● 醤油《しょうゆ》 カレースプーン2杯
● ごま油 ティースプーン1杯
お好みで 砂糖 少々
（粉黒糖、粗製糖がおすすめ）
グラタン皿
オーブントースター
魚焼き器 などで
15分ほど
焼く
生卵で
とろみ味
やってみなはれ！

食べ物バランスの目安

4対2対1

「バランスよく食べる」と言いますが、何をどのくらい食べるのが良いバランスなのでしょうか。

食養生を説いた、明治時代のお医者さん、石塚《いしづか》左玄《さげん》先生が「食べ物は、歯の形で決まっている」とおっしゃっています。

人間の歯を見てみると、

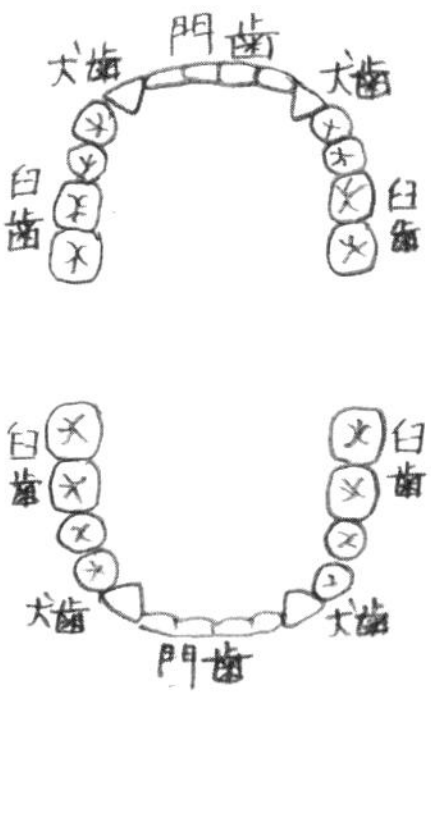

門歯
犬歯
臼歯

臼歯（穀類の歯）16本
門歯（野菜・果物の歯）8本
犬歯（肉や魚の歯）4本
ということで、

穀類4：野菜果物2：肉・魚1

の割合が「「バランスよく食べる」目安です。

時には食べたい「時々食《ときどきしょく》」。

至福の知恵

肉

豚《ぶた》の角《かく》煮《に》

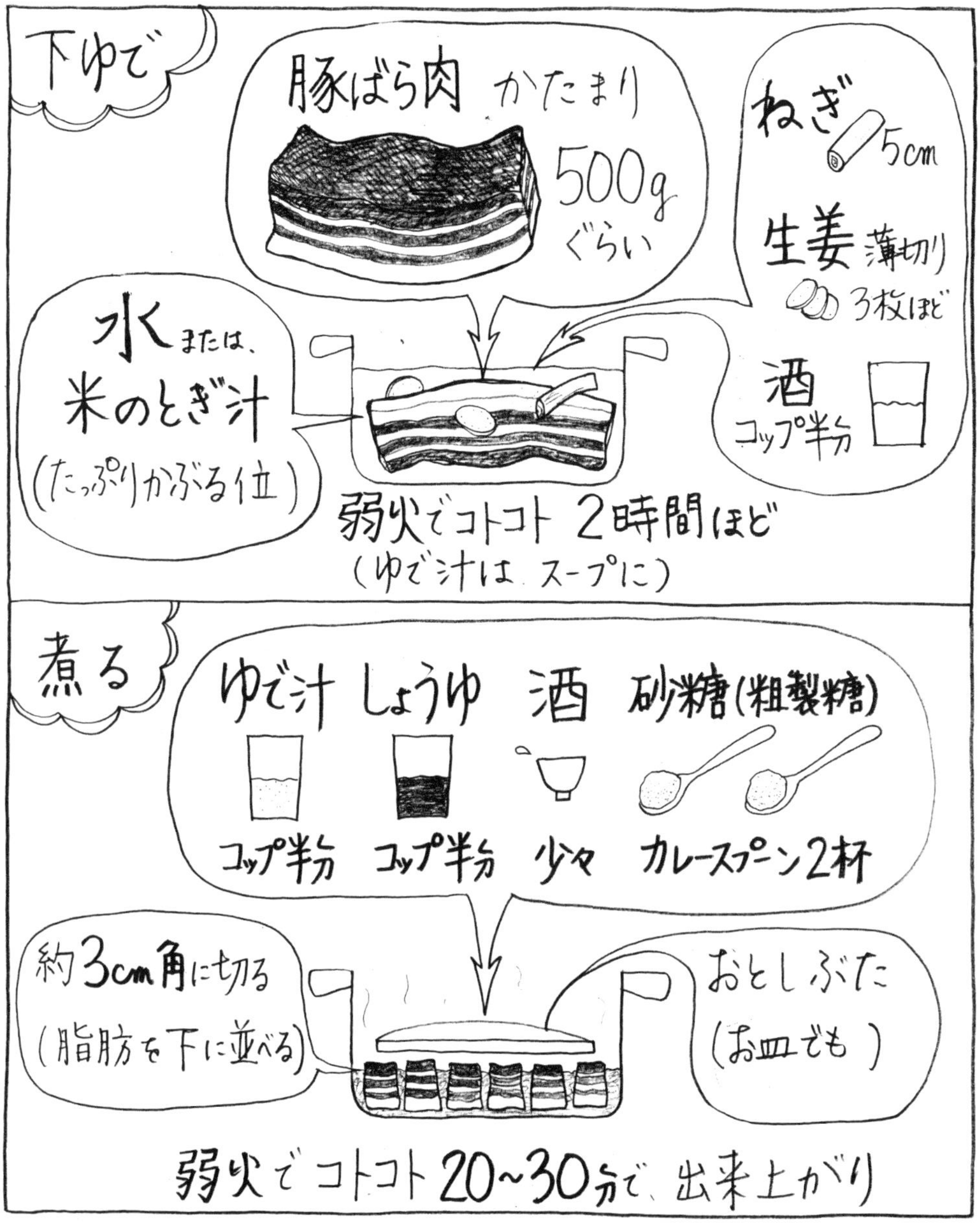
下ゆで
豚ばら肉 かたまり 500g ぐらい
ねぎ 5cm
生姜 薄切り 3枚ほど
酒 コップ半分
水 または、米のとぎ汁 （たっぷりかぶる位）
弱火でコトコト 2時間ほど
（ゆで汁は スープに）
煮る
ゆで汁 コップ半分
しょうゆ コップ半分
酒 少々
砂糖（粗製糖） カレースプーン2杯
約3cm角に切る （脂肪を下に並べる）
おとしぶた （お皿でも）
弱火で コトコト20〜30分で、出来上がり

通夫の一言

先人は、豚の先祖の猪《いのしし》が、時々捕《と》れた時に、仲間と分け合って食べました。なので、「豚の角煮」は「時々食《ときどきしょく》」。

北国では、「豚の角煮」などの煮物を、ストーブの上で調理してきました。トロトロ燃えるストーブの火力が、煮物にぴったりだったのですね。本来、英語のストーブ（stove）とは、調理用のレンジ、コンロのことです。

四十年ほど前に購入した我が家の薪《まき》ストーブは、太い丸太もそのまま入る大きなもの。お鍋がのせられて、オーブンもついています。

至福の知恵

温泉卵

卵

カップ麺《めん》の丼《どんぶり》で保温。65℃~70℃をキープ。

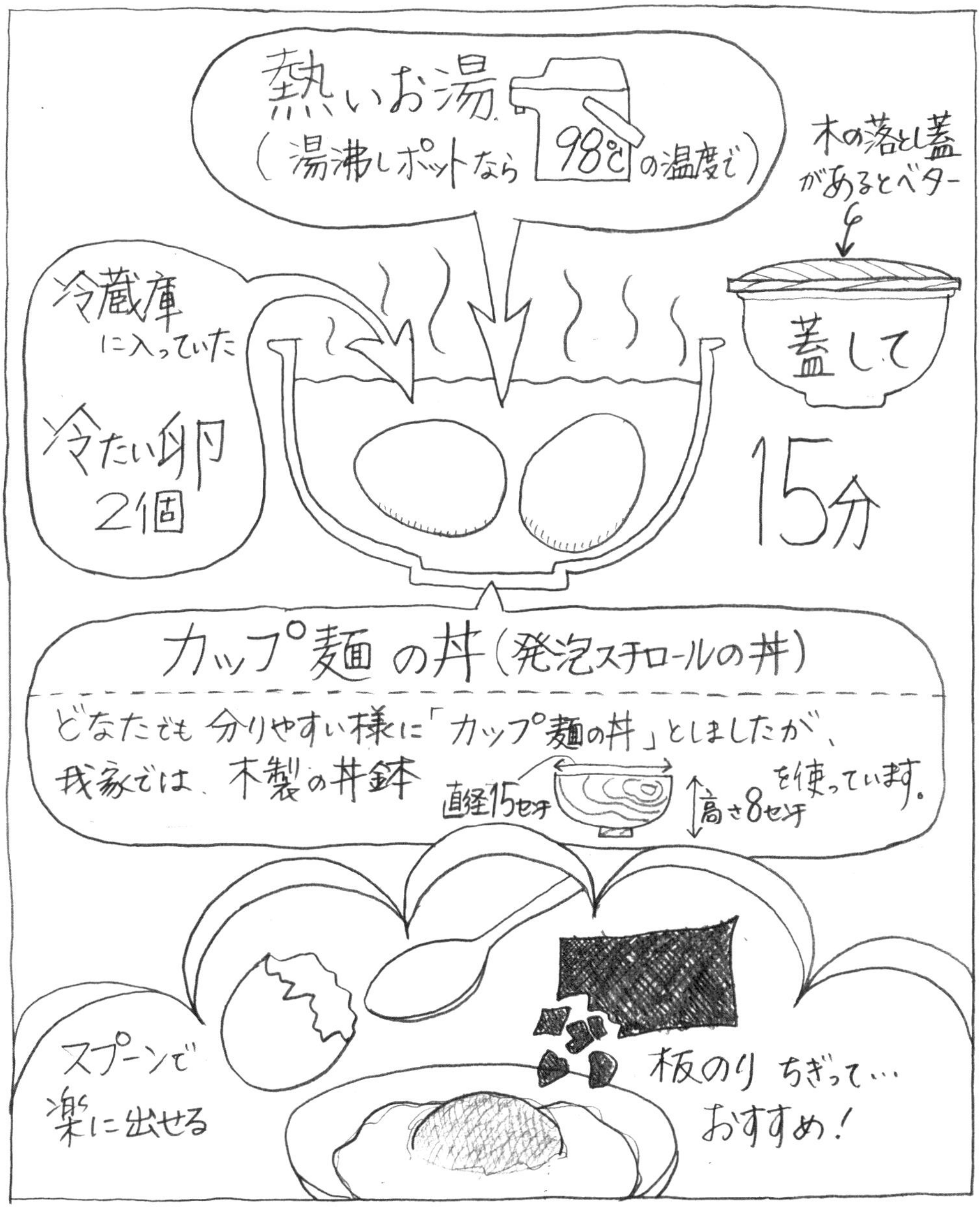

熱いお湯
(湯沸しポットなら 98℃ の温度で)
木の落とし蓋があるとベター
冷蔵庫に入っていた
冷たい卵2個
蓋して
15分
カップ麺の丼(発泡スチロールの丼)
どなたでも分りやすい様に「カップ麺の丼」としましたが、我家では、木製の丼鉢を使っています。
直径15センチ
高さ8センチ
スプーンで楽に出せる
板のり ちぎって…
おすすめ!

レシピソング

温泉卵の唄

詞・曲 みちお

イントロ
F C G7 C
温泉玉子

1、
C G7
カップ麺の どんぶりに
C
玉子を二つ入れて
G7
熱いお湯 注いで
C
蓋して待つこと15分
F C G7 C
温泉玉子

2、
C G7
冷蔵庫に 入ってる
C
冷たい玉子を使えば
G7
黄身は 固まって
C
白身はまだまだ 固まらない
F C G7 C
なーなじゅう度だよ

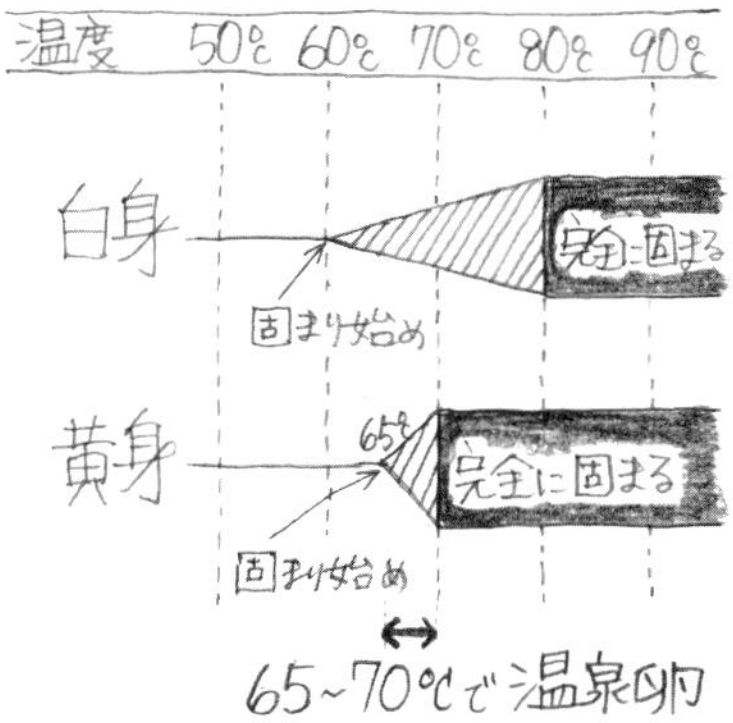

温度
50℃
60℃
70℃
80℃
90℃
白身
固まり始め
完全に固まる
黄身
65℃
固まり始め
完全に固まる
65~70℃で温泉卵

グラタン皿で楽々

半《はん》熟《じゅく》目玉焼き

海苔《のり》は、海の野菜の一等賞。

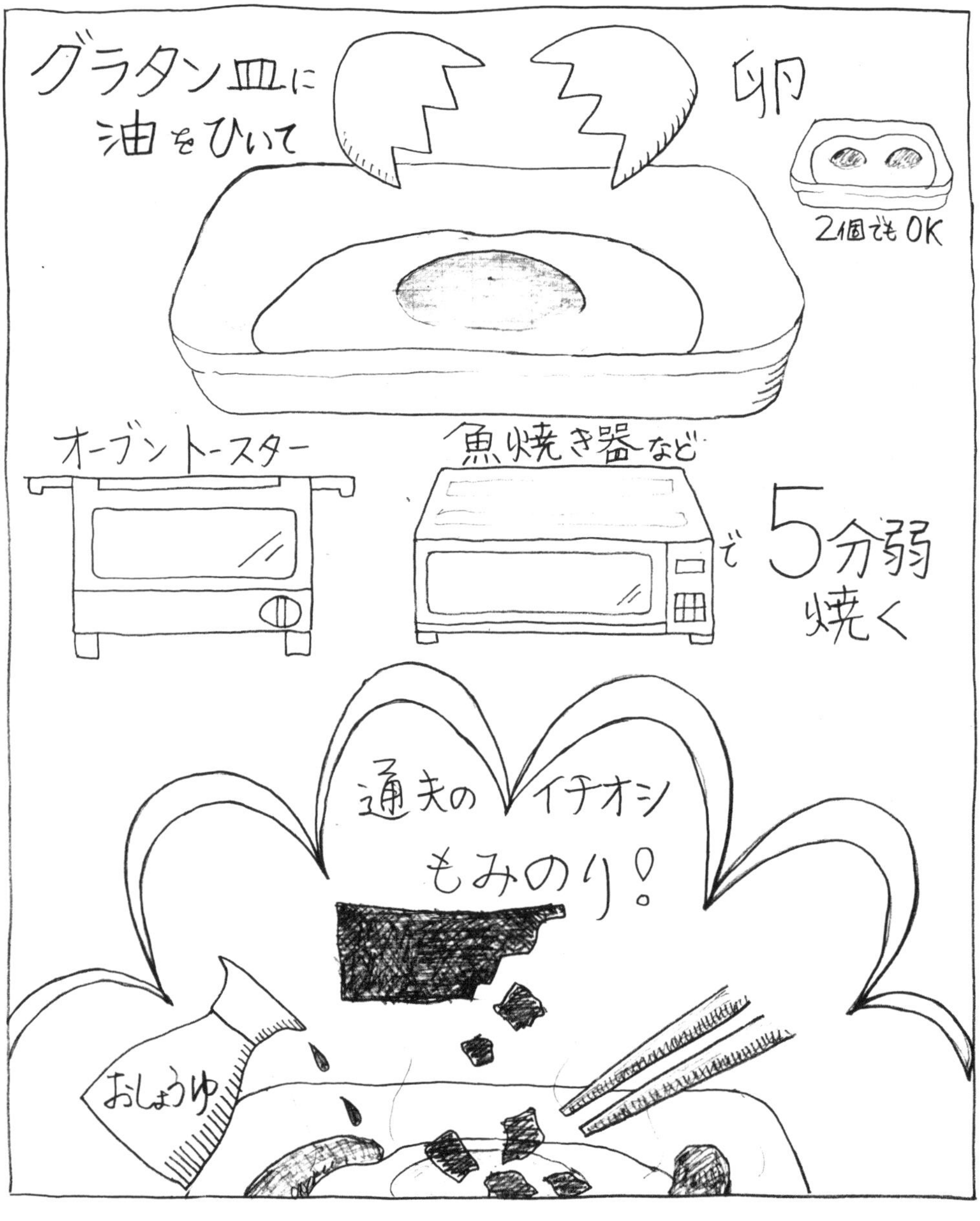
グラタン皿に油をひいて
卵
2個でもOK
オーブントースター
魚焼き器など
で5分弱焼く
通夫のイチオシ
もみのり!
おしょうゆ

海藻は、海の野菜

「うちの子は、野菜をあまり食べないので心配です。どうしたらよいでしょうか」ラジオにこんな相談が寄せられたことがあります

その時僕は、「お母さん、安心してください。お子さん、海苔《のり》やわかめは大好きじゃありませんか。海藻は海の野菜です。そのうち、陸上の野菜も食べるようになりますから」とお話ししました。

料理の先生だった母は、僕が幼いころ、半熟目玉焼きに、「通夫ちゃん、海苔は海の野菜の一等賞よ」と言って、板海苔をちぎってかけてくれたものでした。

海藻は、食物繊維やカルシウムなどのミネラルも豊富。海苔、わかめ、もずくなど蓋付き小鉢などで常備しておくと、楽々です。

至福の知恵

卵

にらのふわっふわ卵とじ

ふわっふわのコツは、水ときでんぷん。旬の野菜で。

少ししょっぱめの
お吸《すい》物《もの》
（だしに醤油《しょうゆ》のみ）
1人分
コップ1/3
コップ1杯 = 一合《いちごう》（180cc）
にら 1束（2~3人分）
3センチほどに切る
サ〜ッと煮る
火を止めて
とろみづけ
火を止めてからだと
ダマにならない!
水ときでんぷん
でんぷん
1人分
カレースプーン1杯
同量の
水で溶く
再び火をつけて
とき卵
1人分
1個
ポイント
混ぜすぎない
ちょっと固まったら
サザーッと混ぜ、
また、ちょっと固まったら
サザーッと。

こんな野菜も美味
みつば
長ねぎ
人参の
千切り
ごはんに
かければ
卵丼

だしは、「天然だしパック」で楽々（116ページ）

至福の知恵

だしいらず ふわふわ親子《おやこ》丼《どんぶり》

卵

だし いらず。肉からだしが出る。

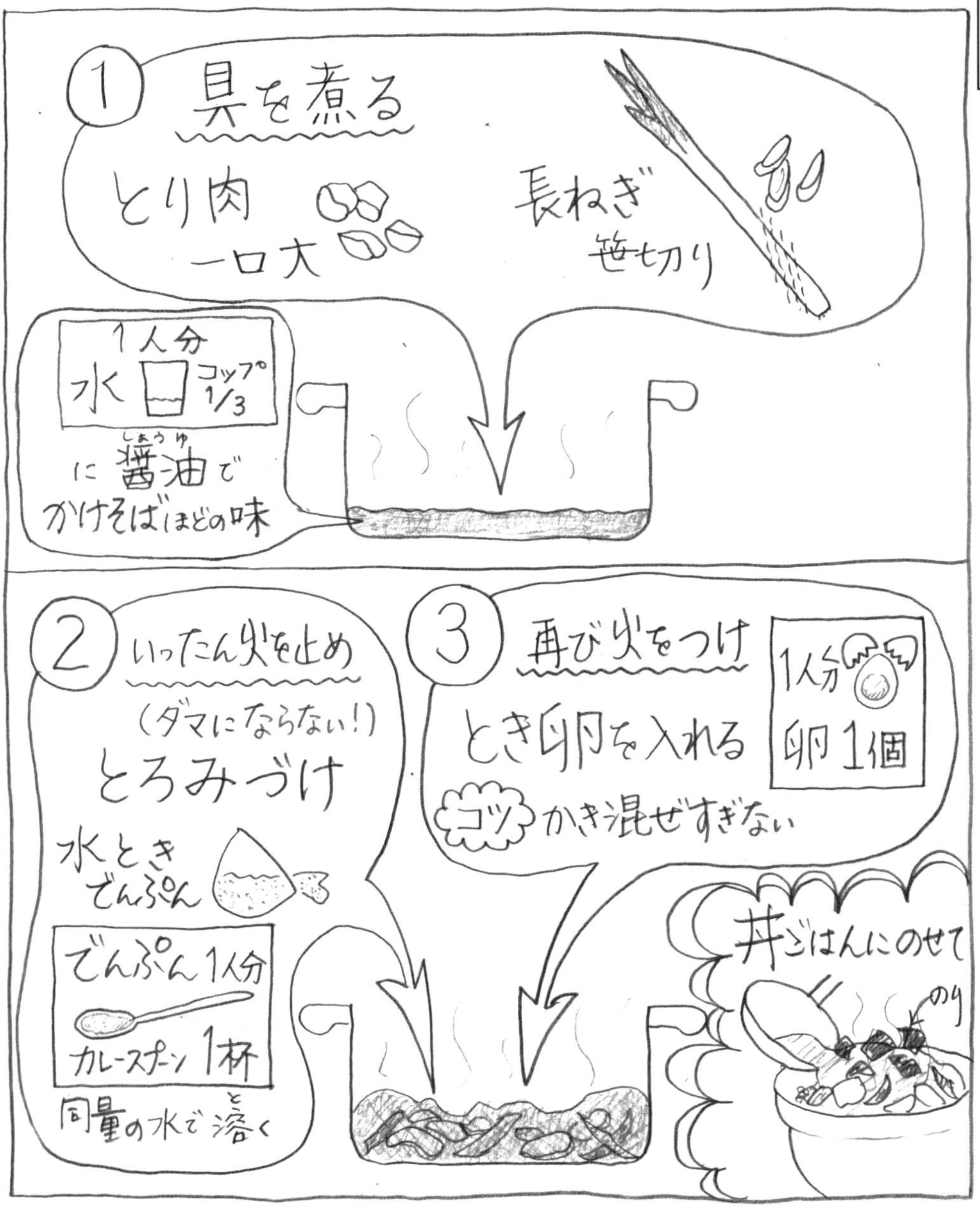

1 具を煮る
とり肉
一口大
長ねぎ
笹切り
1人分
水 コップ 1/3
に醤油《しょうゆ》で
かけそばほどの味
2 いったん火を止め
(ダマにならない!)
とろみづけ
水とき
でんぷん
でんぷん 1人分
カレースプーン 1杯
同量の水で溶《と》く
3 再び火をつけ
とき卵を入れる
1人分
卵1個
コツ かき混ぜすぎない
丼ごはんにのせて
のり

親子丼
とり肉
の 卵《たまご》とじ
(親と子)
他人丼
牛肉
や
豚肉
の 卵《たまご》とじ
(親子でない)

至福の知恵

卵

茶《ちゃ》碗《わん》蒸《む》し

本質は、卵1対吸物《すいもの》1。

溶き卵
（1人分 1個）
お吸物《すいもの》
（かけそばのつゆ）
同量
混ぜあわす
（こさなくてOK）
蒸し茶碗に
注ぐ
お好みの具
きのこ、とり肉、かまぼこ
ゆり根、銀杏など
① 茶碗の蓋《ふた》はしない
② 鍋の蓋《ふた》は
すきまを開ける
わり箸など
固まったら
火を止め、
三つ葉
をのせる。
③ 中火で蒸す
（蒸し時間 15~20分。時々のぞいて確認。）

レシピソング

茶碗蒸しの唄

詞・曲　みちお

C G7 C
1. 茶碗むし 楽々 誰でも できる

C G7 C
卵 一つに 同じ量の おすいもの

F C G7 C
二つを 混ぜて むせばいい

2. 茶碗むし ポイントは お茶碗 のふた

しめては いけない 蒸してる 時は

時々 様子を 見るためさ

冷蔵庫の残りもので、楽に節約。

グラタン皿で楽々

八《はっ》宝《ぽう》菜《さい》《おかず》

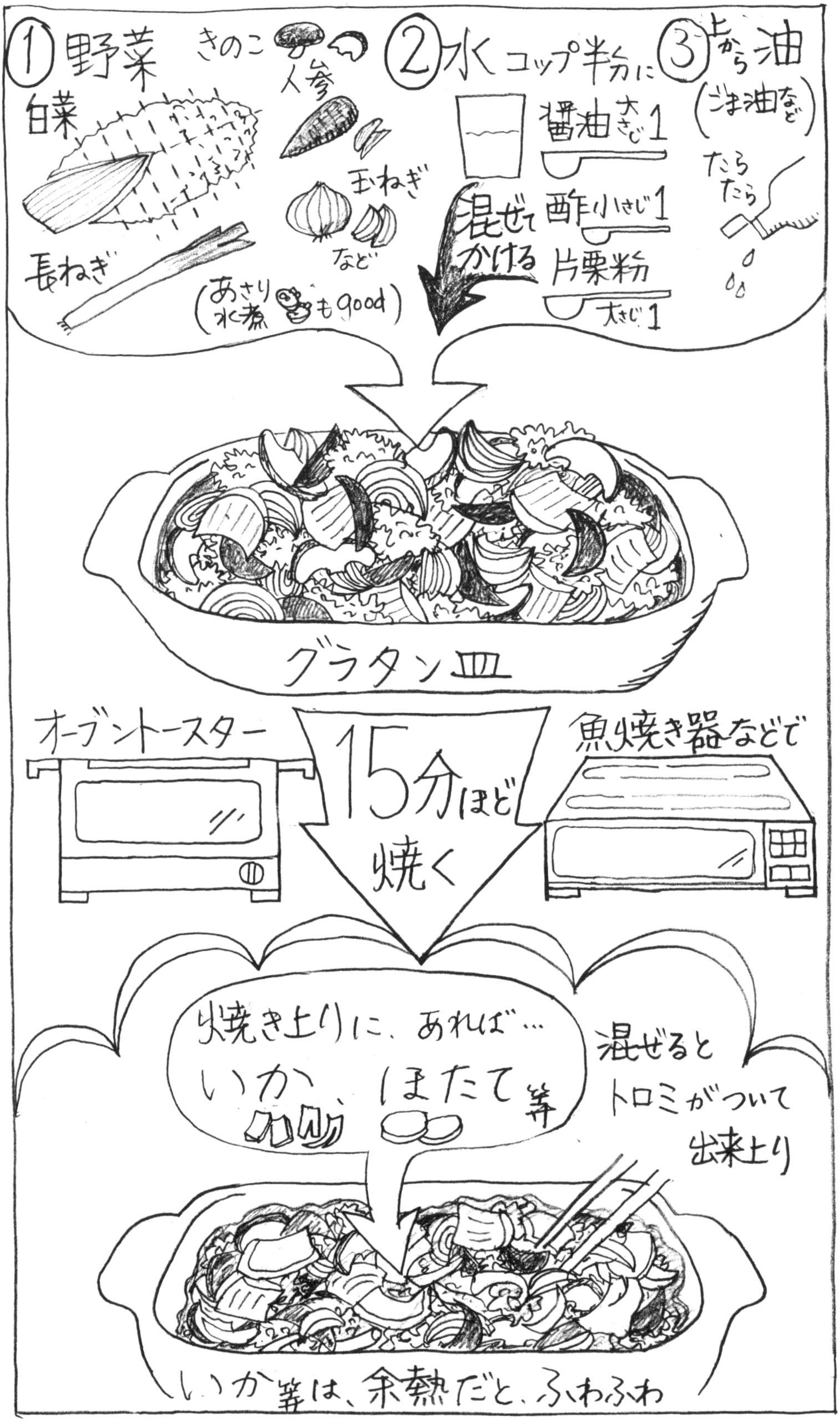
①野菜
きのこ
人参
白菜
玉ねぎ
長ねぎ
など
(あさり水煮もgood)
②水コップ半分に
醤油大さじ1
酢小さじ1
片栗粉大さじ1
混ぜてかける
③上から油
(ごま油など)
たらたら
グラタン皿
オーブントースター
15分ほど焼く
魚焼き器などで
焼き上りに、あれば…
いか、ほたて等
混ぜるとトロミがついて出来上り
いか等は、余熱だと、ふわふわ

8種類入ってなくてもあるものでオーケー

グラタン皿で楽々

水3ミリで出来立ての味。焼売《しゅうまい》、半平《はんぺん》、ソーセージも。

おかず

ふわっふわさつま揚げ

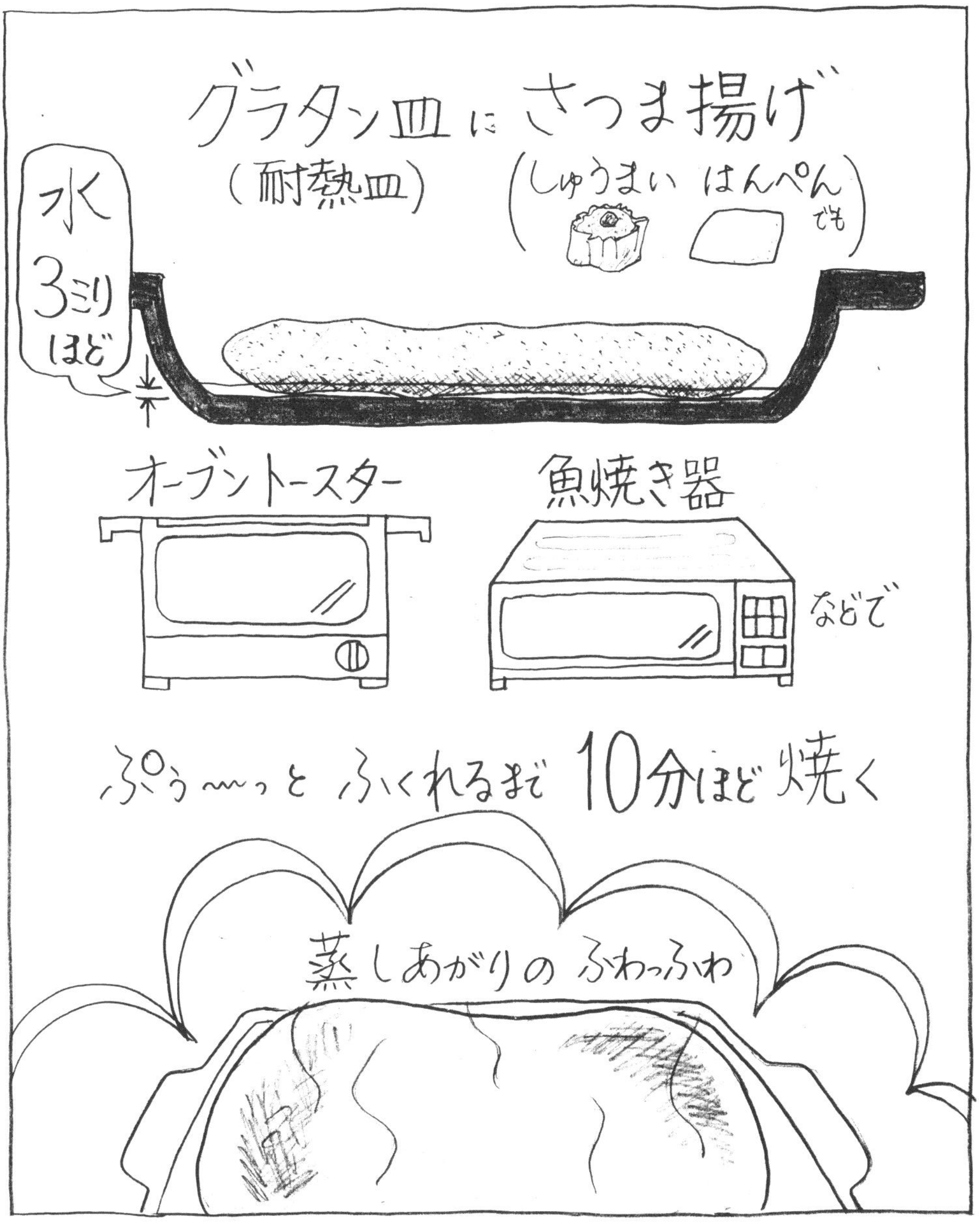

グラタン皿にさつま揚げ
(耐熱皿)
(しゅうまい はんぺん でも)
水 3ミリほど
オーブントースター
魚焼き器
などで
ぷぅ〜っと ふくれるまで 10分ほど焼く
蒸しあがりの ふわっふわ

ぷりぷりソーセージ

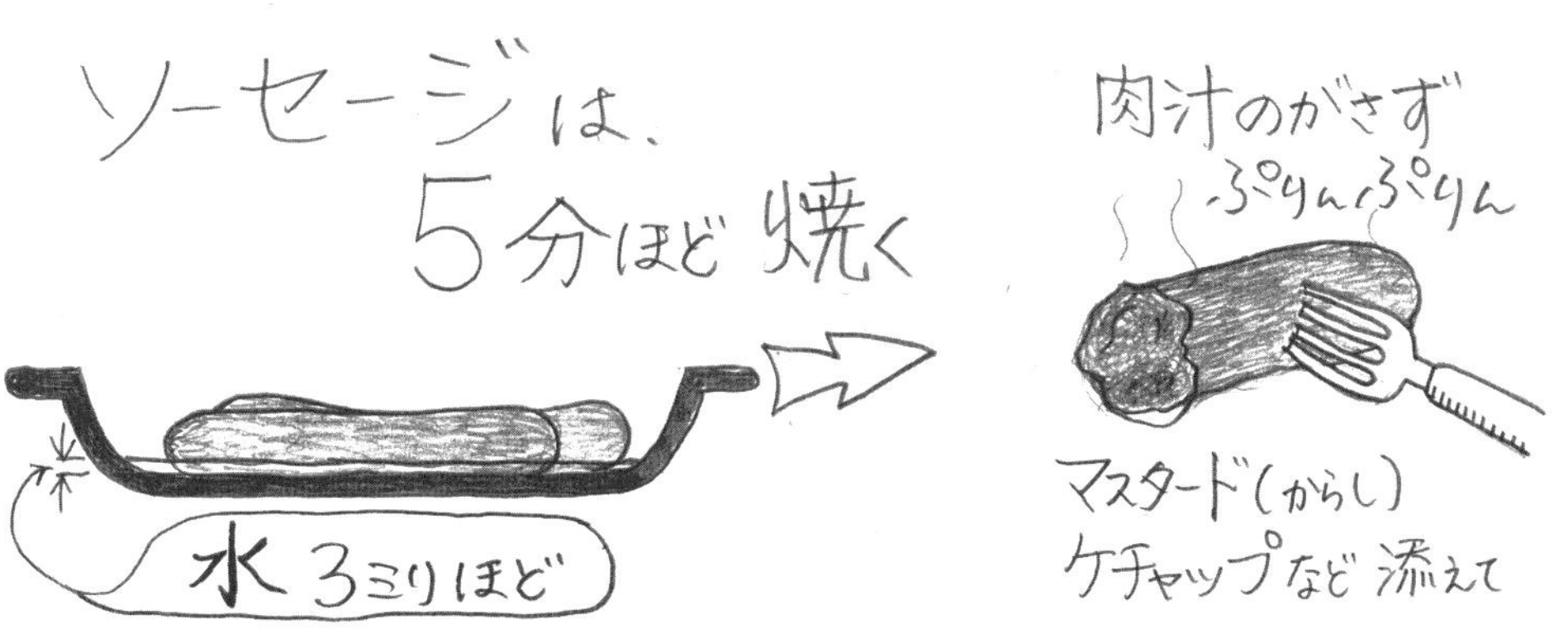

ソーセージは、
5分ほど焼く
水 3ミリほど
肉汁のがさず
ぷりんぷりん
マスタード(からし)
ケチャップなど 添えて

グラタン皿で楽々

天ぷら、フライなどのあたため

石皿の遠赤外線効果で、カリッ、フワッとあたたまる。

グラタン皿に、
フライ
天ぷら
コロッケ
唐揚げ など……
オーブントースター
魚焼き器 などで
こげない程度に
5分ほど
焼く
べちゃっとならない
かりっと揚げたての味

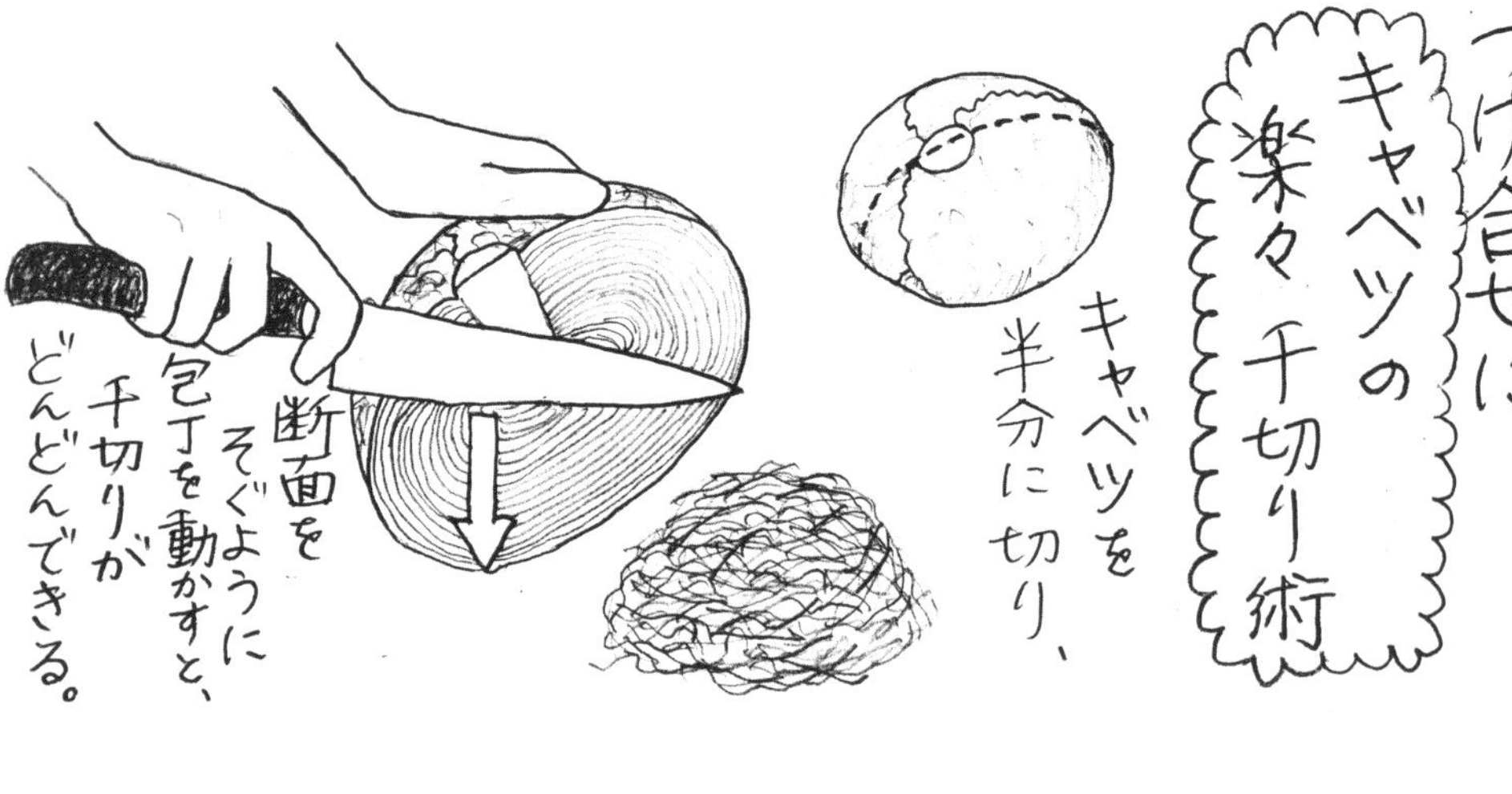
つけ合せにキャベツの楽々千切り術
キャベツを半分に切り、
断面をそぐように包丁を動かすと、千切りがどんどんできる。

グラタン皿で楽々

おかず

天ぷら煮

天ぷらの残り、醤油《しょうゆ》・水で煮たら、極上《ごくじょう》天丼《てんどん》。

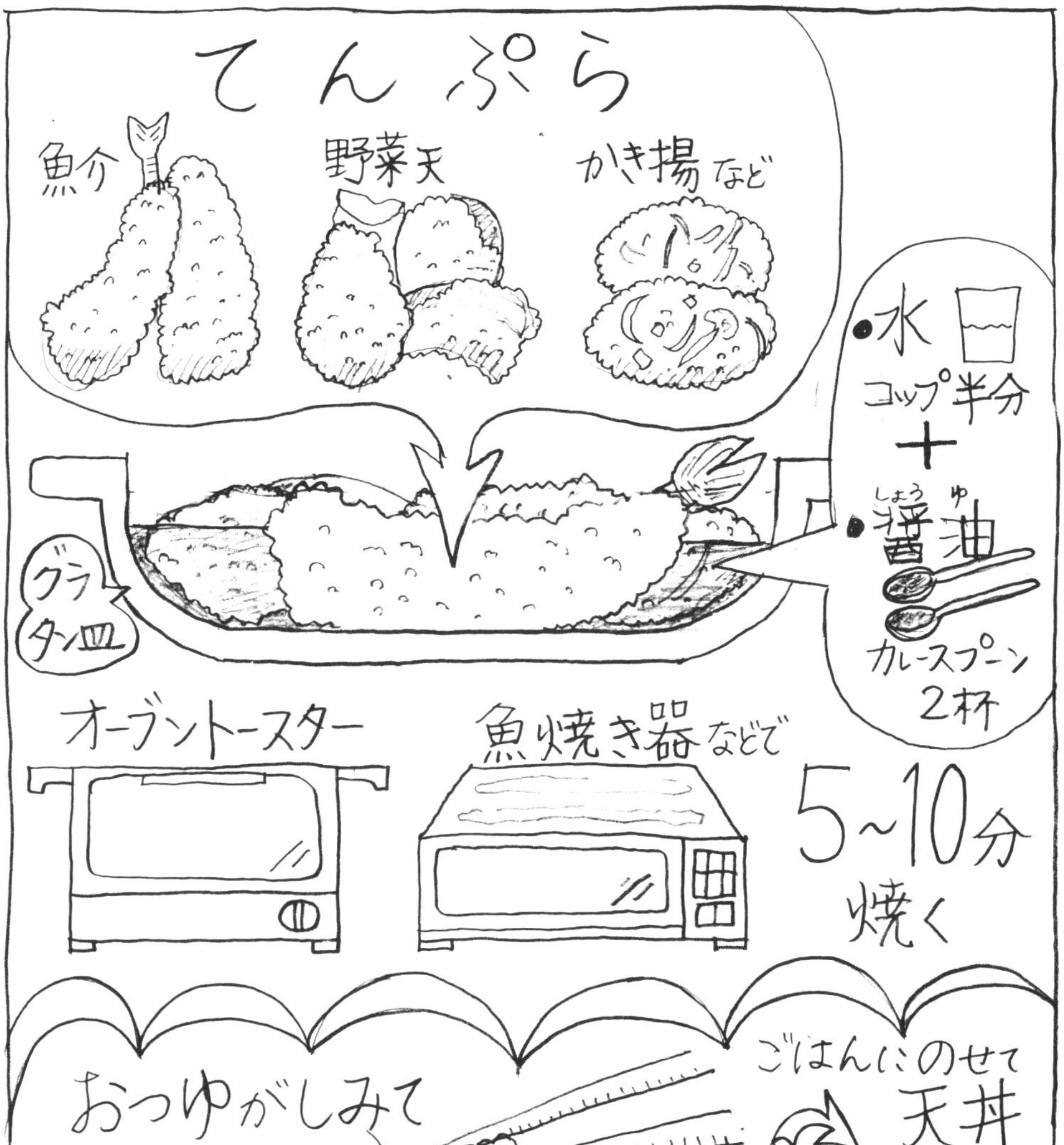
てんぷら
魚介
野菜天
かき揚 など
グラタン皿
●水
コップ半分
+
●醤油《しょうゆ》
カレースプーン
2杯
オーブントースター
魚焼き器 などで
5~10分
焼く
おつゆがしみて
トロッ
トロ
ごはんにのせて
天丼

ビタミン

思い出の母の味

料理研究家だった大正生まれの母は、母校の同志社女子大学で教えたり、各市町村の料理講習会へ出向き、黒板に手描きの資料を張り、割烹着《かっぽうぎ》姿で栄養学の講義などもしていました。

私が子供の頃、その母は天ぷらをたくさん揚げ、いっぱい食べさせてくれました。そして翌日には、その残りを「天ぷら煮」に。その味は絶品で、今も食べると母が偲《しの》ばれます。

江戸時代、居酒屋の売れ筋《すじ》メニュー。

グラタン皿で楽々

焼き油揚《あぶらあ》げ

おかず

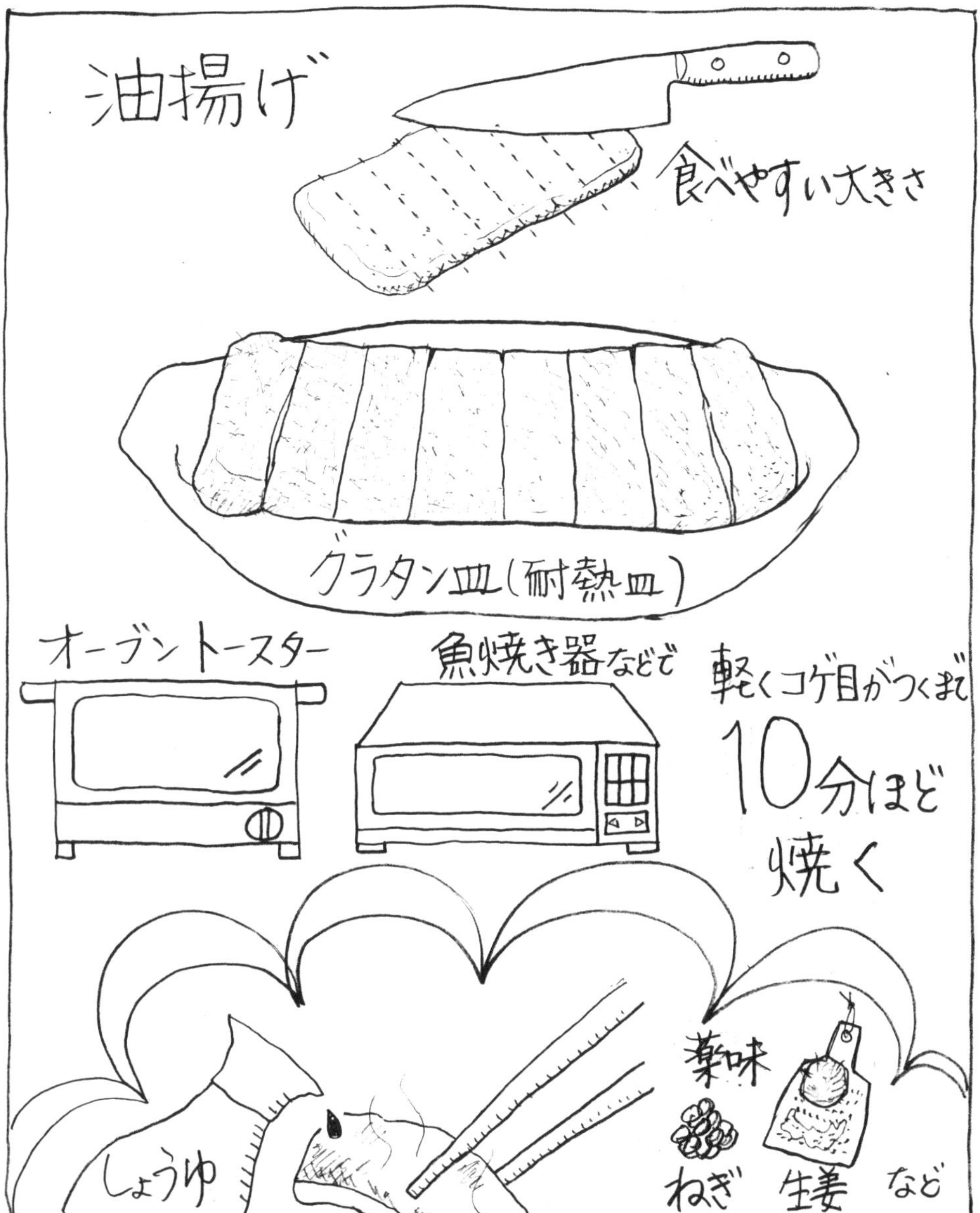

油揚げ
食べやすい大きさ
グラタン皿（耐熱皿）
オーブントースター
魚焼き器などで
軽くコゲ目がつくまで
10分ほど
焼く
薬味
しょうゆ
ねぎ
生姜
など

江戸時代後期の居酒屋メニュー

油揚げ
おでん各種
こんにゃく田楽
鯖《さば》の味噌煮
鰊《にしん》蒲焼き
焼はまぐり
以上各四文（八十円）

焼豆腐 五文（百円）
がんもどき 十文（二百円）
どじょう汁 十六文（三百二十円）
うな丼 百文（二千円）
酒お銚子
並 十二文（二百四十円）
上 二十四文（四百八十円）

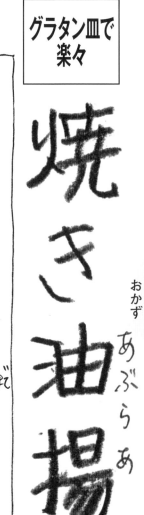

おかず

グラタン皿で楽々

みそおでん

ジャンバラヤのメロディーで鼻歌。

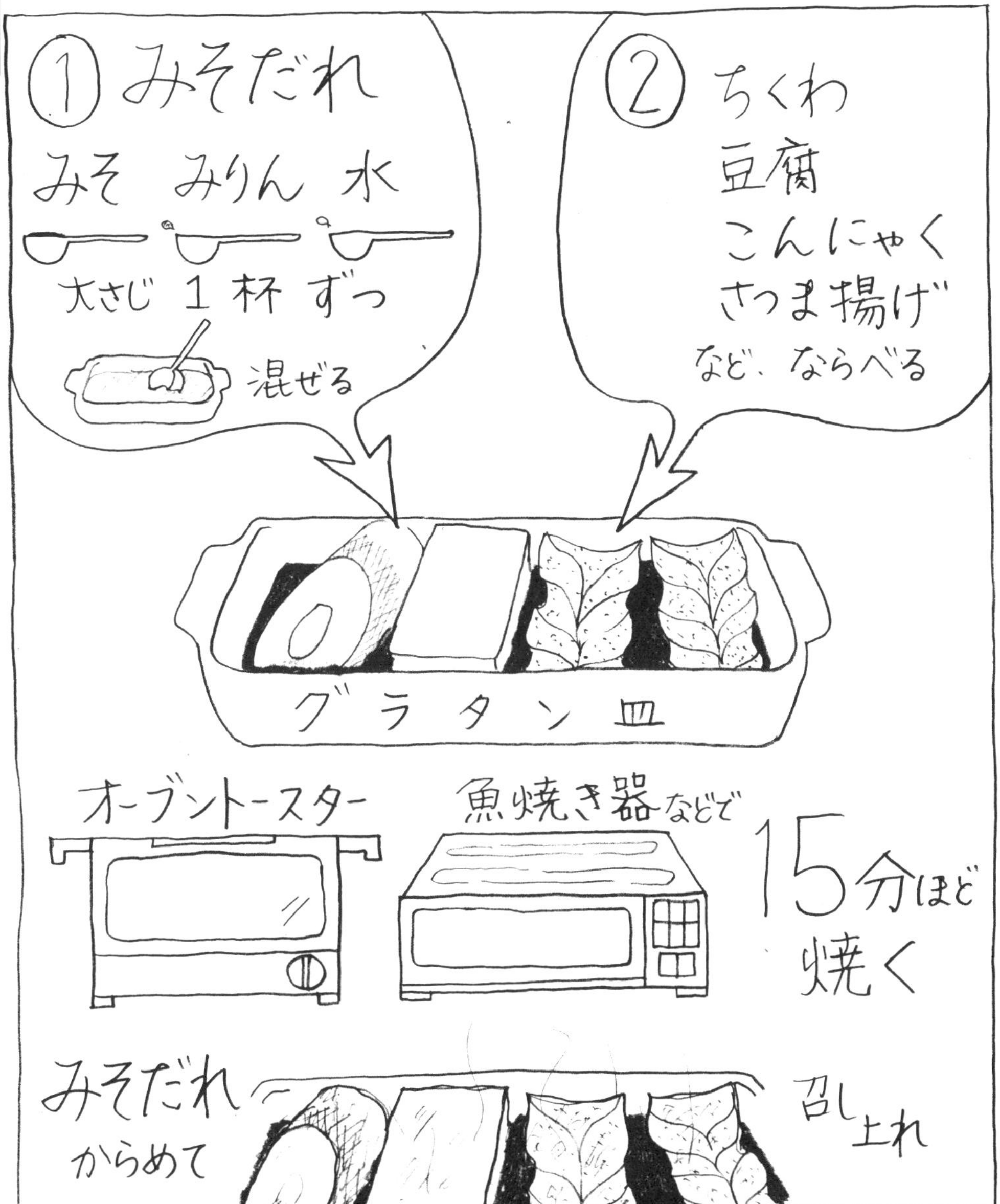

① みそだれ
みそ　みりん　水
大さじ 1 杯ずつ
混ぜる
② ちくわ
豆腐
こんにゃく
さつま揚げ
など、ならべる
グラタン皿
オーブントースター
魚焼き器などで
15分ほど焼く
みそだれ
からめて
召し上れ

レシピソング

グラタン皿でみそおでん

詞　みちお

G　D7
1、おおさーじ いいぱーいの みそ
D7　G
みりんーと おー水もー杯
G　D7
グラターン ざーらに入れ
D7　G
とろとーろに混ぜる　Ref

Ref
G　D7　G
グラターン皿《ザーラ》で みそおでん 幸ーせの味だよ
G　D7　G
グラターン皿《ザーラ》で 15分 ただ焼ーくだーけーだよ

ジャンバラヤのメロディーで

2、とろとーろ みそあーじの上に
一くーち　だーいの　コンニャク
竹輪ーもー 入ーれましょ
おとおーふは　絶品　Ref

グラタン皿で楽々

焼き絹《きぬ》ごし

おかず

絹ごしが、ゆば豆腐に変化《へんげ》。

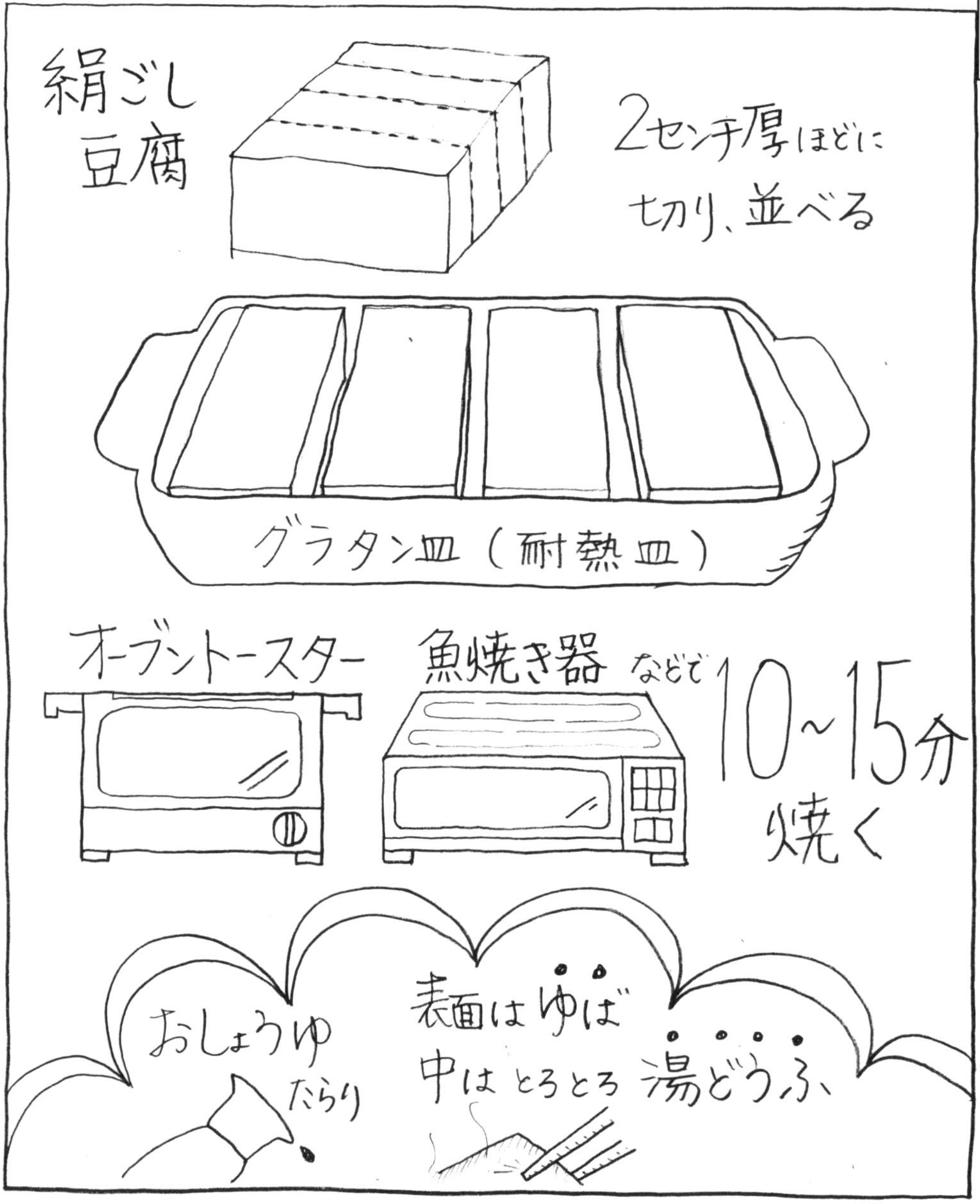

絹ごし豆腐
2センチ厚ほどに切り、並べる
グラタン皿（耐熱皿）
オーブントースター
魚焼き器
などで
10~15分
焼く
おしょうゆ
たらり
表面はゆば
中は とろとろ
湯どうふ

リスナーの声

「絹ごし豆腐を焼くとどうなるの？」と思いつつ作ってみたところ、なんと表面は湯葉、中はとろふわ。美味しかった！

「やってみなはれ」と通夫さんがおっしゃるように、試してみれば分かるのですね。

　グラタン皿料理は、少人数にはぴったりです。鍋で作ると、どうしても量が多く、食べすぎたり、残りを作り直したりと、苦労していました。

　グラタン皿だと、食べきることができ、無駄がないように感じています。心が解放されます。

はるこ

グラタン皿

作り置き

サイコロこんにゃく

おかず

蒟蒻《こんにゃく》は「体の砂払《すなはら》い」「腸内細菌のエサ」。

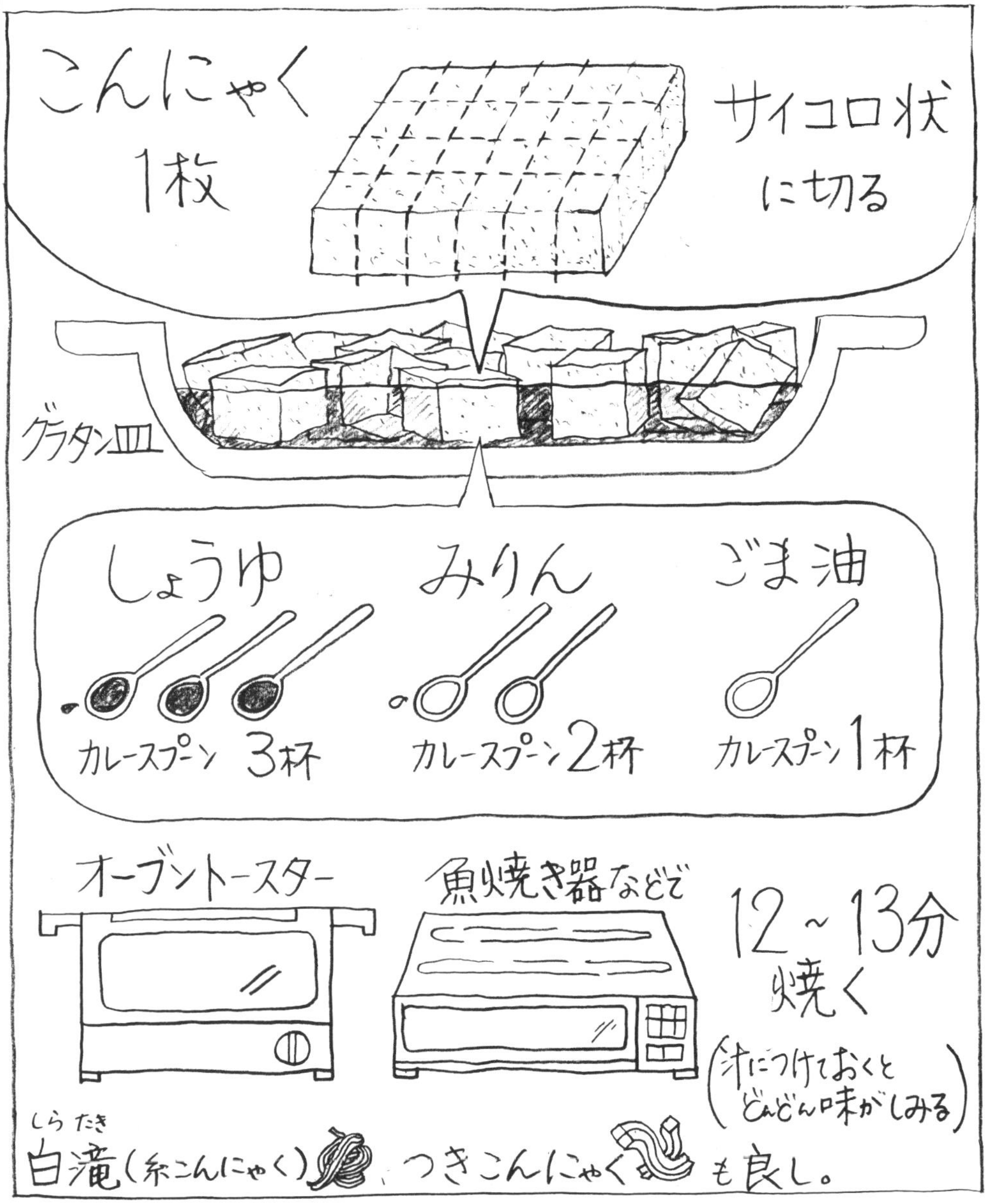

こんにゃく
1枚
サイコロ状
に切る
グラタン皿
しょうゆ
カレースプーン3杯
みりん
カレースプーン2杯
ごま油
カレースプーン1杯
オーブントースター
魚焼き器などで
12～13分
焼く
(汁につけておくと
どんどん味がしみる)
白滝《しらたき》(糸こんにゃく)、つきこんにゃくも良し。

レシピソング

グラタン皿でサイコロこんにゃく

詞・曲　みちお

1.
E　A7　／　E　B7
朝昼晩に　冷ぞう庫から
E　A7　／　E　B7　E
出すだけ料理　サイコロコンニャク
E　A7　／　E　B7
コンニャク一丁を　サイコロに切り
E　A7　／　E　B7　E
グラタン皿で　10分ちょい焼く
A　E　／　B7　E
調味料は　カレーのスプーンで
A　E　／　B7　E
醤油三杯に　みりんが二杯
A　E　／　B7　E
それにゴマ油　一杯かけて焼く

2.
つくり置きは　ふしぎです
毎回食べても　あきがない
その訳は　天然自然の
昔ながらの　定番だから

至福の知恵

煮しめ

楽々の知恵

毎日食べても飽《あ》きない、究極《きゅうきょく》の作り置き。

● 大根・人参
半月切り（厚さ1センチほど）
● こんにゃく
コップで切ると
味がしみる
● 結び昆布
早煮昆布などを
戻して結ぶ
● ちくわ、さつま揚げ、がんもどき、厚揚
など
● ふき・筍の水煮
ごぼう、蓮根
など
● 水（または、昆布の戻し汁）
コップ2杯
● 醤《しょう》油《ゆ》 コップ1/4
● みりん コップ1/4
● 酢 カレースプーン1杯
お酢は
昆布を
やわらかくする
おすすめ
● ごま油
カレースプーン1杯
コクが出る
落とし蓋
鍋の蓋をせず、中火でグツグツ30分程
（途中で1〜2度混ぜると、まんべんなく味がしみる）
2/3
1/3
お鍋に2/3位の煮汁が、1/3位になったら出来上り

材料と煮汁を入れて煮るだけ。
土鍋で作ると、遠赤外線でふっくら。

「人生は道具選び也」

蓋つき小鉢で楽してます。

大きさ、形、いろいろあります。

重ねられるので
便利です。

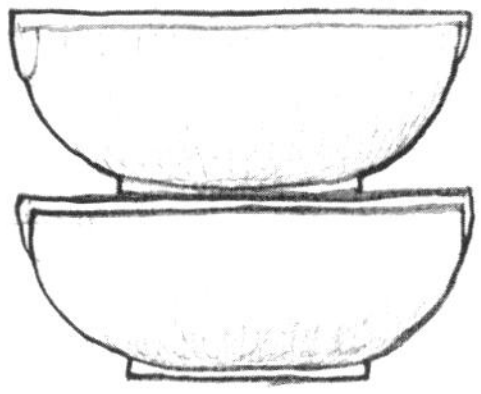

「蓋つき小鉢」「蓋つき鉢」「ノンラップ鉢」
などの名前で、食器売り場で、売られています。

ホームセンターや家具店で
お盆（トレイ）を見つけて
冷蔵庫の出し入れ、楽々。

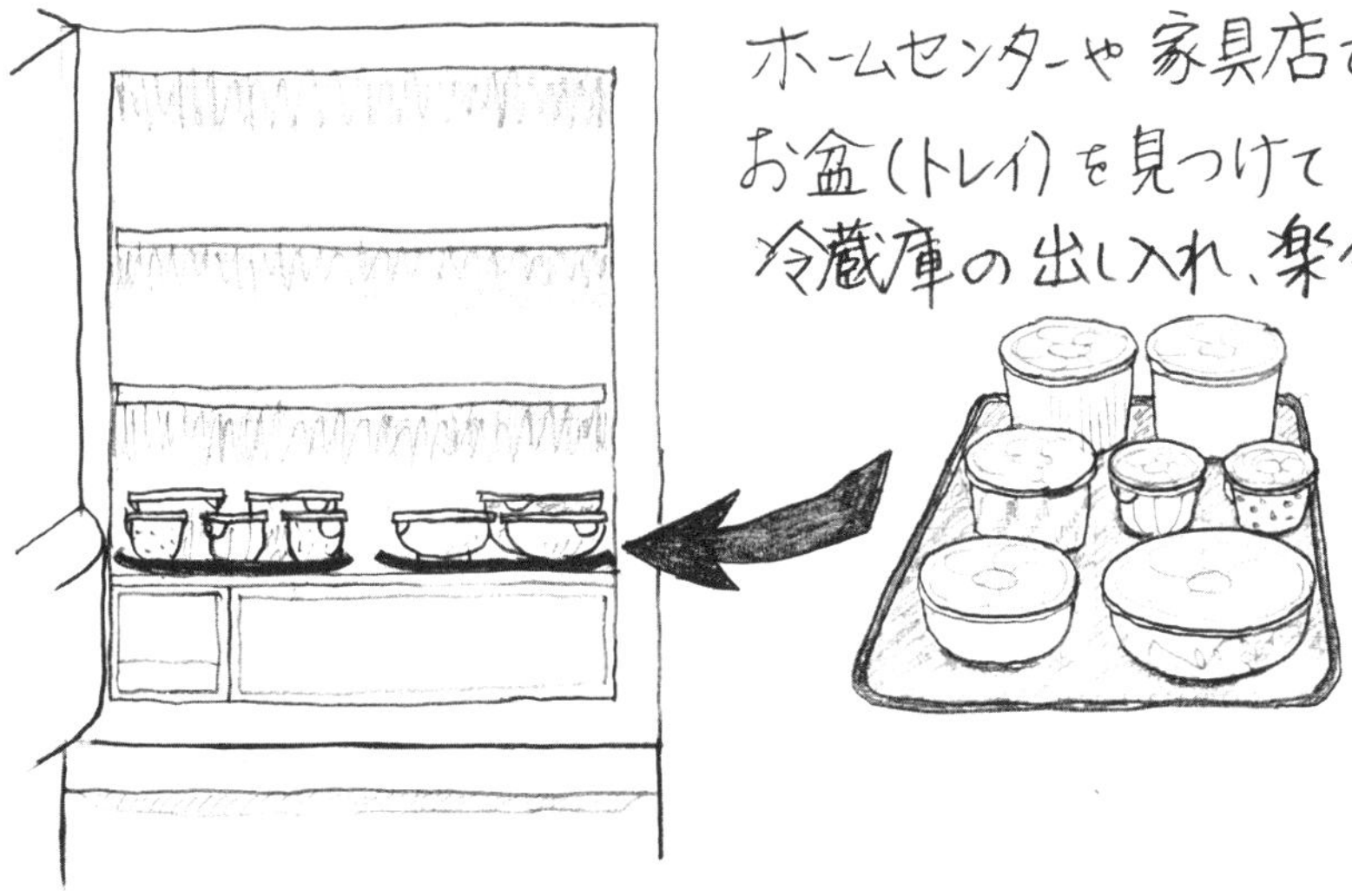

通夫の知恵、

縮緬《ちりめん》じゃこには
にんにく1カケを
入れると、にんにくの殺菌力で、日持ちします。
（にんにくは、米袋に入れると、防虫効果）

固くなったじゃこは、
器に水を入れてひたし、
すぐに水を切ると、
柔らかくなります。

至福の知恵

天然 インスタント

だしの出る具で即席汁

「簡《かん》にして要《よう》を得《え》る」やってみなはれ。

わかめ、なめたけ など
「だしの出る具」数品

お椀《わん》に入れて、湯《ゆ》を、注ぐだけ。

味は、塩・醤油《しょうゆ》・味噌、お好みで。

「だしの出る具」

白菜キムチ 108ページ
わかめ (ひと口大に切る)
ちりめんじゃこ 白子干しなど
ぬか漬け 102ページ
もずく
佃煮
漬けもの色々 106ページ
もみのり 岩のり
納豆

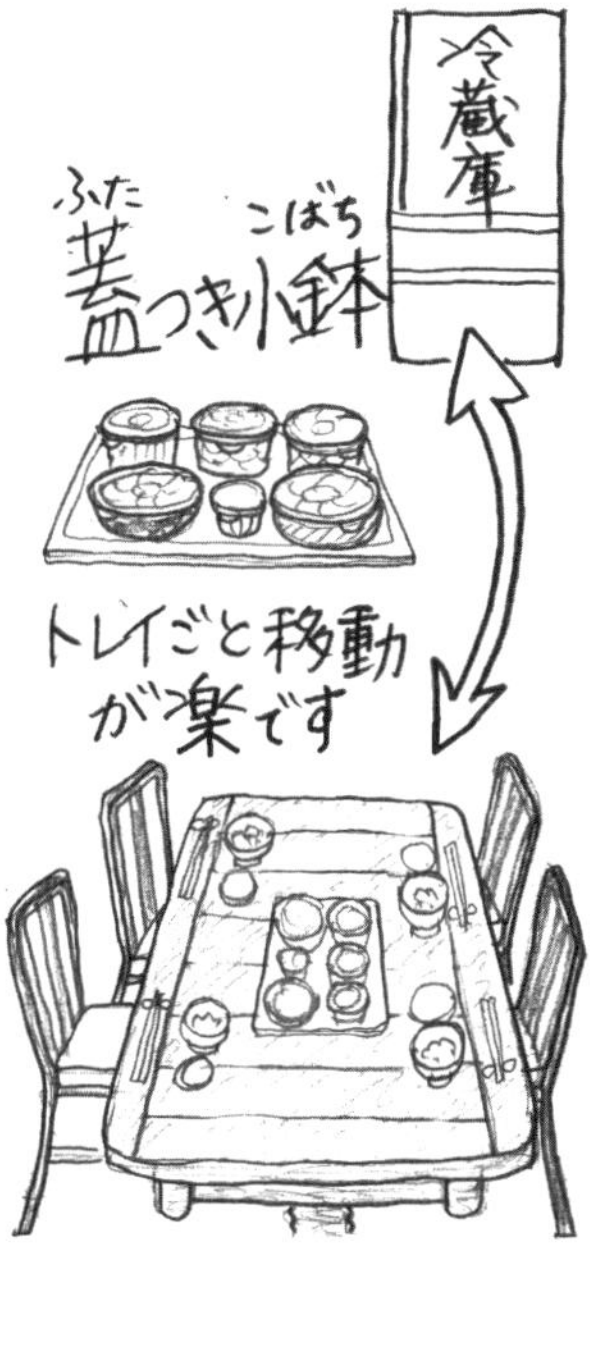
冷蔵庫
蓋《ふた》つき小鉢《こばち》
トレイごと移動が楽です

至福の知恵

朝は、あるもので湯づけ

信長の好物・昔ながらの健康食。

ごはんに具を数品のせ、お湯を注ぐ

味付けは お好みで

塩・醤油《しょうゆ》・味噌《みそ》

梅干
もみのり
じゃこ
などなど
なめたけ
とろりなめこ
納豆
わかめ
佃煮、
つけもの、キムチ
もずく
ごはん
（信長は玄米）
お茶を注ぐと
お茶づけです

ベビーほたて醤油《しょうゆ》焼き

ボイル
ベビーほたて
醤油《しょうゆ》
まぶす

（1時間後から1週間以内に焼けば良い）

グラタン皿

10分ほど焼く

10日間持つ 作り置き

我家のおかずで

あさりしぐれ煮
31ページ
とろりなめこ
68ページ
焼き鮭
ほぐし
なめたけ
66ページ
ベビーほたて
しょうゆ焼き
えりんぎ白醤油
67ページ

← レシピは左に

作り置き

菜《な》っ葉《ぱ》のお浸《ひた》し・本《もと》々《もと》

野菜

天然だしパックで簡単なだしのとり方は（116ページ）

湯掻《ゆが》いたままも良し、吸物《すいもの》に浸《ひた》すも良し。

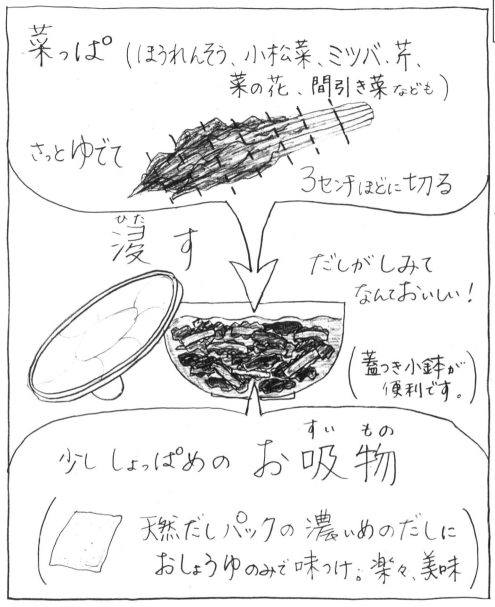

菜っぱ（ほうれんそう、小松菜、ミツバ、芹、菜の花、間引き菜なども）

さっとゆでて

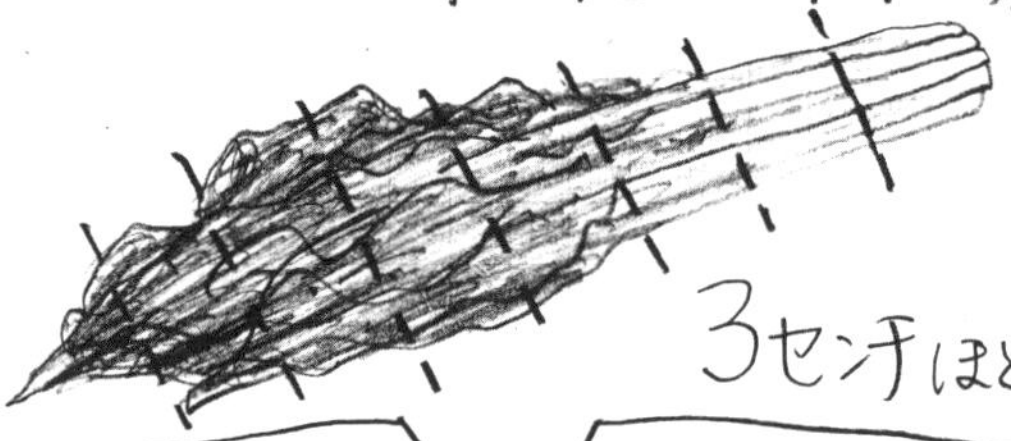

3センチほどに切る

浸《ひた》す

だしがしみてなんておいしい！

（蓋つき小鉢が便利です。）

少ししょっぱめのお吸《すい》物《もの》

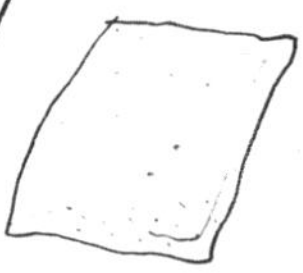

（天然だしパックの濃いめのだしにおしょうゆのみで味つけ。楽々、美味）

旬の野菜いろいろでおひたし

春～初夏　ふき

さっとゆでて皮むいて

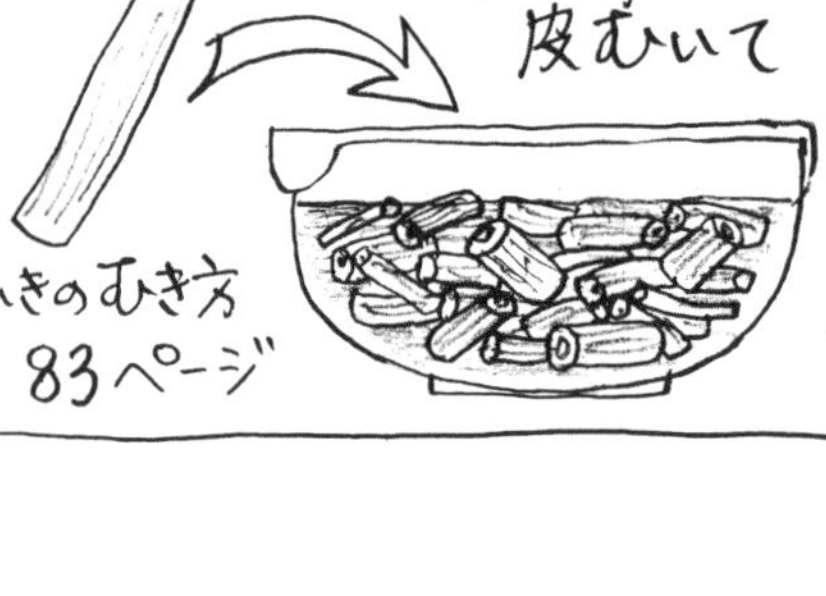

ふきのむき方83ページ

夏　いんげん豆

さっとゆでて

作り置き

菜《な》っ葉《ぱ》のさっと煮

野菜

だしで蒸《む》して、ぺしゃんこになったら、醤油《しょうゆ》。

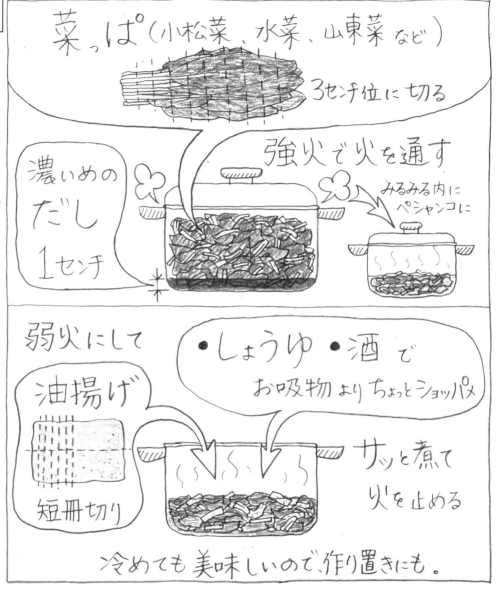

菜っぱ（小松菜、水菜、山東菜など）

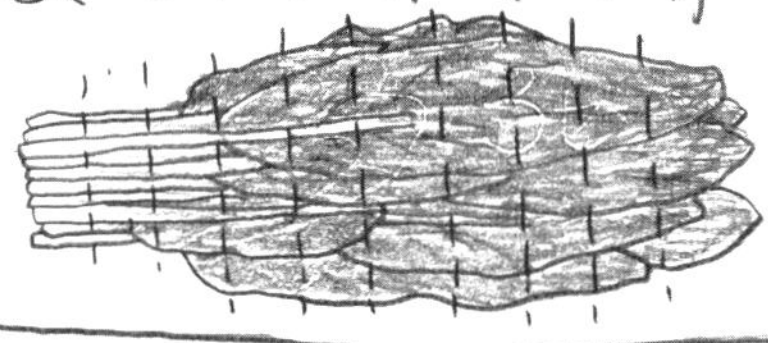

3センチ位に切る

濃いめのだし 1センチ

強火で火を通す

みるみる内にペシャンコに

弱火にして

油揚げ

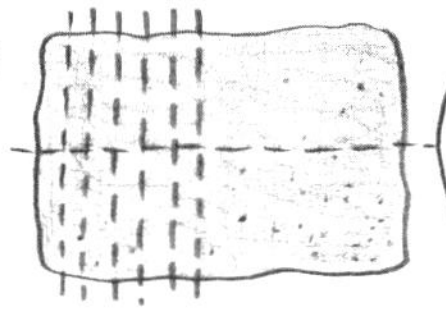

短冊切り

・しょうゆ・酒で

お吸物よりちょっとショッパメ

サッと煮て火を止める

冷めても美味しいので、作り置きにも。

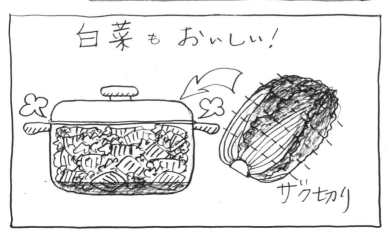

白菜もおいしい！

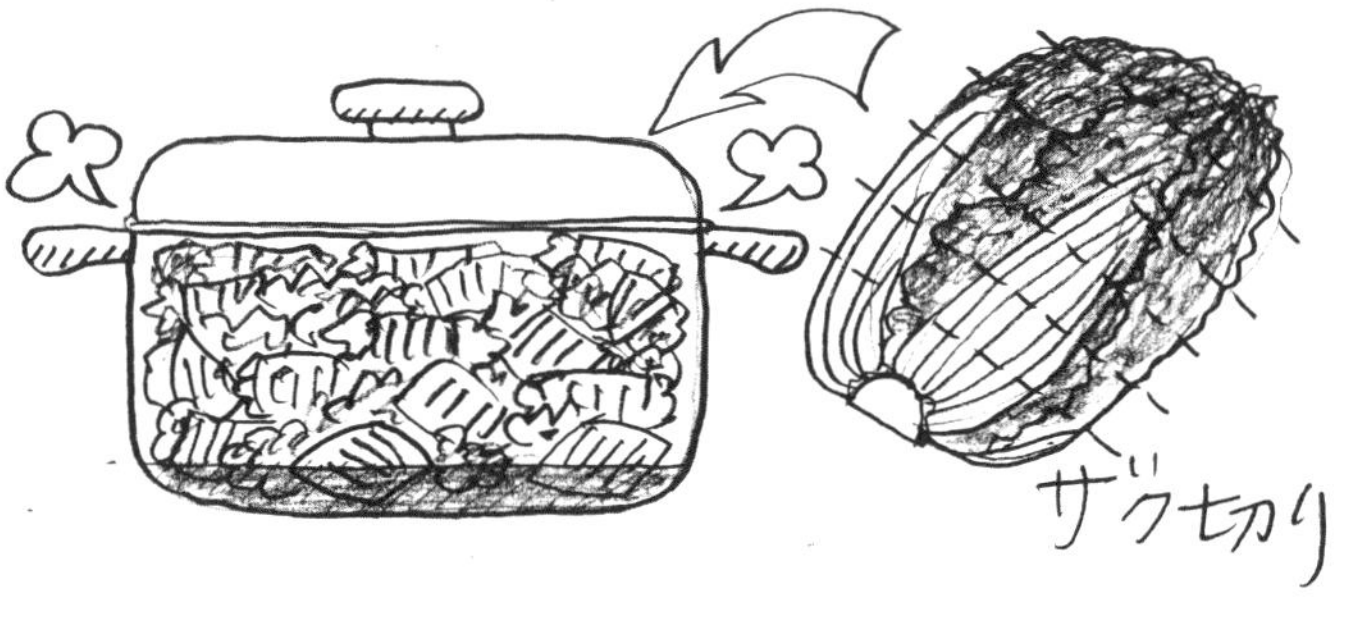

ザク切り

「さっと煮」の基本は、切った葉をだしで蒸して、しょうゆで味つけ。油揚げと酒は、プラスα《アルファ》のコク。（なくてもO.K）

えのき茸《だけ》を醤油《しょうゆ》で煮たものを「なめ茸《たけ》」と呼んでいます。

グラタン皿

作り置き

なめ茸《たけ》

野菜

おしょうゆ
まわしがけ
カレースプーン
2~3杯
(目安)
グラタン皿
えのき茸
(大束・約200g)
3等分ほど
オーブントースター
魚焼き器などで
15分ほど
焼く
混ぜて
なめ茸《たけ》

にんにく
混ぜて
極上の薬味

リスナーの声

ラジオで聴いたなめ茸《たけ》、仕事の帰りにえのき茸《だけ》を買って、夕食の一品にしました。あっけないくらい簡単なのに、とても美味。家族に喜ばれ、最高の気分になれました。倉敷市　としみ

通夫から

なめ茸は、冷蔵庫で2週間は持ちますが、冷めてから、おろすか、つぶしたにんにくをたっぷり混ぜると、極上の薬味のエノキニンニクになり、ニンニクの殺菌力のため、一ヵ月は長持ちします。ワカメやおひたし、お豆腐にのせ、毎日のように食べています。刺身に添えると長持ちします。

グラタン皿

作り置き

きのこのビタミンD・骨を丈夫に、免疫力《めんえきりょく》、精神安定、美肌。

野菜

エリンギの日持ち三昧《ざんまい》

エリンギを素焼き（10分ほど）
グラタン皿（耐熱皿）
4つ～8つに
手でさく
しょうゆ
醤油
エリンギのうまみ丸ごと!
たっぷりまぶす
冷蔵庫で10日はOK。おろしにんにく少々を入れると1カ月持つ

リスナーの声

素朴な疑問ですが、きのこって洗うのでしょうか?

苫小牧　ときえ

通夫から

お店で売られているきのこは、汚れていなければ、洗う必要はありません。なめこは、ぬめりの部分に酸味を感じることがありますが、これは乳酸菌の発酵のきざし。さっと水洗いすると、酸味が軽減されます。

きのこを洗った方が心が和らぐ人は、洗ってください。そして、平和でいたいのだったら、他の人のやり方に口を出さないことです。

洗っても、洗わなくても、安全面では大して変わりません。食べた時に、洗っていたかいないかは、誰も分かりません。

グラタン皿

作り置き

とろりなめこ

滑子《なめこ》と醤油《しょうゆ》のみ。天然美味。

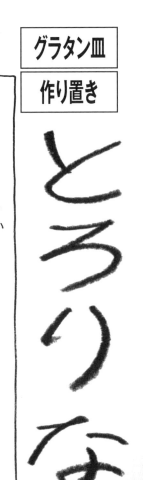

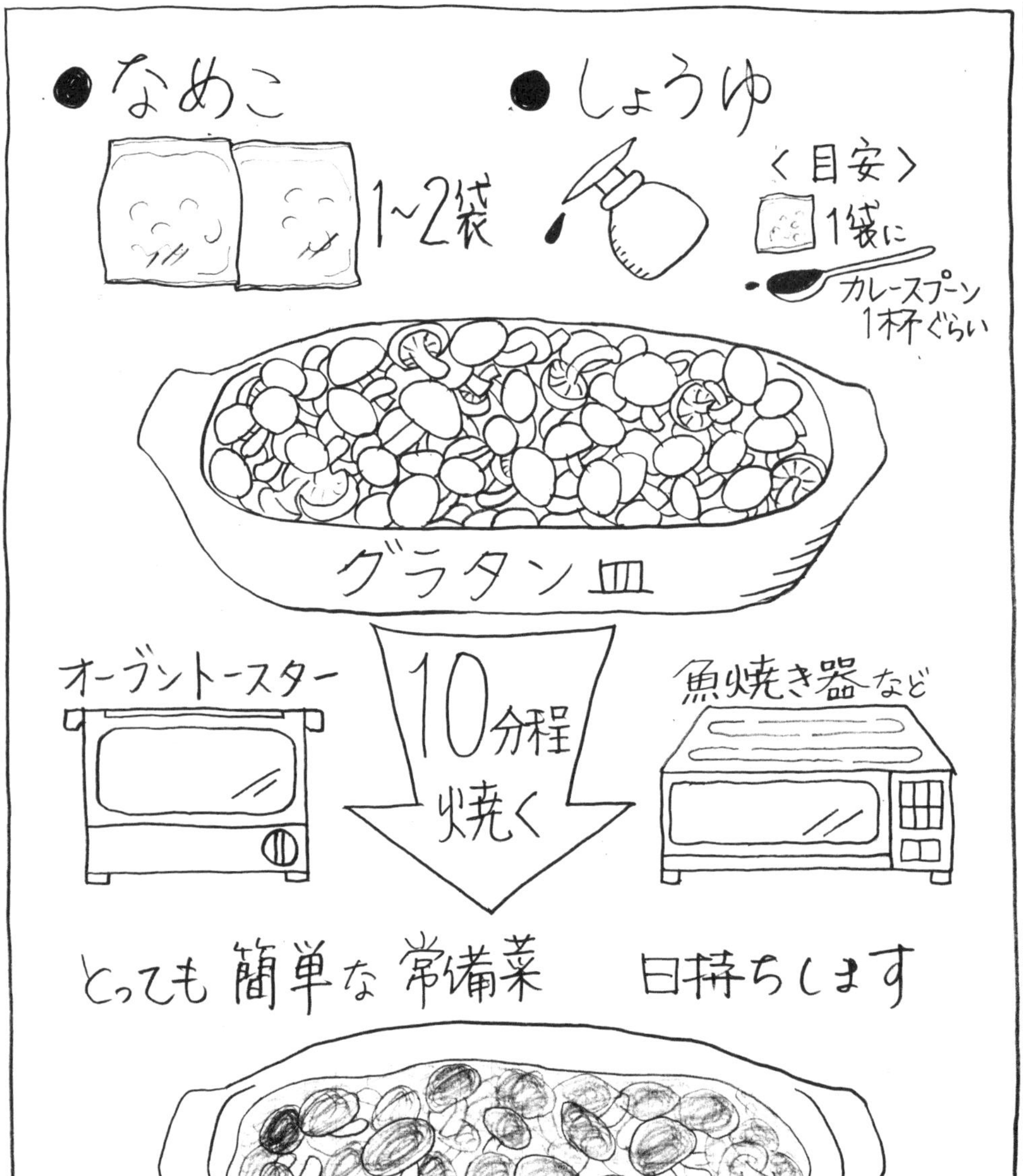
なめこ
1~2袋
しょうゆ
〈目安〉
1袋に
カレースプーン1杯ぐらい
グラタン皿
オーブントースター
10分程焼く
魚焼き器など
とっても簡単な常備菜
日持ちします

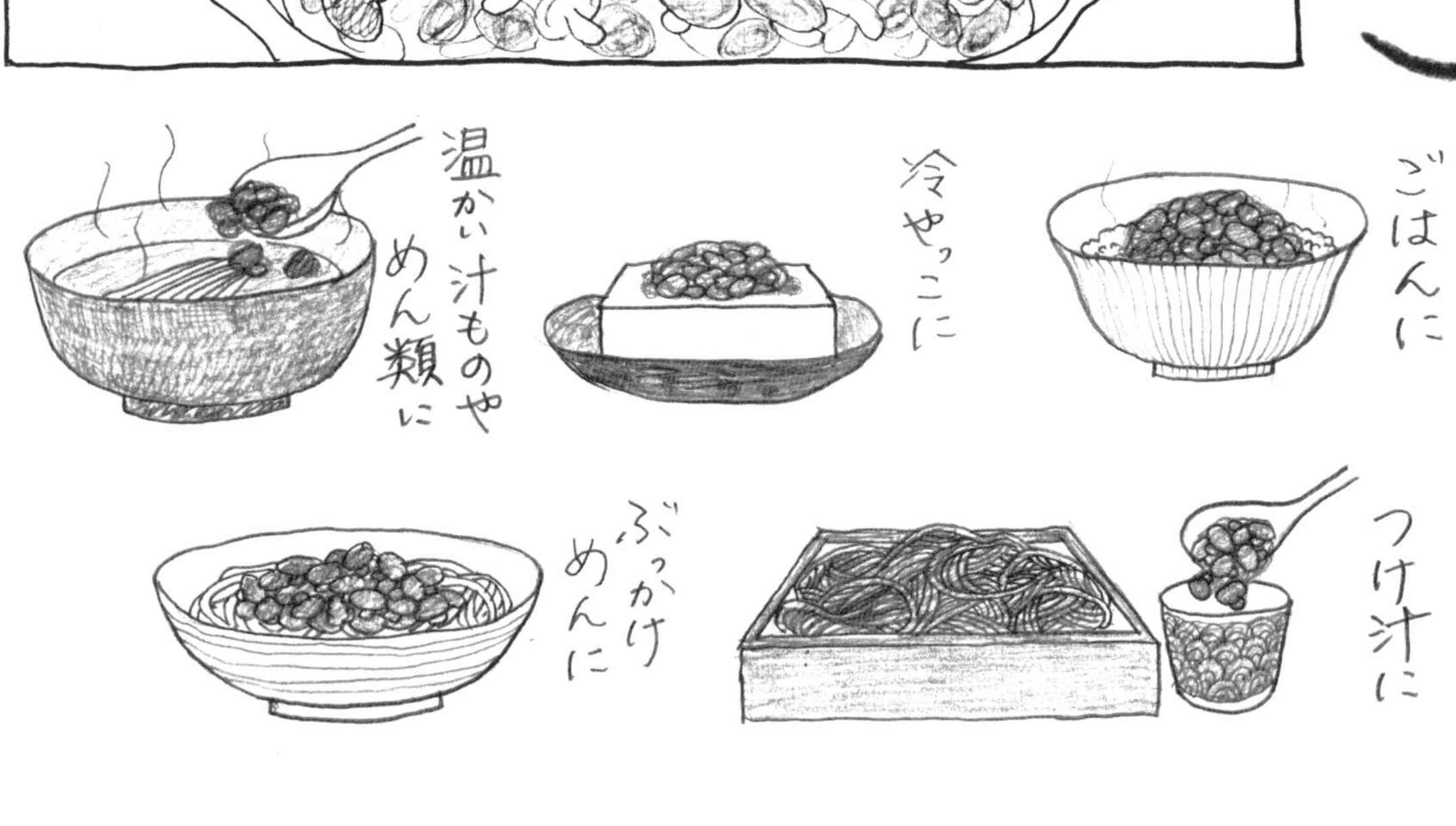
温かい汁ものやめん類に
冷やっこに
ごはんに
ぶっかけめんに
つけ汁に

グラタン皿で楽々

野菜

きのこ焼き

きのこを 盛って 焼く だけ。

●きのこ
(しめじ、えのき、しいたけ、
えりんぎ 等々… 1種類でも)
食べ易い大きさにして
●おいしい油
オリーブ油、ごま油、バター など
お好みで
目安
カレースプーン1杯ほど
グラタン皿
オーブントースター
魚焼き器などで
10分ほど
焼く
おいしい塩 や お醤油《しょうゆ》 で味つけ
ぽん酢 や
とんかつソース
も
乙《おつ》な味

レシピソング

グラタン皿できのこ焼き

詞・曲　みちお

Am　Dm　Am　E7
1. 今日のお酒の　つまみは　グラタン皿で　きのこ焼き
Am　Dm　Am　E7　Am
グラタン皿に　きのこを入れ　後はグリルで　10分程

Am　Dm　Am　E7
2. 味は塩でも　醤油でも　バターのせれば　たまらない
Am　Dm　Am　E7　Am
えのきでも　しいたけでも　エリンギに　ぶなしめじ

Am　Dm　Am　E7
3. 今日もコツコツ働いた　後は　よもぎ焼酎
Am　Dm　Am　E7　Am
天国の河島英五さん　あなたを思い　のんでます

体を満たす・ビタミンCの宝庫。

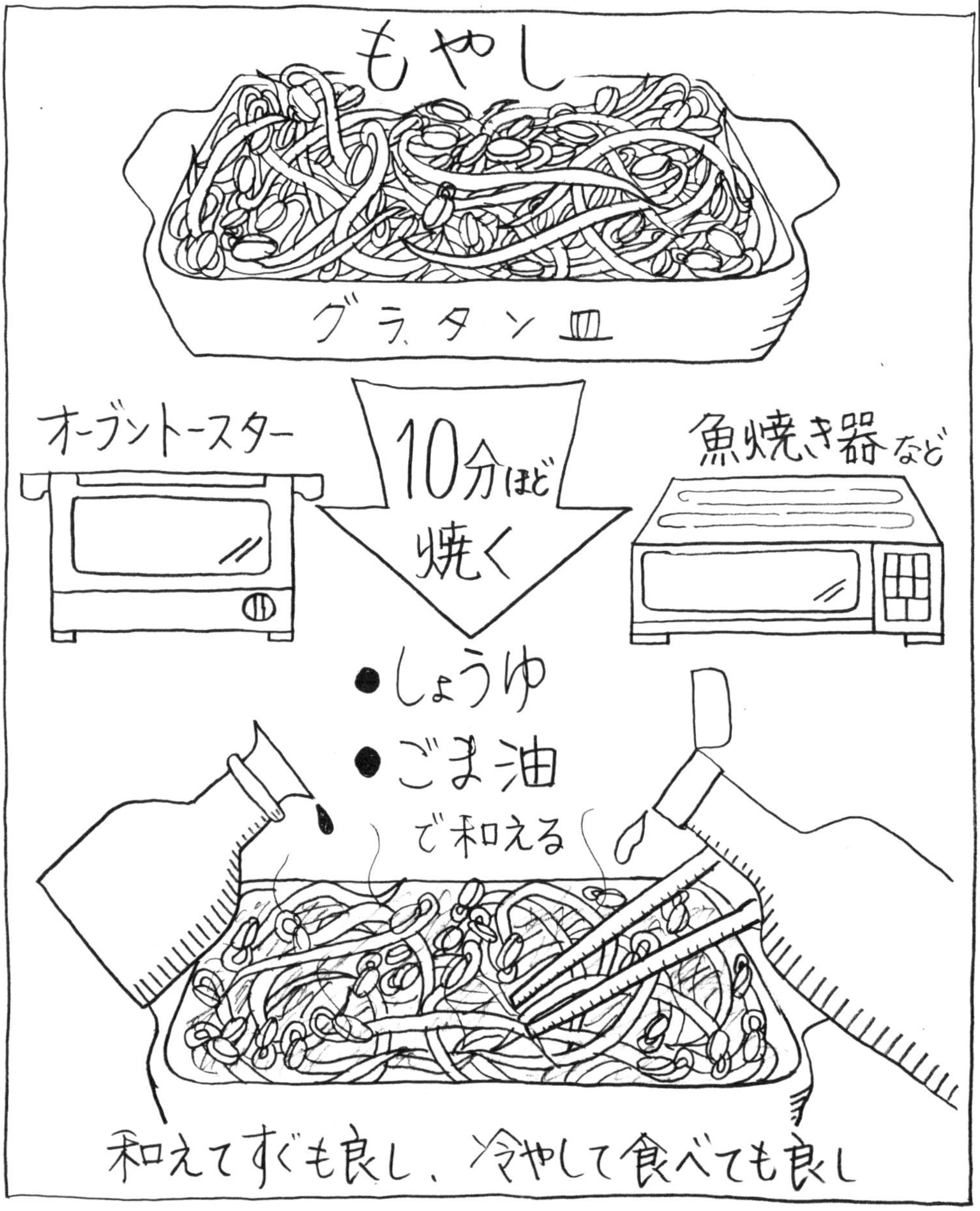
もやし
グラタン皿
オーブントースター
10分ほど焼く
魚焼き器など
・しょうゆ
・ごま油
で和える
和えてすぐも良し、冷やして食べても良し

グラタン皿で楽々

焼きもやしのナムル

野菜

リスナーの声

「グラタン皿でもやしのナムル」簡単で、美味しくって、週2回は作っています。助かります。

岡山県　しずか

通夫から

ナムルとは、朝鮮半島の和え物で、醤油とごま油などで味付けしたものです。ポン酢を使うのもいいですね。

さて、もやしが美味しいのはなぜでしょうか。

もやしは、大豆やブラックマッペ（小豆の仲間）、緑豆などの豆類を水に浸し、日光のあたらないところで発芽させたものです。つまり、豆を萌《も》やして作るので「萌やし」で、ビタミンCを多く含みます。

豆（種の部分）は栄養豊富ですが、本来はビタミンCは含まれていません。ところが発芽すると、自身の酸化を防ぐために、ビ

グラタン皿で楽々

野菜

もやしの味《み》噌《そ》炒《いた》め

グラタン皿に味噌《みそ》を塗るのがミソ。

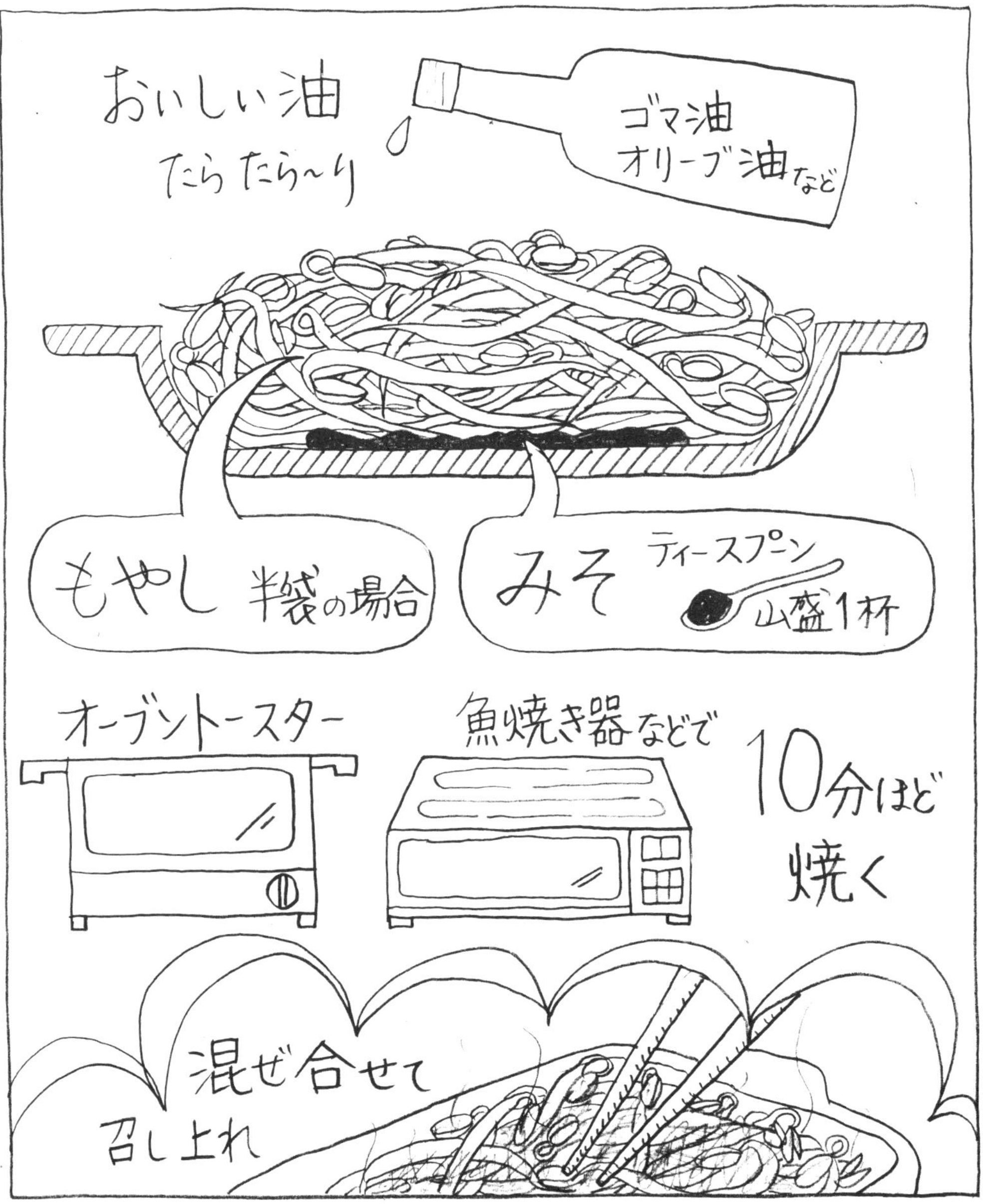
おいしい油
たらたら〜り
ゴマ油
オリーブ油など
もやし 半袋の場合
みそ
ティースプーン
山盛1杯
オーブントースター
魚焼き器などで
10分ほど
焼く
混ぜ合せて
召し上れ

なにもせず
ただ焼くだけの
素焼きもよし
みちお

タミンCを作り出し身を守ろうとします。

　そして、体内でビタミンCを作れない動物は、それらを取って頂き、身を守っています。自分の体に必要なものは、美味しく感じる。自然のしくみには、ほとほと感心するばかりです。

　ビタミンCが不足すると、歯肉や皮膚などから出血する壊血病や、シミ・シワ・乾燥などの皮膚のトラブル、それに免疫力が低下し、風邪やせき・痰などの症状が出てきます。

グラタン皿で楽々

キャベツの味《み》噌《そ》炒《いた》め

キャベツ・胃もたれ解消、食欲増進。

・キャベツ
ザク切り
・油
ゴマ油など
まわしがけ
みそ
カレースプーン
1杯ほど
オーブントースター
魚焼き　などで
10~15分
焼く
混ぜ合わせて
どうぞ

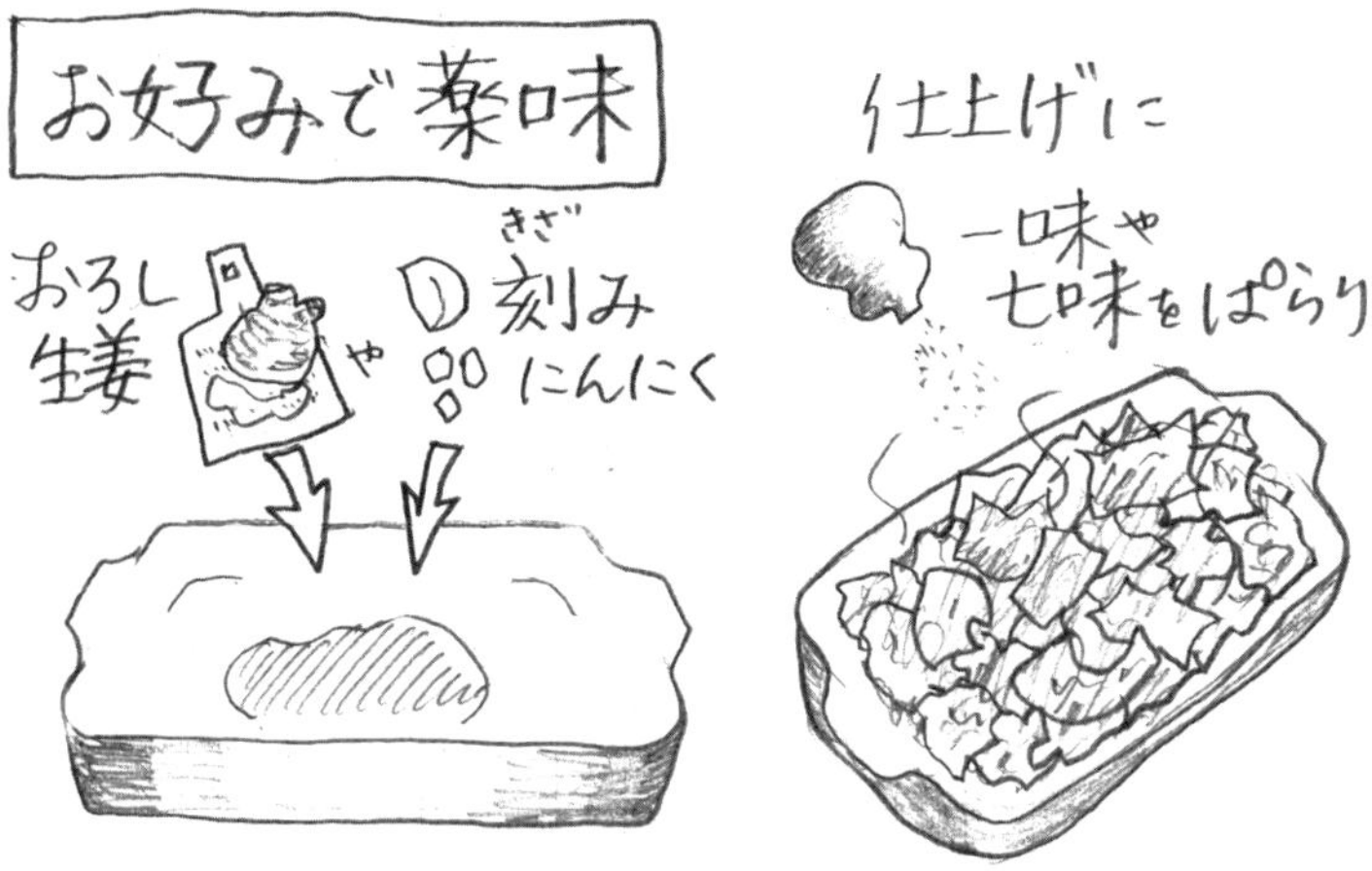

お好みで薬味
おろし
生姜
や
刻《きざ》み
にんにく
仕上げに
一味や
七味をぱらり

リスナーの声

何か一品足りない時に、必ず冷蔵庫の片隅に残っているキャベツで、超簡単に超美味しく出来る「グラタン皿でキャベツの味噌炒め」。我が家の超定番となりました。

函館　ゆかり

グラタン皿で楽々

玉ねぎ焼き

野菜

油を垂《た》らして焼く・油なし素焼きも良し。

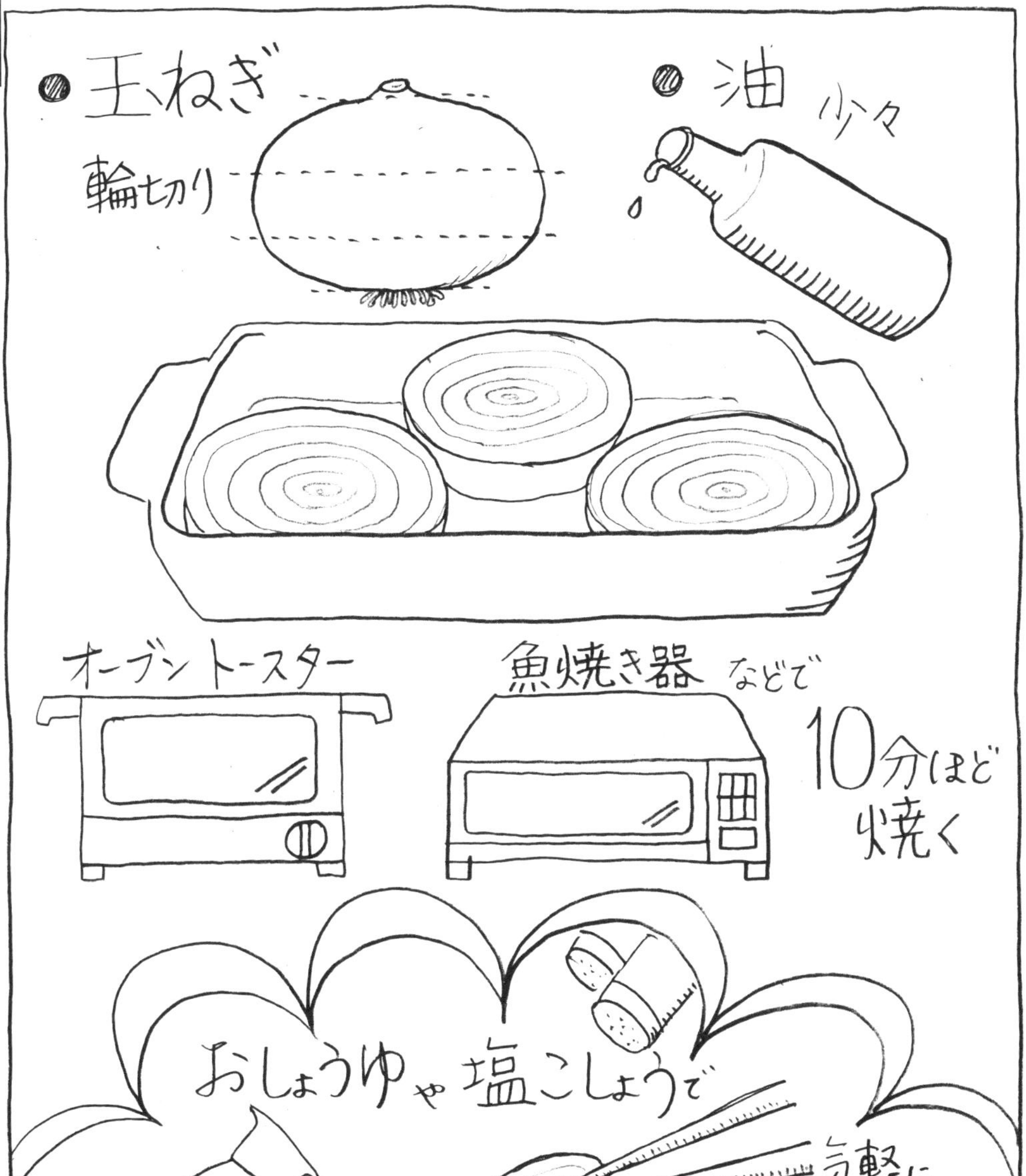

玉ねぎ
輪切り
油
少々
オーブントースター
魚焼き器
などで
10分ほど焼く
おしょうゆや塩こしょうで
気軽に
あめ色玉ねぎ

にんにくも
長ねぎも
家庭菜園のお楽しみ
ねぎ坊主と茎も!
蓮根《れんこん》も
長芋《ながいも》も
大根 人参も
美味しくてビックリ

丸い南瓜《かぼちゃ》の切り方は、レシピソングで。

グラタン皿で楽々

焼きかぼちゃ

野菜

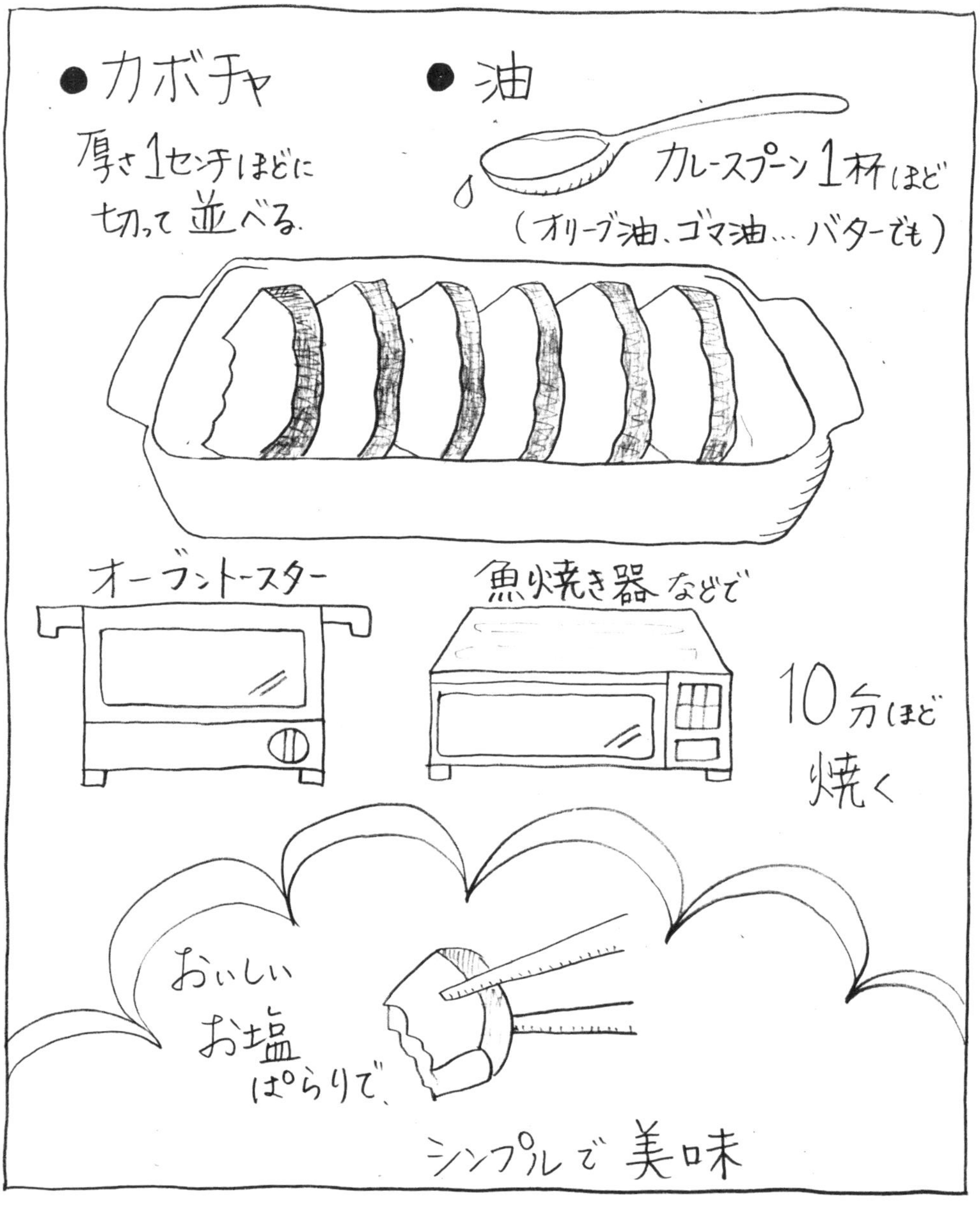
●カボチャ
厚さ1センチほどに
切って並べる。
●油
カレースプーン1杯ほど
（オリーブ油、ゴマ油…、バターでも）
オーブントースター
魚焼き器などで
10分ほど
焼く
おいしい
お塩
ぱらりで、
シンプルで美味

レシピソング

河村式カボチャの切り方

曲　大きな古時計
詞　みちお

C　G7　C　F　　C　G7　C
1. カボチャの切り方は　いたって簡単さ
C　G7　C　F　　C　G7　C
カボチャの上から下へと　輪ゴムをかける
C　　G7
その輪ゴムにそおって　包丁で
C　G7
一ミリ程の切れ目を
C　G7　C　F　　C　G7　C
一周二周三周目で　パカッと割れる

2. カボチャが綺れいに割れたなら　一センチの厚さにし
グラタン皿に並べて　十分ちょい焼くだけ
オーブントースターは　楽でいい
魚焼き器もいいよ
子供の頃から見ておけば　楽に生きられる

グラタン皿で楽々

ビタミンCの金庫・美味しい油でポテトフライ風。

焼きじゃが（さつま芋でも！）

野菜

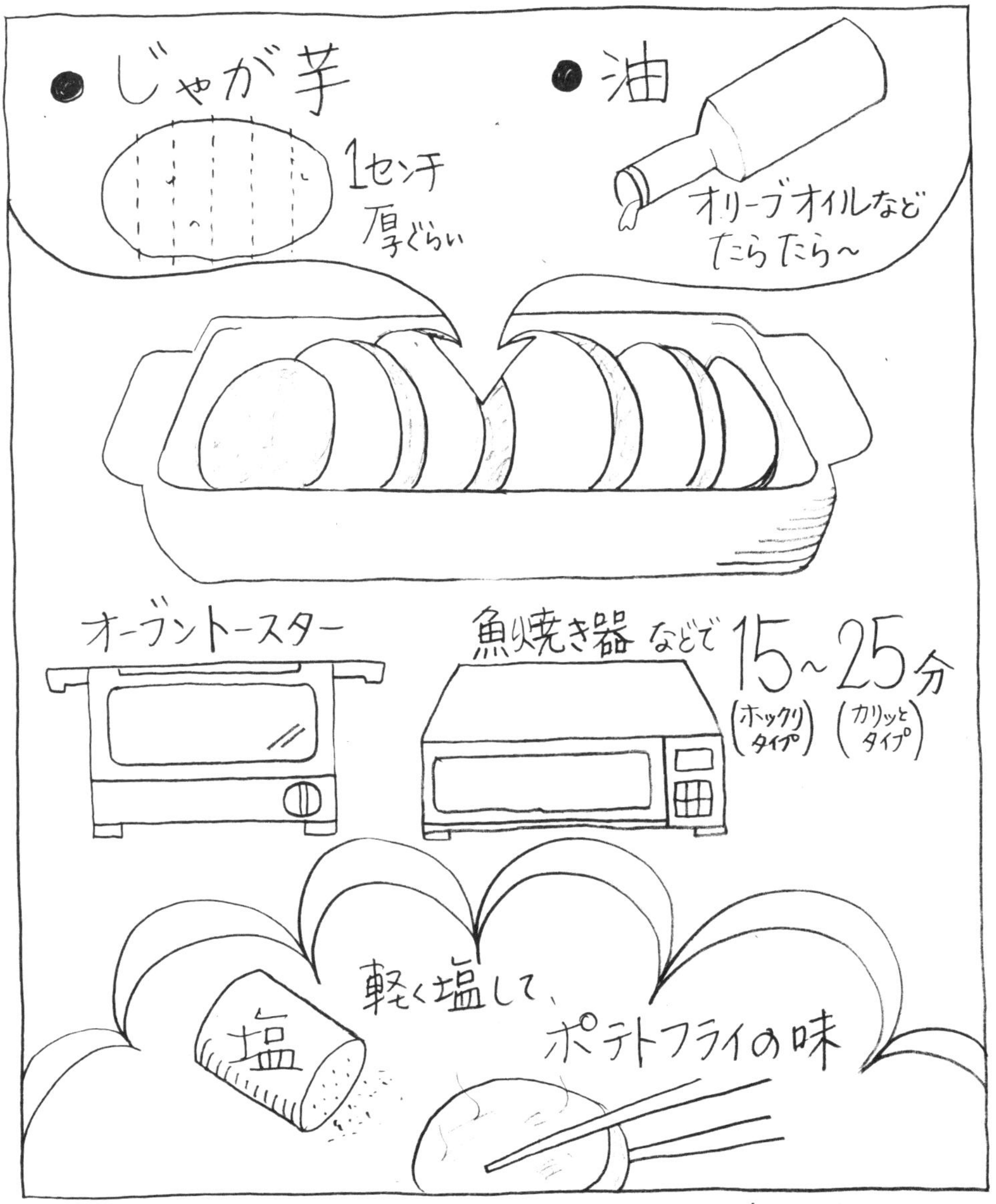

じゃが芋
1センチ厚ぐらい
油
オリーブオイルなどたらたら～
オーブントースター
魚焼き器などで15～25分
（ホックリタイプ）
（カリッとタイプ）
塩
軽く塩して、ポテトフライの味

さつま芋でも

かぼちゃでも

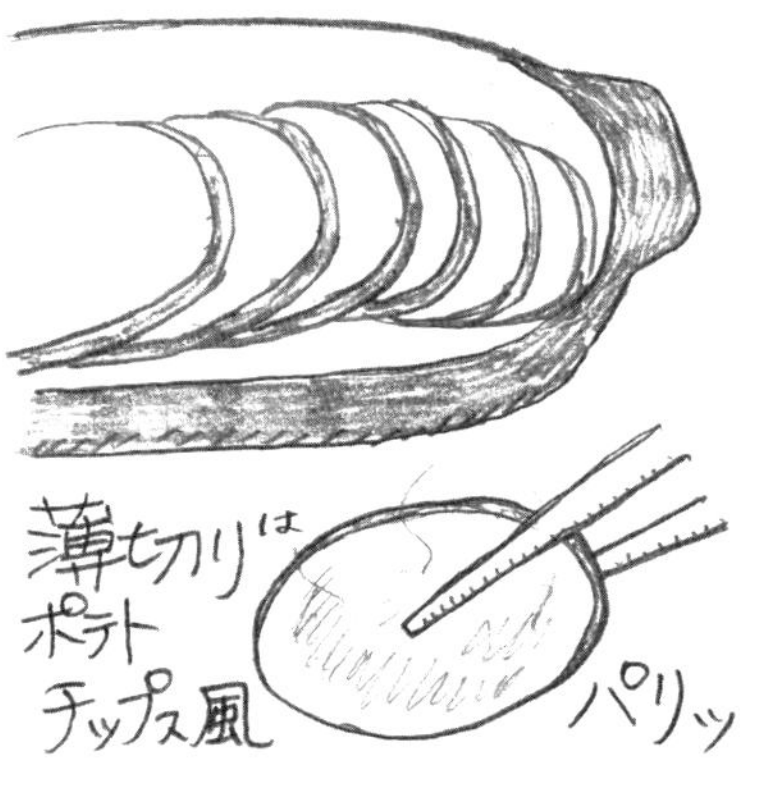

薄切りはポテトチップス風
パリッ

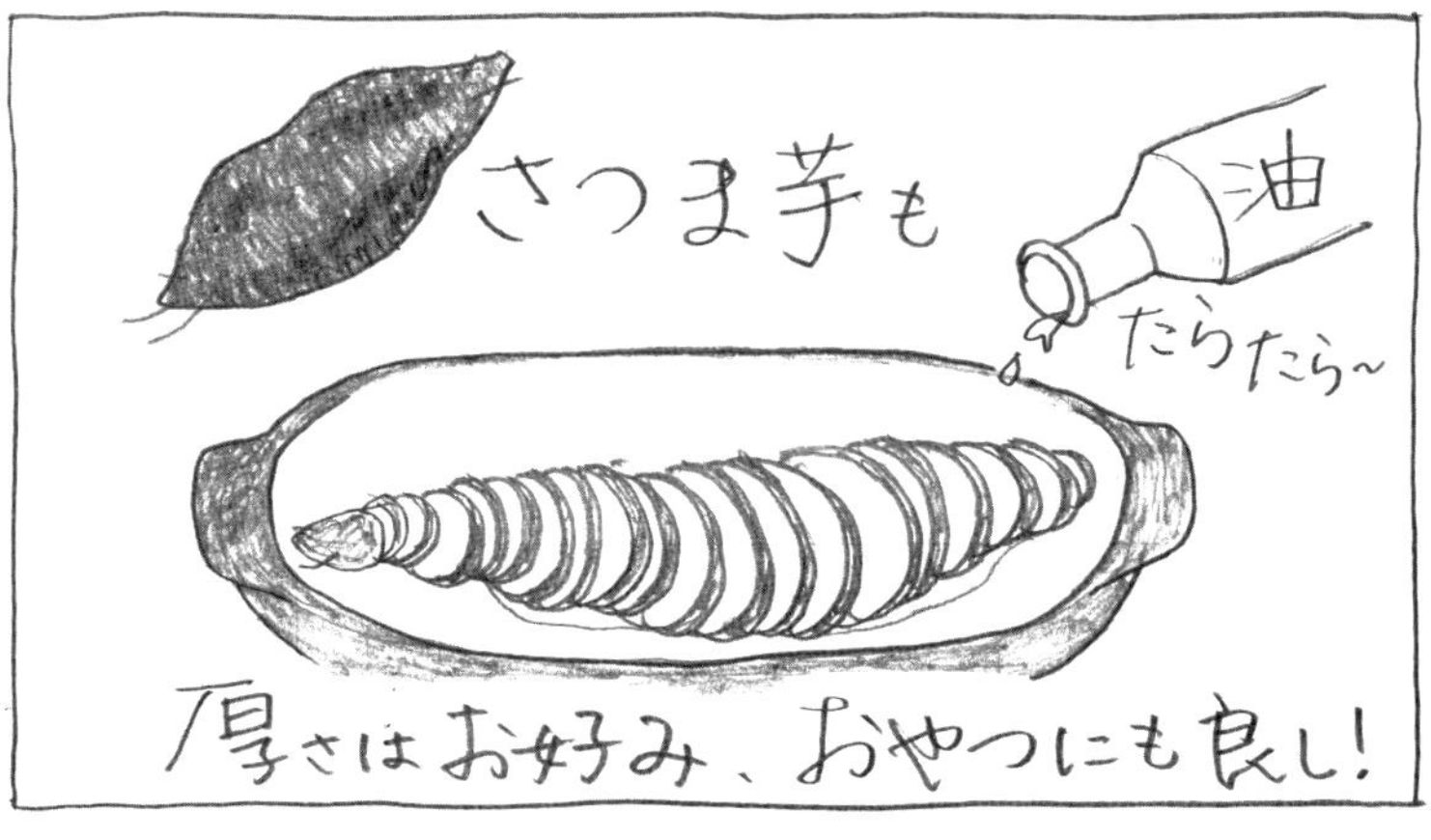

さつま芋も
油
たらたら～
厚さはお好み、おやつにも良し！

生の韮《にら》に醤油《しょうゆ》と胡麻《ごま》油《あぶら》のみ・一年持つ。

作り置き

生にらごま油

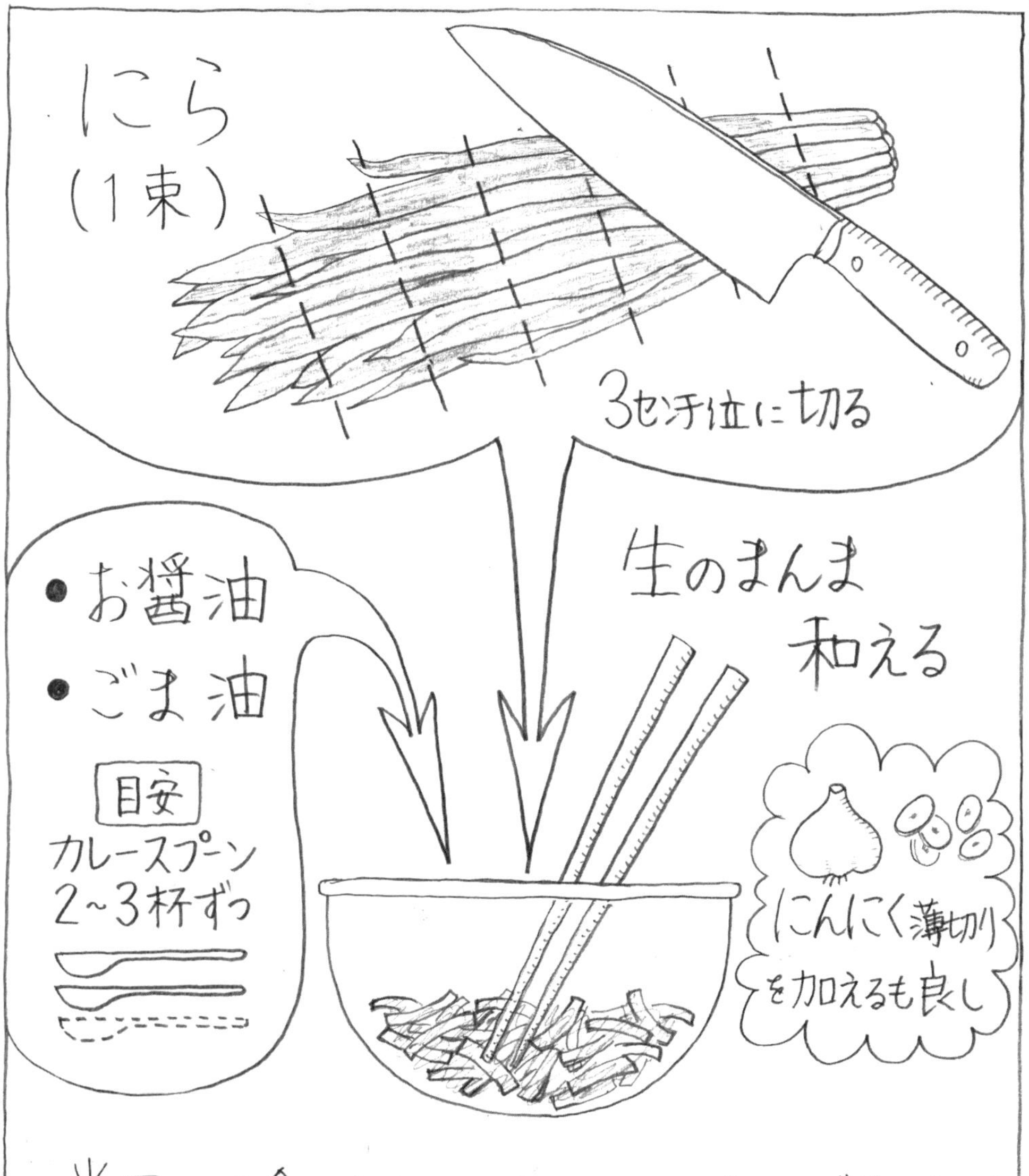

にら
（1束）
3センチ位に切る
生のまんま
和える
・お醤油
・ごま油
目安
カレースプーン
2~3杯ずつ
にんにく薄切り
を加えるも良し

半日程で食べられる。生のにらパワーがそのまま！

野菜

レシピソング

伝説の味 生ニラごま油

詞・曲　みちお

1
Am G
伝説の
Am G
生ニラ
Am
ニラを摘んで来て
G
三センチ程に
Am
ふた付き
Am E7
ゴマ油としょう油

F E7
味となった
F E7
ゴマ油
Dm
生のまま
C E7
トントンと切り
Dm
小鉢に入れて
Am
たらたら
E7 Am
ただこれだけさ

2. からいのが
キムチの素
ニラはゆでないで
三センチ程に
ふた付き
ゴマ油としょう油

好きな人は
入れればいい
生のまま
トントンと切り
小鉢に入れて
たらたら
日毎に味をます

作り置き

ネギ属の醤油《しょうゆ》まぶし

野菜

生を刻《きざ》む、醤油《しょうゆ》を塗《まぶ》す、半日《はんにち》待《ま》つ。

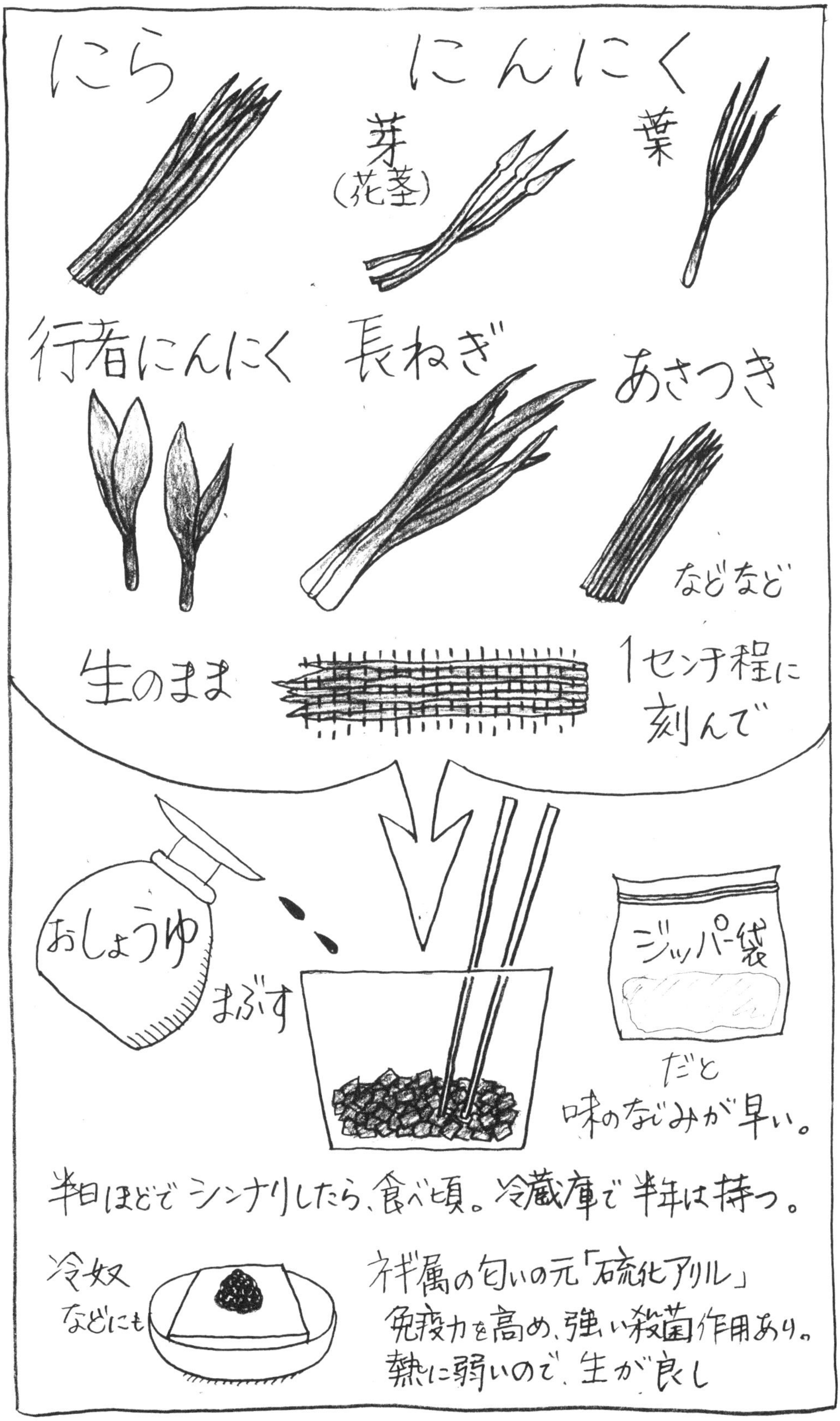
にら
にんにく
芽
（花茎）
葉
行者にんにく
長ねぎ
あさつき
などなど
生のまま
1センチ程に
刻んで
おしょうゆ
まぶす
ジッパー袋
だと
味のなじみが早い。
半日ほどでシンナリしたら、食べ頃。冷蔵庫で半年は持つ。
冷奴
などにも
ネギ属の匂いの元「硫化アリル」
免疫力を高め、強い殺菌作用あり。
熱に弱いので、生が良し

春の息吹
生命力

ふきのとう

野菜

薬膳《やくぜん》で「苦味《にがみ》は体の毒《どく》消し」。

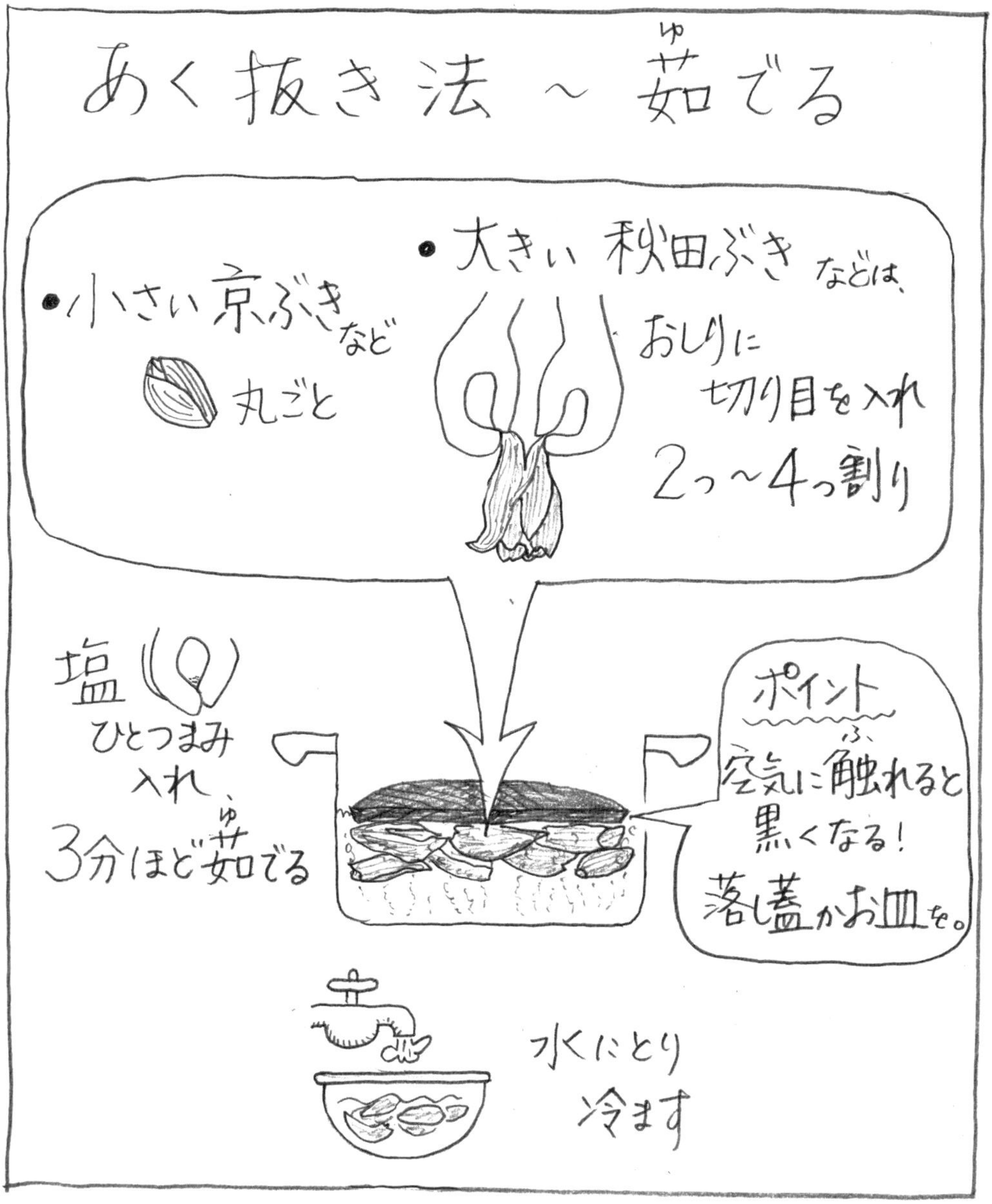

あく抜き法～茹《ゆ》でる
・小さい京ぶきなど
丸ごと
・大きい秋田ぶきなどは、
おしりに
切り目を入れ
2つ～4つ割り
塩
ひとつまみ
入れ、
3分ほど茹《ゆ》でる
ポイント
空気に触《ふ》れると
黒くなる!
落し蓋かお皿を。
水にとり
冷ます

「春苦味　夏は酸の物　秋辛味、冬は油合点して食え」

これは明治時代の学者・石塚左玄さんが、「食物養生法」の中で、旬の食べ物の大切さを説いたものです。

春の苦みはズバリ、山菜や七草などの摘み菜のこと。ふきのとうにも強烈な苦みがあります。

その苦みのもとは、ポリフェノールで、切って空気に触れるとすぐ黒くなるのは、酸化を防ごうと膜を張る、防御《ぼうぎょ》反応です。この酸化防止のポリフェノールをたっぷり含んだ山菜等を人間が食べると、人間の体の酸化も防いでくれます。

よく、「春になったら元気になる」と言われるのは、春の温もりを感じて、様々な生き物が土から出《い》づる生命力を人間が感じ、その恵みを頂いて、体力が作られていくからなのでしょう。

山菜は、百年生き続ける宿根《しゅっこん》の生命力。

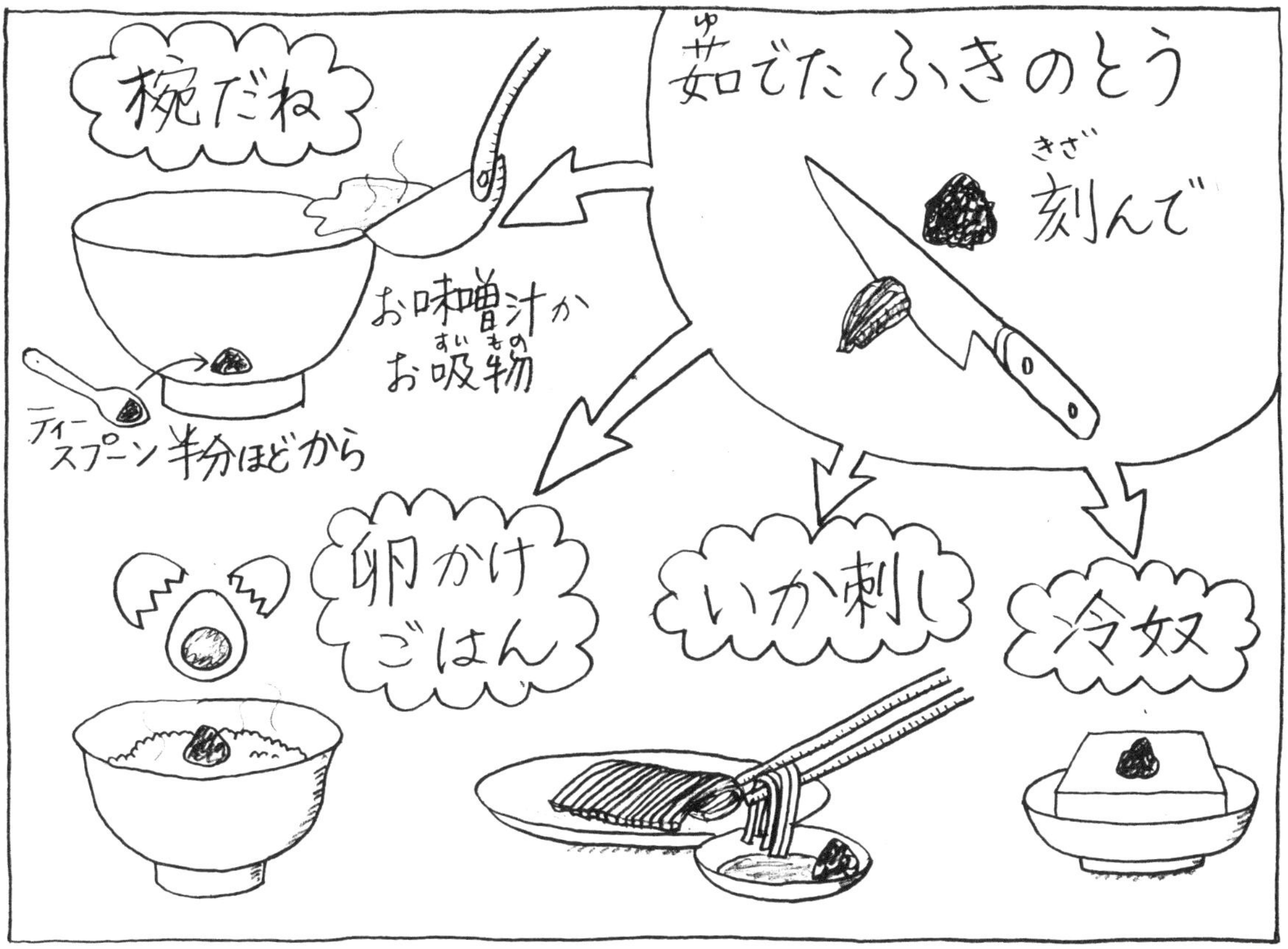
椀だね
茹《ゆ》でた ふきのとう
刻《きざ》んで
お味噌汁か
お吸物《すいもの》
ティースプーン半分ほどから
卵かけごはん
いか刺し
冷奴

天ぷらにする場合は、
油があくを飛ばすので、
生のまま
衣をつけて 揚げる。

小さい京ぶき系は
丸ごと

大きい秋田ぶき系は
2つ〜4つにさいて

レシピソング

ふきのとうブルース

詞・曲　みちお

E　　　　　　　　　　　B7
1、ふきのとう　塩をひとつまみ
B7　　　　　　　　　E
茹でてきざんで　お味そ汁
入れすぎない

2、ゆでる時　落しぶたして
空気に触れなきゃ　色はあざやか
もえぎ色

3、ふきのとう　イカ刺しも乙
茹でてきざんで　冷やっこ
薬味だよ

4、僕のおすすめ　苦みがたまらない
茹でてきざんで　玉子かけごはん
ふきのとうブルース

野菜

ふきのとう焼き

春の息吹

グラタン皿

油をかけて焼くだけ・素《す》揚《あ》げの美味。

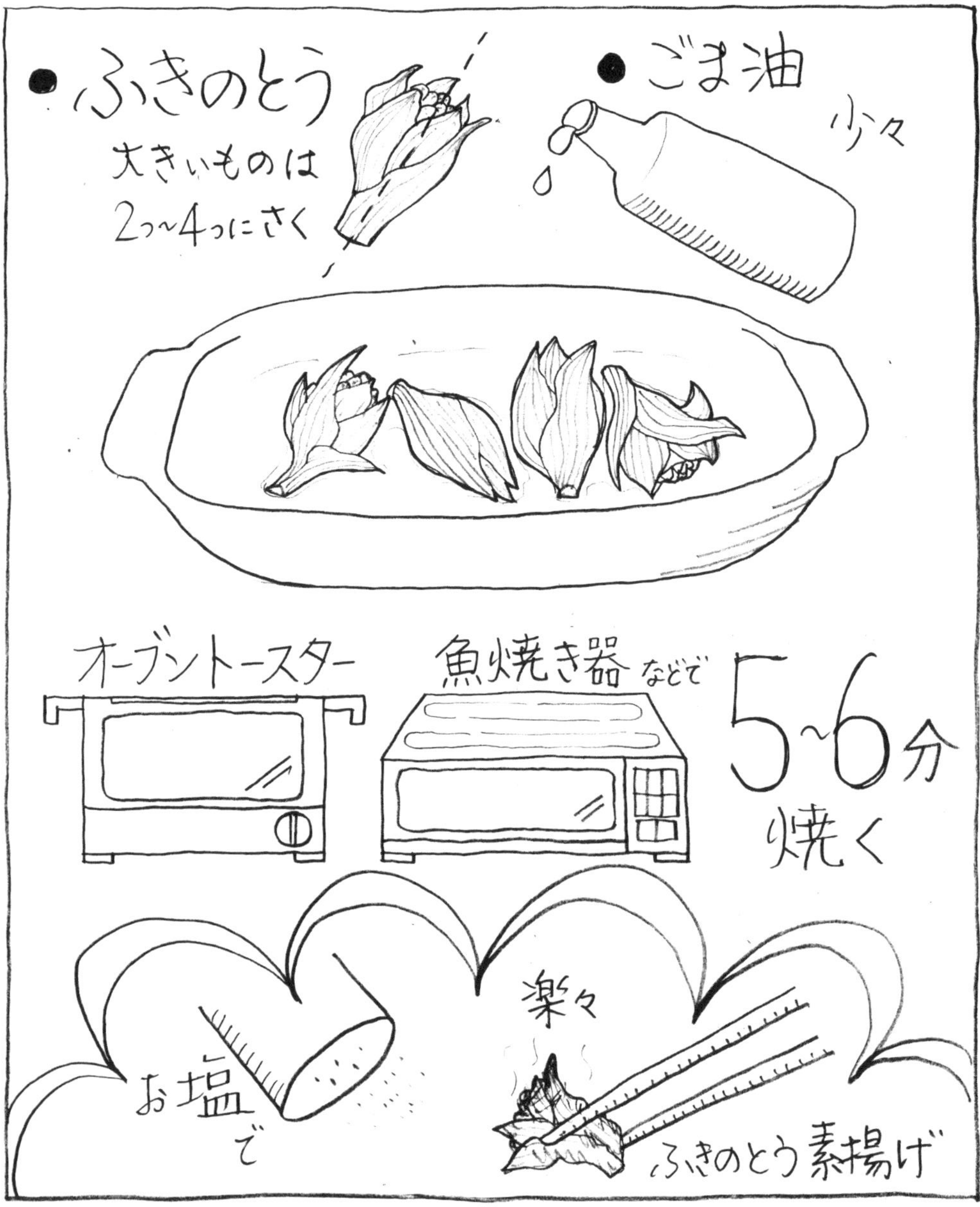

・ふきのとう
大きぃものは
2つ～4つにさく
・ごま油
少々
オーブントースター
魚焼き器などで
5～6分
焼く
お塩で
楽々
ふきのとう素揚げ

ふきのとう食べ頃は？

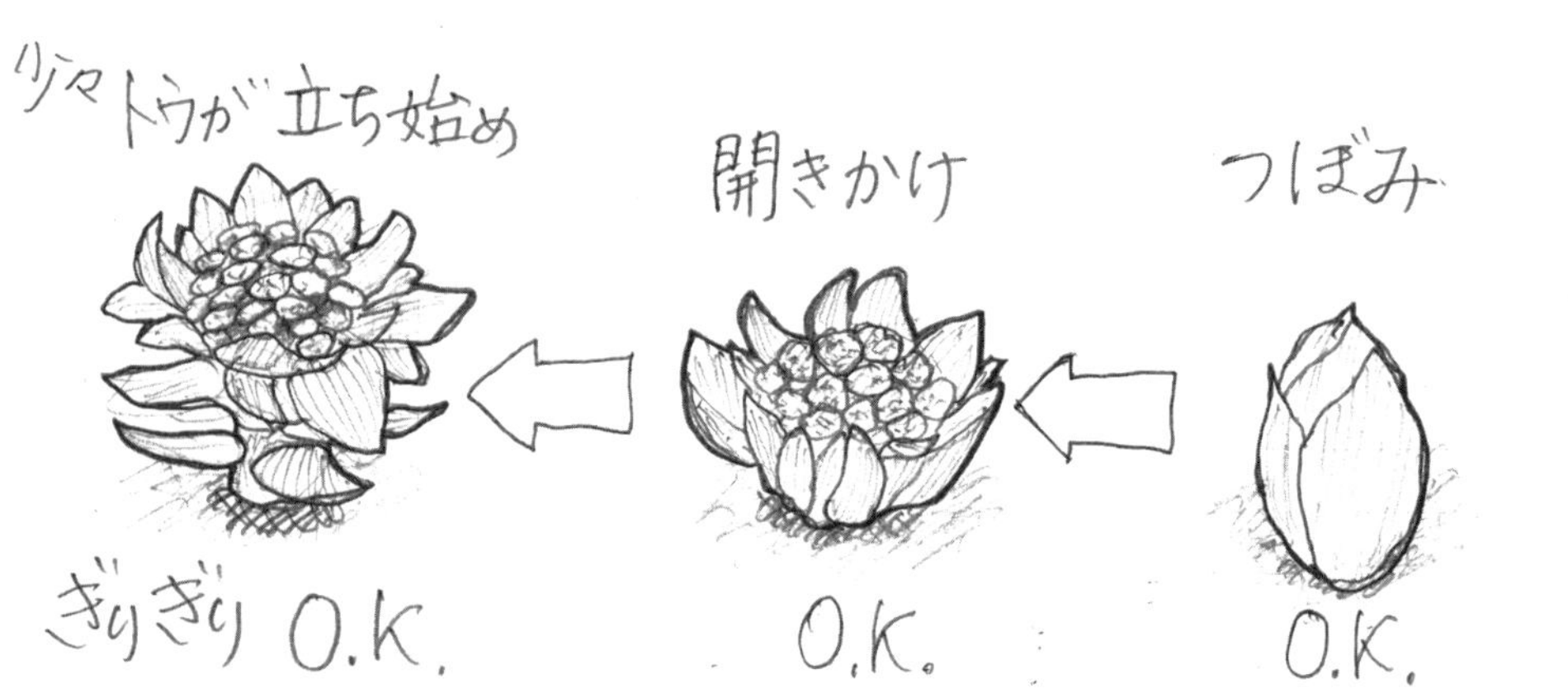

つぼみ
O.K.
開きかけ
O.K.
少々トウが立ち始め
ぎりぎり O.K.

春の息吹

グラタン皿

たらの芽《め》も油であく飛ばし。独活《うど》も良し。

たらの芽《め》焼き

野菜

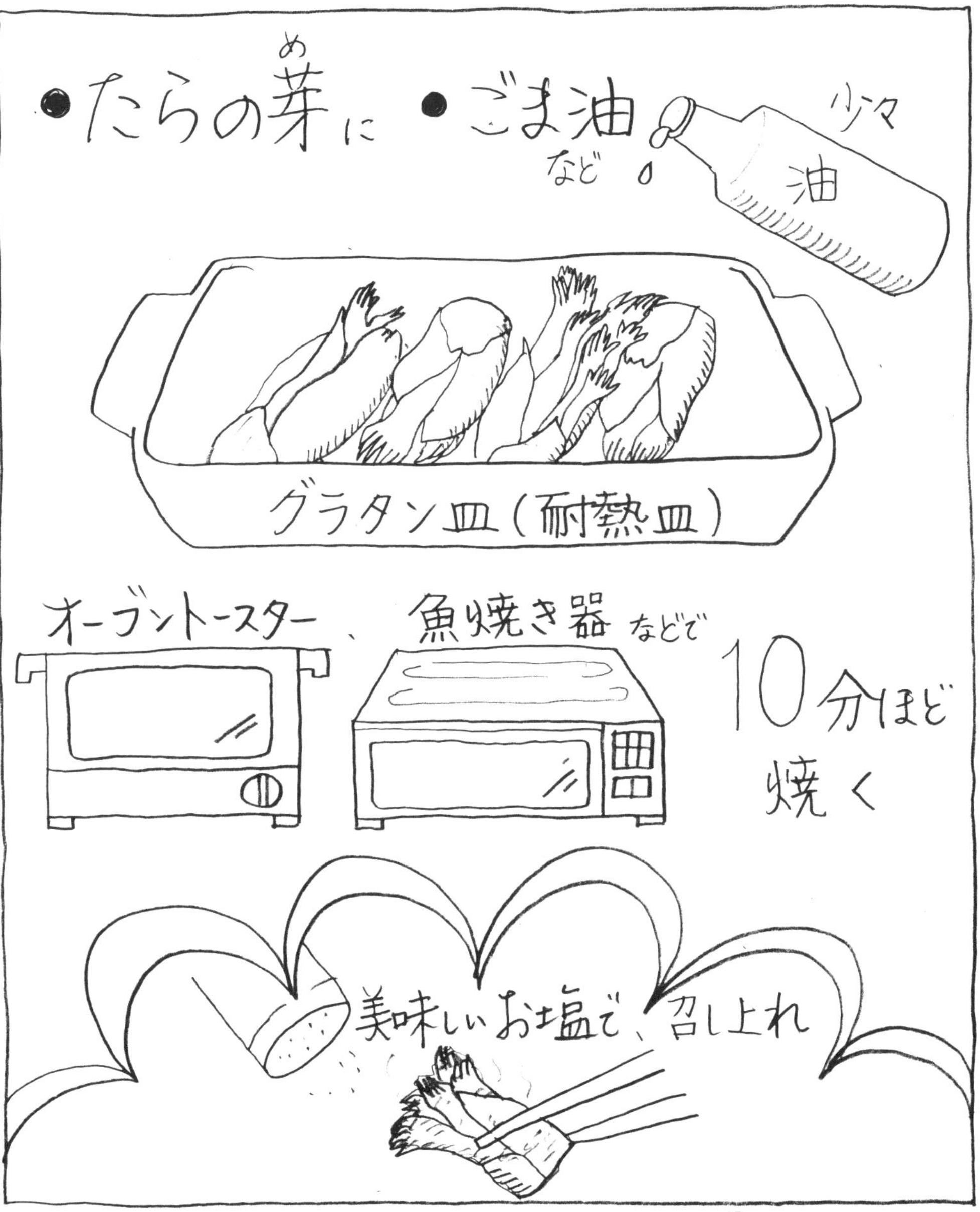

・たらの芽《め》に
・ごま油
など
少々
油
グラタン皿（耐熱皿）
オーブントースター、魚焼き器などで
10分ほど焼く
美味しいお塩で、召し上れ

独活《うど》でも

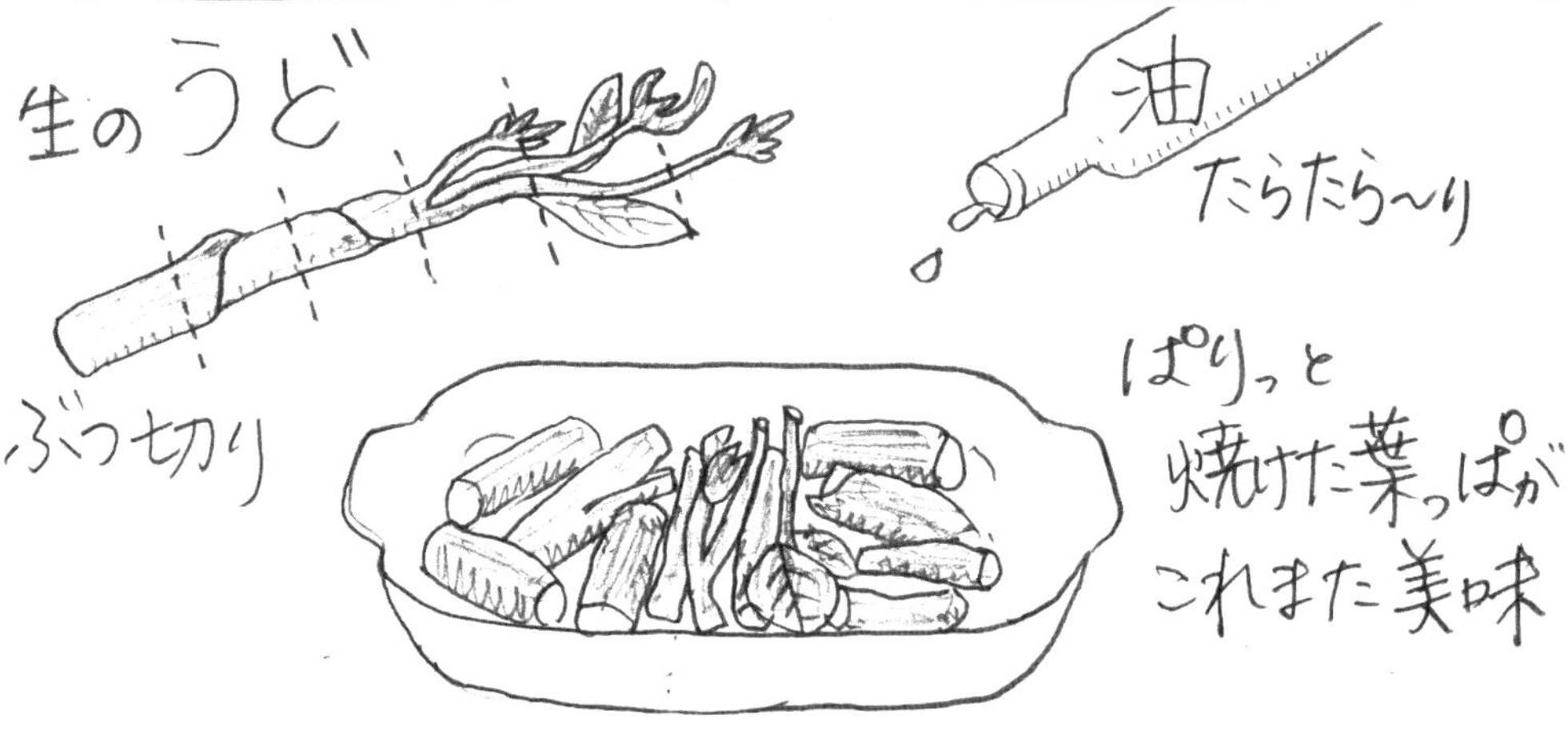

生のうど
ぶつ切り
油
たらたら〜り
ぱりっと焼けた葉っぱがこれまた美味

春の息吹

グラタン皿

焼きアスパラ

野菜

唯《ただ》、焼くだけ。濃厚《のうこう》な味わい。

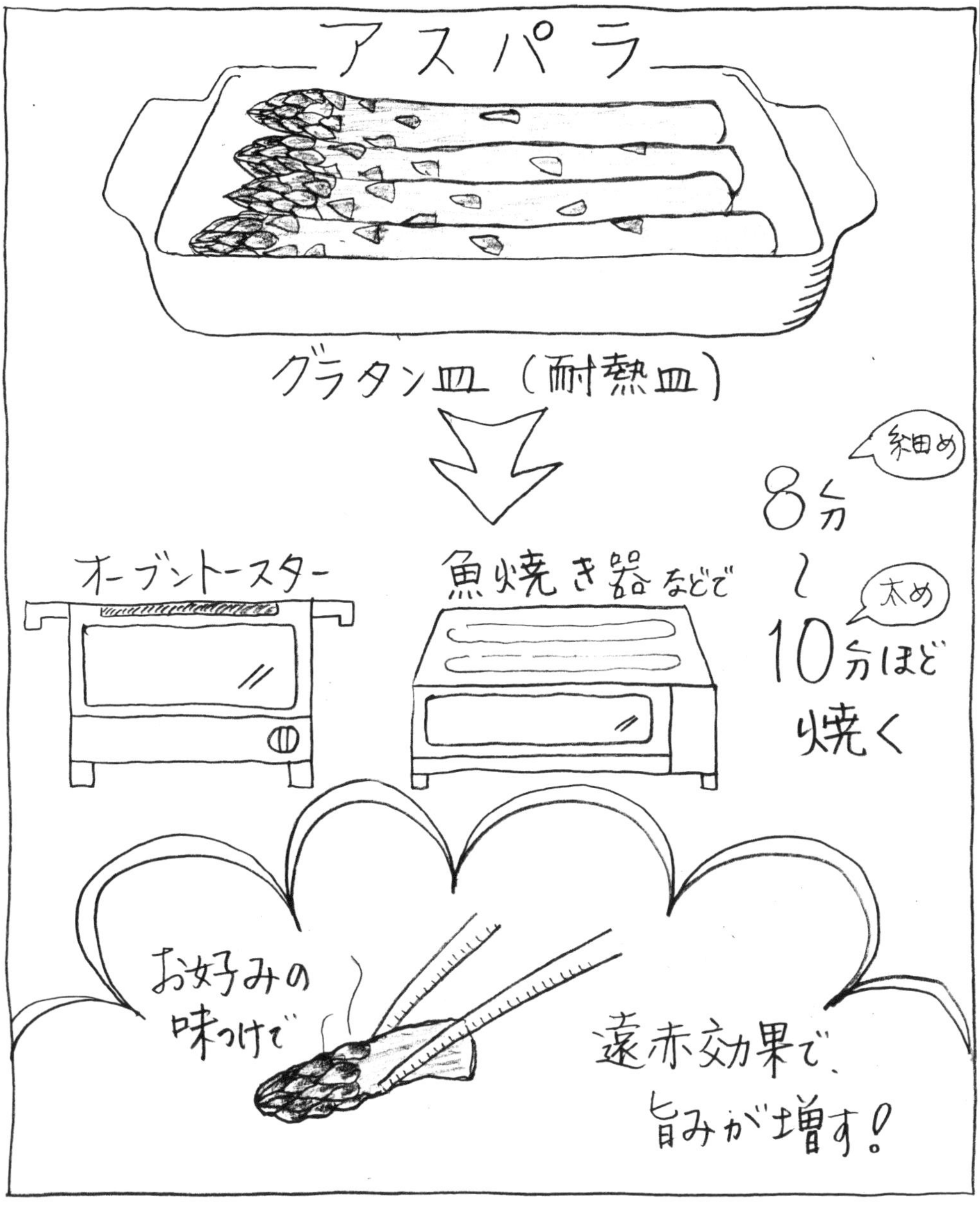
アスパラ
グラタン皿（耐熱皿）
オーブントースター
魚焼き器などで
細め
8分
～
太め
10分ほど
焼く
お好みの味つけで
遠赤効果で、旨みが増す！

アスパラの蒸し焼き

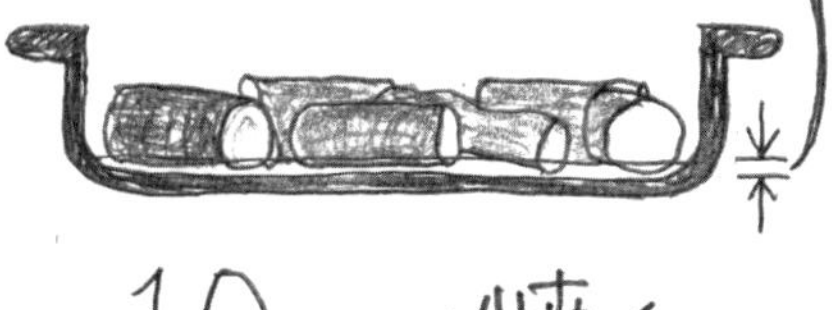
水を3ミリ
10分ほど焼く

リスナーの声

我が家では「グラタン皿で焼きアスパラ」にはまっています。簡単で、シャキシャキして最高です。

しげお

通夫から

焼きアスパラは濃厚な味わいがたまりません。一方、茹でアスパラの柔らかさを楽しみたい時は、グラタン皿に水を3ミリ入れ、アスパラを蒸し焼きにして下さい。よりジューシーなアスパラが楽しめます！

春の息吹
生命力

ふきサラダ

旬のふきをマヨネーズで和《あ》える。ほろ苦《にが》さと芳香《ほうこう》。

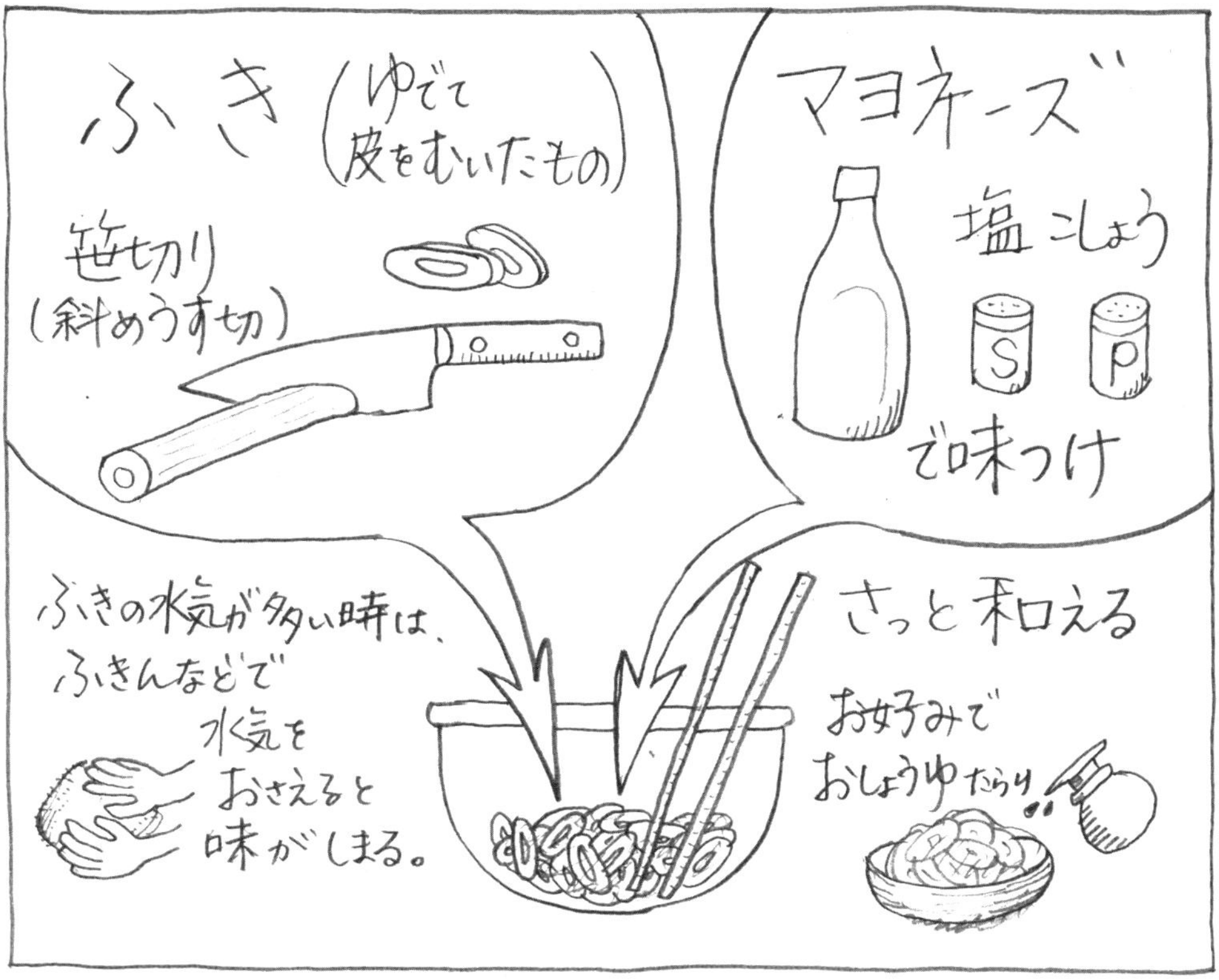
ふき（ゆでて皮をむいたもの）
笹切り（斜めうす切）
マヨネーズ
塩こしょう
S
P
で味つけ
ふきの水気が多い時は、ふきんなどで
水気をおさえると味がしまる。
さっと和える
お好みでおしょうゆたらり

野菜

ふきのゆで方《かた》・皮《かわ》のむき方《かた》

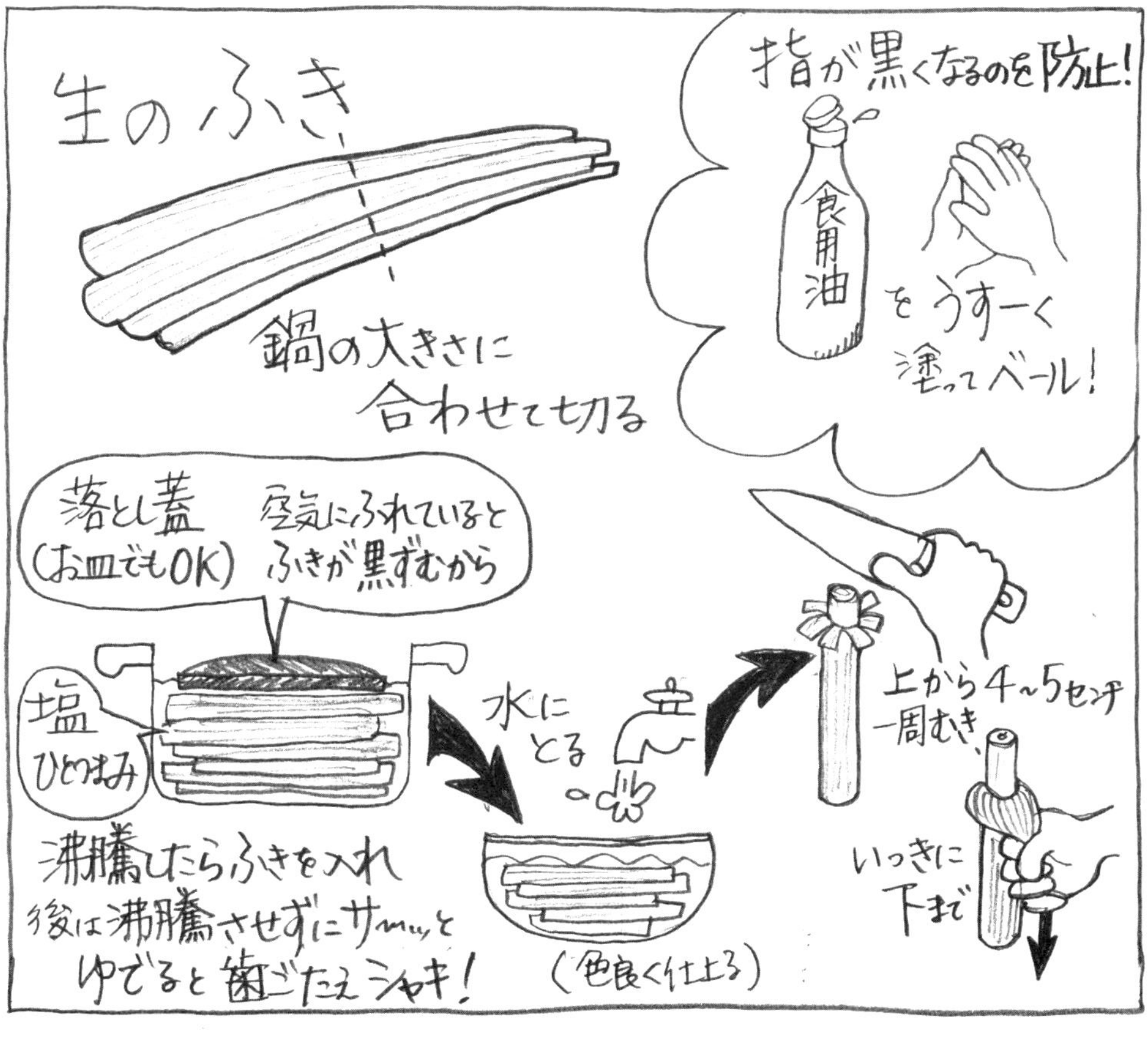
生のふき
鍋の大きさに合わせて切る
指が黒くなるのを防止!
食用油
をうすーく塗ってベール!
落とし蓋（お皿でもOK）
空気にふれているとふきが黒ずむから
塩ひとつまみ
沸騰したらふきを入れ
後は沸騰させずにサ〜ッと
ゆでると歯ごたえシャキ!
水にとる
（色良く仕上る）
上から4～5センチ一周むき
いっきに下まで

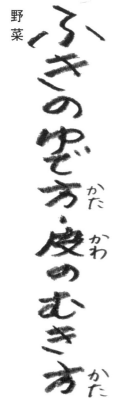

春の息吹
生命力

若竹煮

野菜

河村通夫著『江戸絵皿絵解き事典』より
下記のサイトで立ち読みできます。

茹《ゆ》でて、お吸物《すいもの》で煮るだけ。

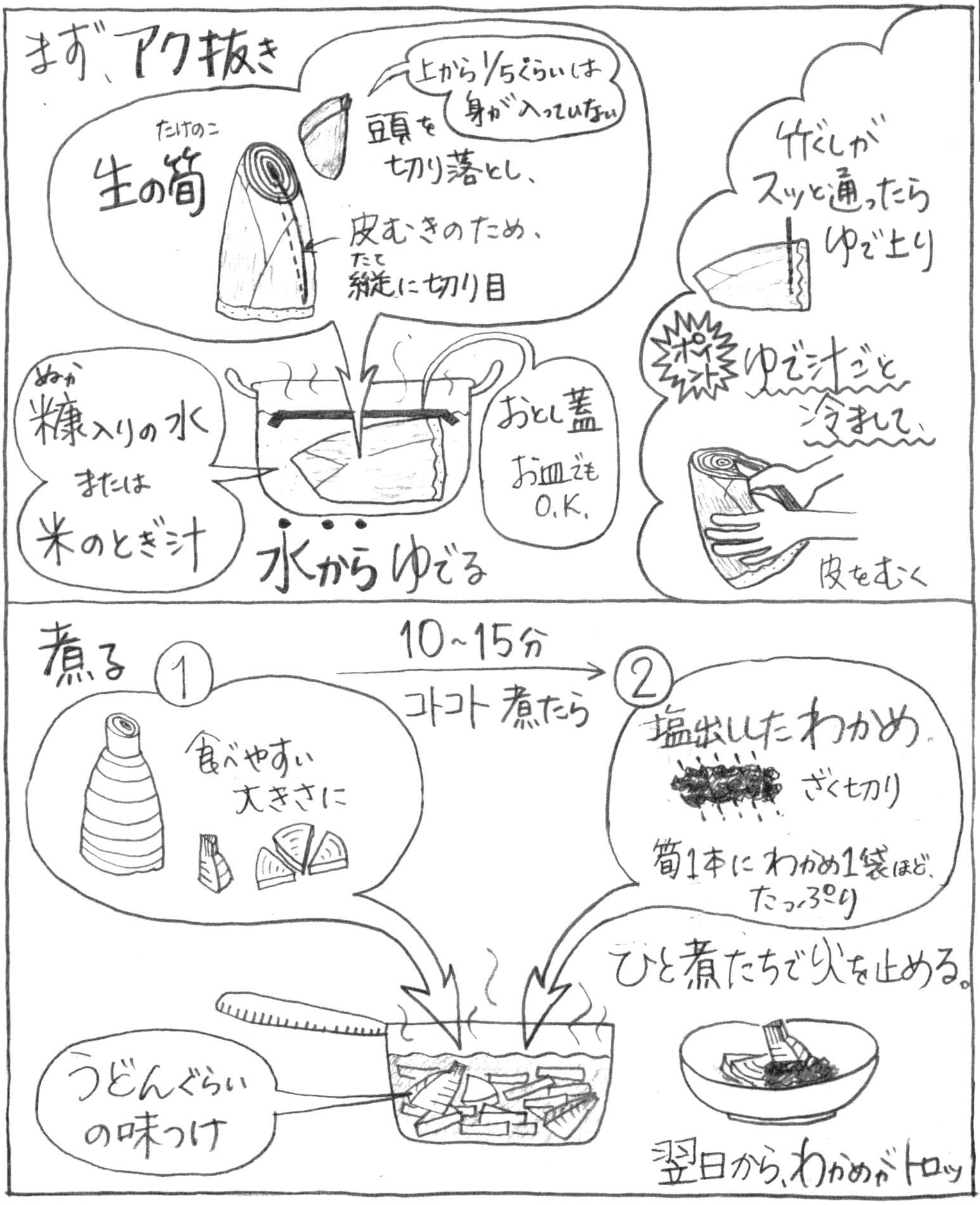
まず、アク抜き
生の筍《たけのこ》
上から1/5ぐらいは身が入っていない
頭を切り落とし、
皮むきのため、縦《たて》に切り目
糠《ぬか》入りの水
または
米のとぎ汁
水からゆでる
おとし蓋
お皿でもO.K.
竹ぐしがスッと通ったらゆで上り
ポイント
ゆで汁ごと冷まして、
皮をむく
煮る
①
10〜15分
コトコト煮たら
②
食べやすい大きさに
塩出ししたわかめ。
ざく切り
筍1本にわかめ1袋ほど、たっぷり
ひと煮たちで火を止める。
うどんぐらいの味つけ
翌日から、わかめがトロッ

孟宗《もうそう》がお母さんのために筍《たけのこ》を

絵皿の人物は、中国の三国時代の孟宗です。孟宗は病気のお母さんのために、雪の中、筍を探して掘り出し、お母さんに食べさせたところ、見事、病《やまい》は癒《い》えたということで、親孝行な二十四人のおとぎ噺《ばなし》を集めた「二十四孝《にじゅうしこう》」のお一人です。

この逸話から、「孟宗竹《もうそうちく》」の名がついたのですが、大地からニョキニョキと生え出てくるエネルギーはすごいもので、わかめは日に日にトロトロになる。三日目を実感してみてください。

夏盛り滋味

野菜

らっきょう醤油《しょうゆ》まぶし

生らっきょう元来《がんらい》の強烈《きょうれつ》な味・絶品。

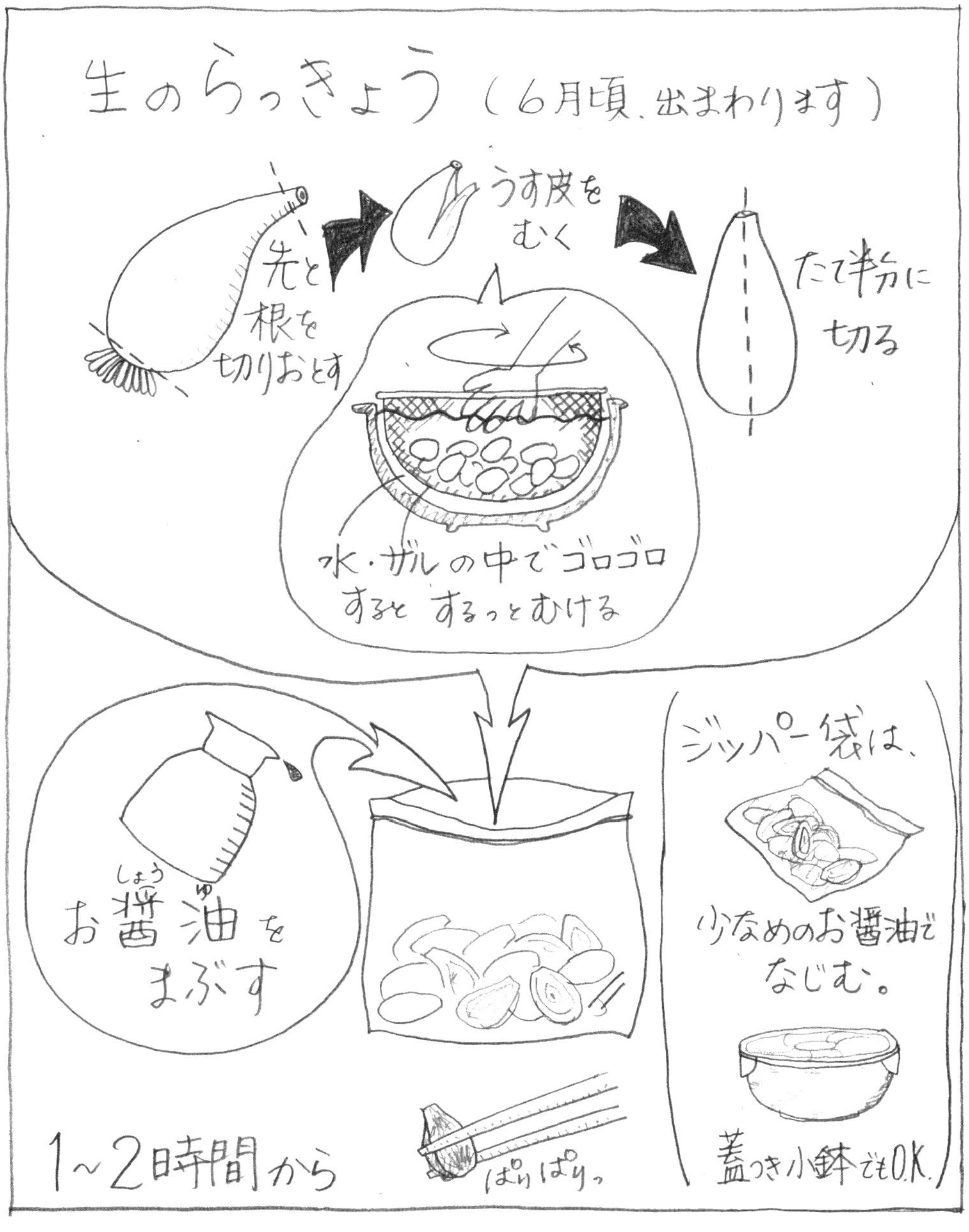
生のらっきょう（6月頃、出まわります）
先と根を切りおとす
うす皮をむく
たて半分に切る
水・ザルの中でゴロゴロするとするっとむける
お醤油《しょうゆ》をまぶす
ジッパー袋は、
少なめのお醤油でなじむ。
蓋つき小鉢でもO.K.
1~2時間から
ぱりぱりっ

夏野菜で、夏果《なつば》て知らず

暑い夏、きゅうり、なす、瓜《うり》、トマトなどが最盛期を迎えます。これらの夏野菜は体を冷やしてくれます。大自然が、夏には夏野菜をたくさん食べなさいと言っているのです。

今は、季節はずれの野菜が、一年中売られているので、旬がわかりにくいですが、冬に夏野菜を食べると、自然の道理に反していますから、体が冷えてしまいます。

そして、明治時代の医者・石塚左玄さんのおっしゃった夏の「酸いもの」とは、本来はお漬物のこと。お漬物は空気中の乳酸菌で発酵して、酸っぱくなっていきます。酸っぱくなった、なすやきゅうりの糠漬けなどは、有用菌たっぷりで、お腹を整えてくれます。

そして、らっきょうが出回る頃が、「夏は来ぬ」です。

蒸《む》し焼《や》きで、豆の旨《うま》みが凝縮《ぎょうしゅく》。

夏盛り

グラタン皿

ゆでない枝豆

野菜

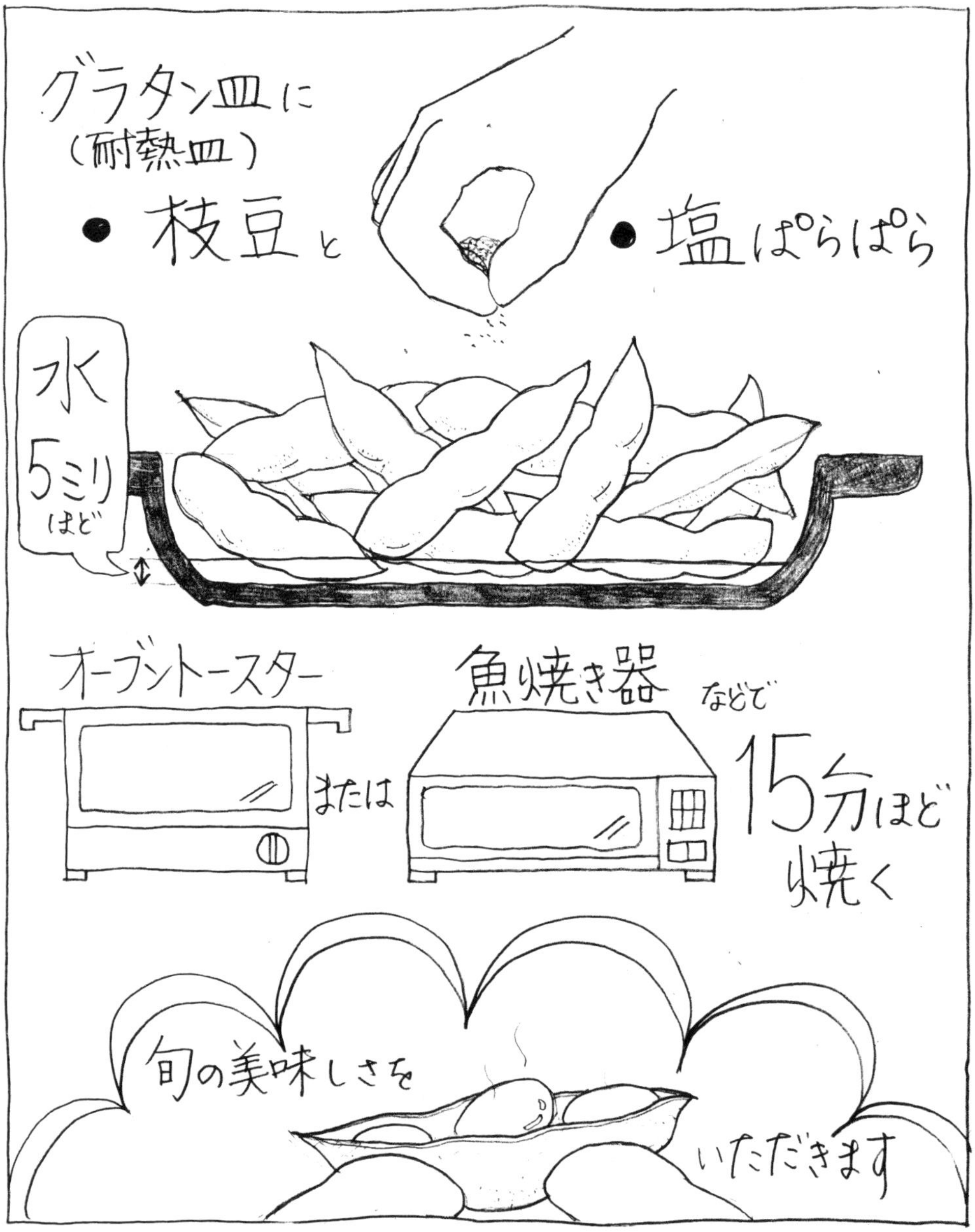

グラタン皿に
（耐熱皿）
・枝豆と
・塩ぱらぱら
水
5ミリ
ほど
オーブントースター
または
魚焼き器
などで
15分ほど
焼く
旬の美味しさを
いただきます

レシピソング

グラタン皿で枝豆の唄

詞・曲　みちお

E
畑で　とれた　枝豆を
　　　　　　B7
グラタン皿で　焼いてみた
　　　　　　　　　　　E
誰でもできる簡単さ　楽々人生

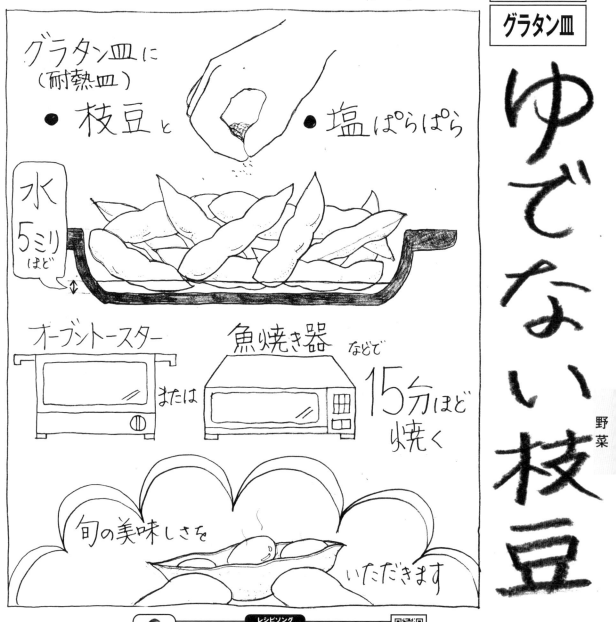

E　　　　　　　　　　　B7
グラタン皿に5ミリ程　水を入れて
　　　　　　　　　　　E
洗ったばかりの枝豆を　入れて塩をふる
パラッ パラッ　パラ パラ
A　　E　　　　　B7
オーブントースターでも　ロースターでも
E　　　　　A　　　E
グリルでも　15分程　ほっとけば
B7　　E
それで　いい

夏盛り
滋味

塩パラきゅうり

野菜

美《お》味《い》しい塩を、パラパラするだけ。

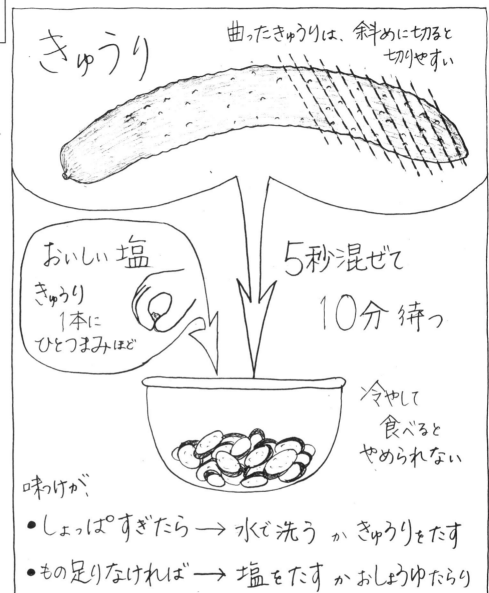

きゅうり

曲ったきゅうりは、斜めに切ると切りやすい

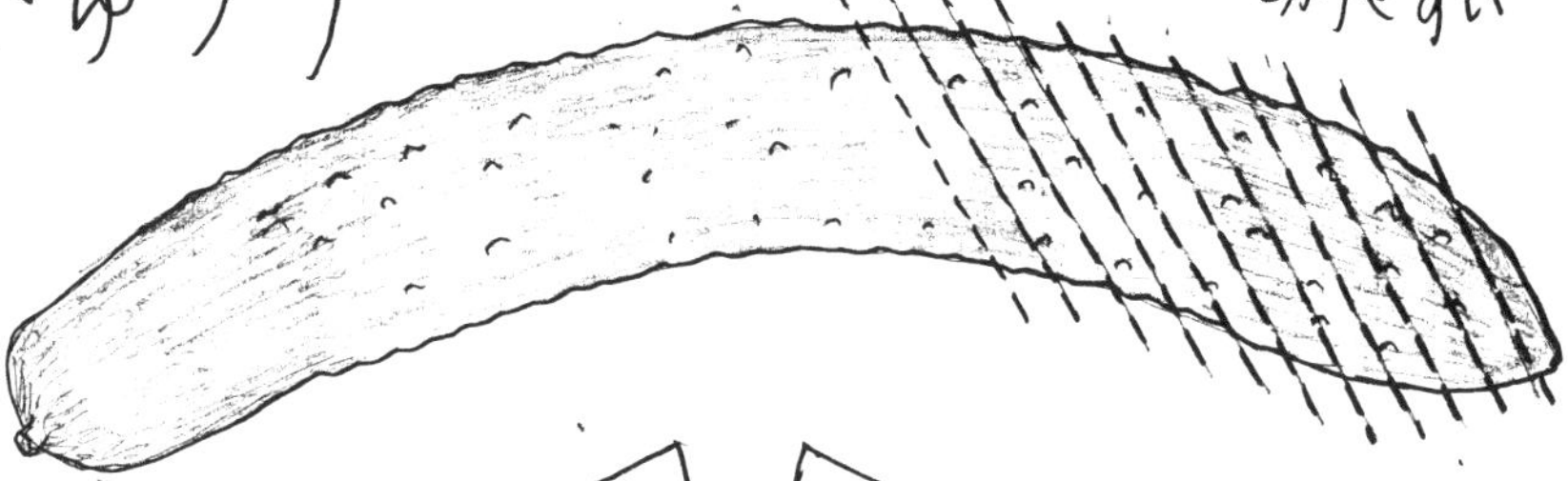

おいしい塩

きゅうり1本にひとつまみほど

5秒混ぜて10分待つ

冷やして食べるとやめられない

味つけが、

- しょっぱすぎたら → 水で洗う か きゅうりをたす
- もの足りなければ → 塩をたす か おしょうゆたらり

シンプルな料理は、アレンジが楽しみ

みょうが　生姜　青じそ　など薬味を加えたり、

千切り

針生姜

おろし

千切り

(さっと水にさらして)

ごま油たらりもおいしい

胡瓜《きゅうり》に、醤油《しょうゆ》・味醂《みりん》、同量。

夏盛り滋味

きゅうりの醤油《しょうゆ》漬《づ》け

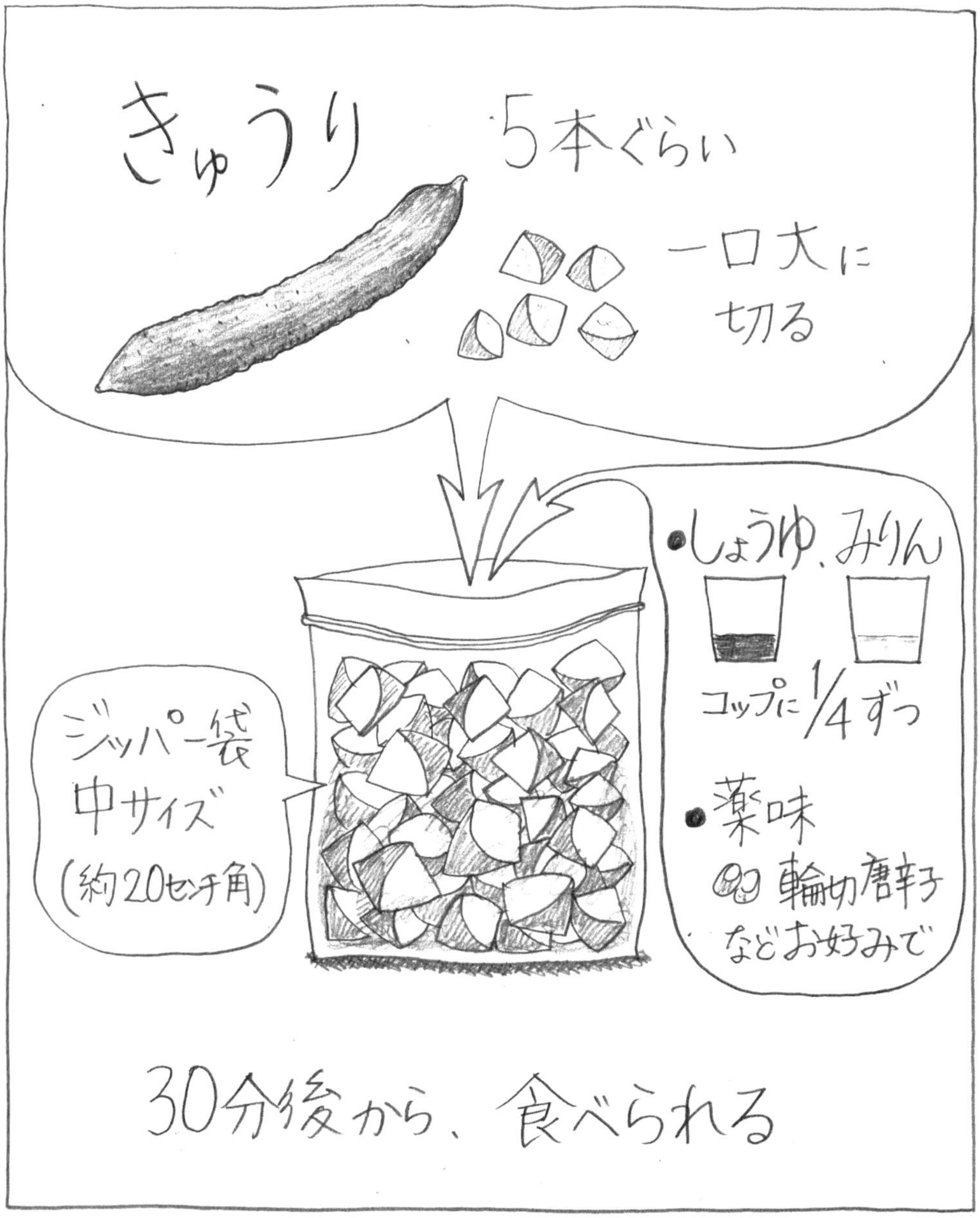
きゅうり
5本ぐらい
一口大に
切る
●しょうゆ、みりん
コップに1/4ずつ
●薬味
輪切唐辛子
などお好みで
ジッパー袋
中サイズ
(約20センチ角)
30分後から、食べられる

中華漬け、キムチ漬けも ジッパー袋で

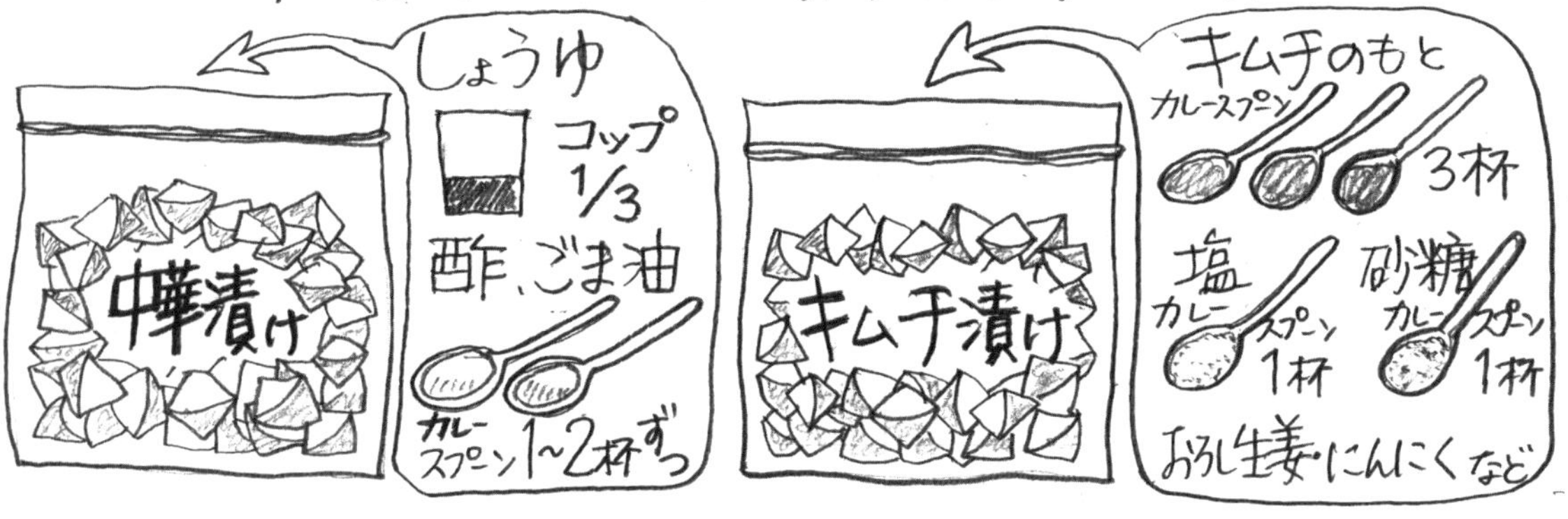
中華漬け
しょうゆ
コップ
1/3
酢、ごま油
カレースプーン1~2杯ずつ
キムチ漬け
キムチのもと
カレースプーン
3杯
塩
カレースプーン
1杯
砂糖
カレースプーン
1杯
おろし生姜にんにくなど

夏盛り
滋味

じゃこきゅうり

胡瓜・じゃこ・酢で、Ca《カルシウム》吸収アップ。

野菜

きゅうり 1本
うす切り
自然塩 ひとつまみ まぶす
しんなりしたら ギュッとしぼる
お酢（またはぽん酢）
カレースプーン2杯
みりん
カレースプーン1杯
（分量は目安）
ちりめんじゃこ
軽くひとつかみ
おろし生姜
を加えると更にサッパリ
冷やして食べると、たまらなく美味

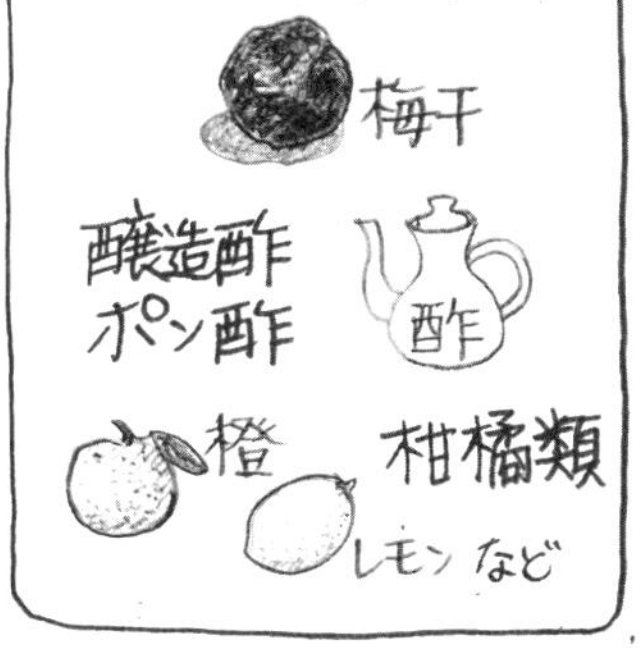

クエン酸の多い食品
梅干
醸造酢
ポン酢
酢
橙
柑橘類
レモン など

お酢などの酸っぱさの素であるクエン酸は、カルシウムや鉄、マグネシウム等と結びついて、それらのミネラルを吸収しやすくします。

お母さんが妊娠すると、よく酸っぱいものが食べたくなるといいますね。それは、お腹の赤ちゃんのために、沢山のカルシウム等を吸収しようとして、体がクエン酸を求めるからです。これも天然の道理です。

カルシウム豊富な小魚や海藻と、クエン酸を含む酸っぱいものとを合わせた酢のものは先人の知恵です。

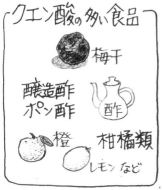

河村家、なすの初収穫は、塩《しお》水《みず》もみ。

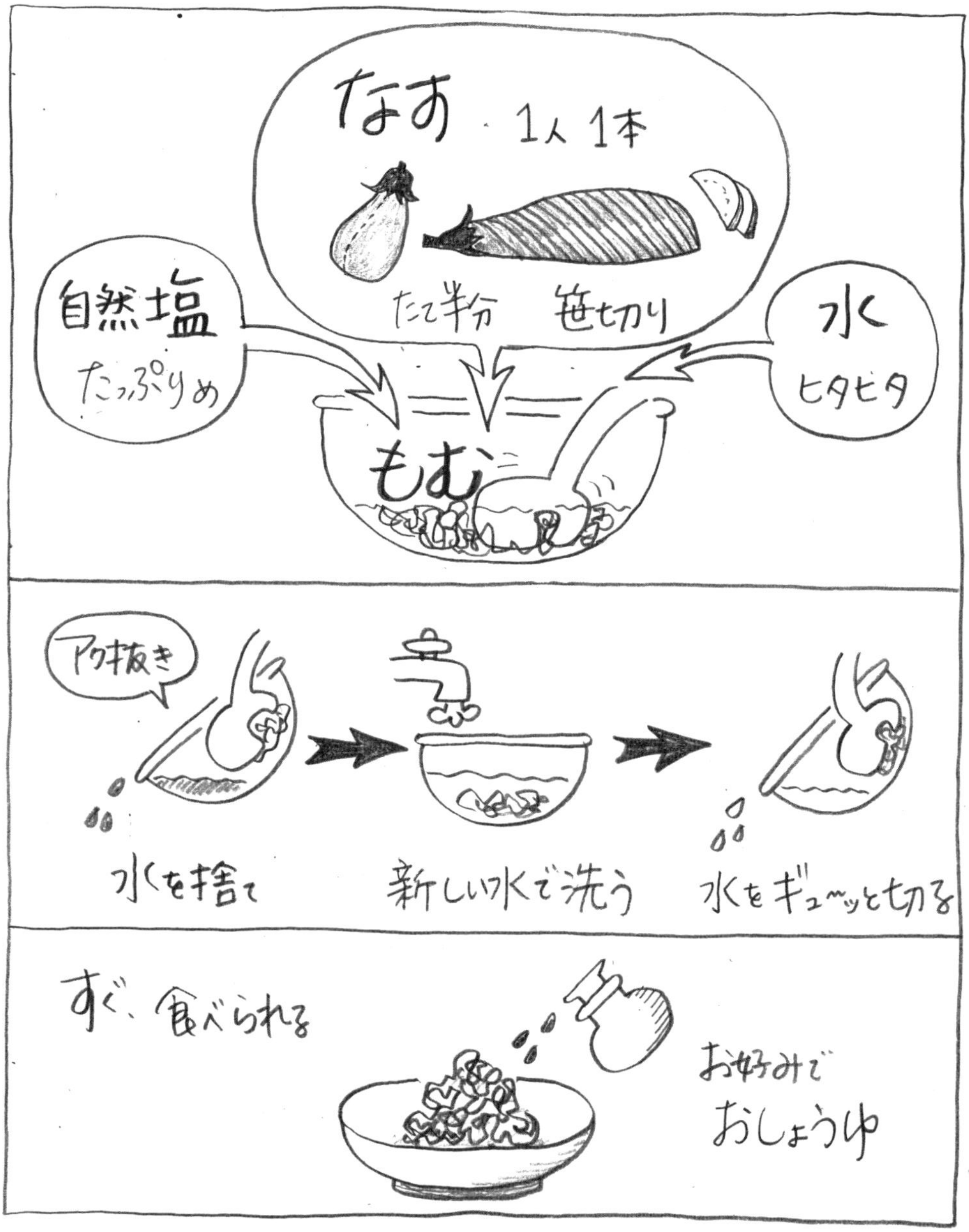
なす　1人 1本
たて半分
笹切り
自然塩
たっぷりめ
水
ヒタヒタ
もむ
アク抜き
水を捨て
新しい水で洗う
水をギュ〜ッと切る
すぐ、食べられる
お好みで
おしょうゆ

夏盛り滋味

野菜　漬物

なすの塩《しお》水《みず》もみ

通夫少年、中学生の夏休み、お昼ご飯を食べようとした時、竹かごの中に、なすがありました。

「なすを塩もみして、おかずにしよう」と、早速なすを切って、塩を振りかけ、もみ始めるのですが、ぼそぼそと崩れてしまい、塩もみどころではありません。

「ならば水を加えよう」と、切ったなすに、塩を振りかけ、水をひたひたに注ぎ、もみもみ……。見事になすは漬物になりました。しかし、みるみるうちに、アクでなすが真っ黒に。その日は仕方なく、黒いなすの漬物で、お昼ご飯を頂きました。

数日後、「今度こそ」と、なすの塩水もみの仕上げに、水洗いしたところ、美しいお漬物となりました。そのフレッシュなおいしさは、まるでなすのお刺身です。

夏盛り

グラタン皿

とろけるなすステーキ

野菜

なすは油でおいしくなる。ならば、ステーキ。

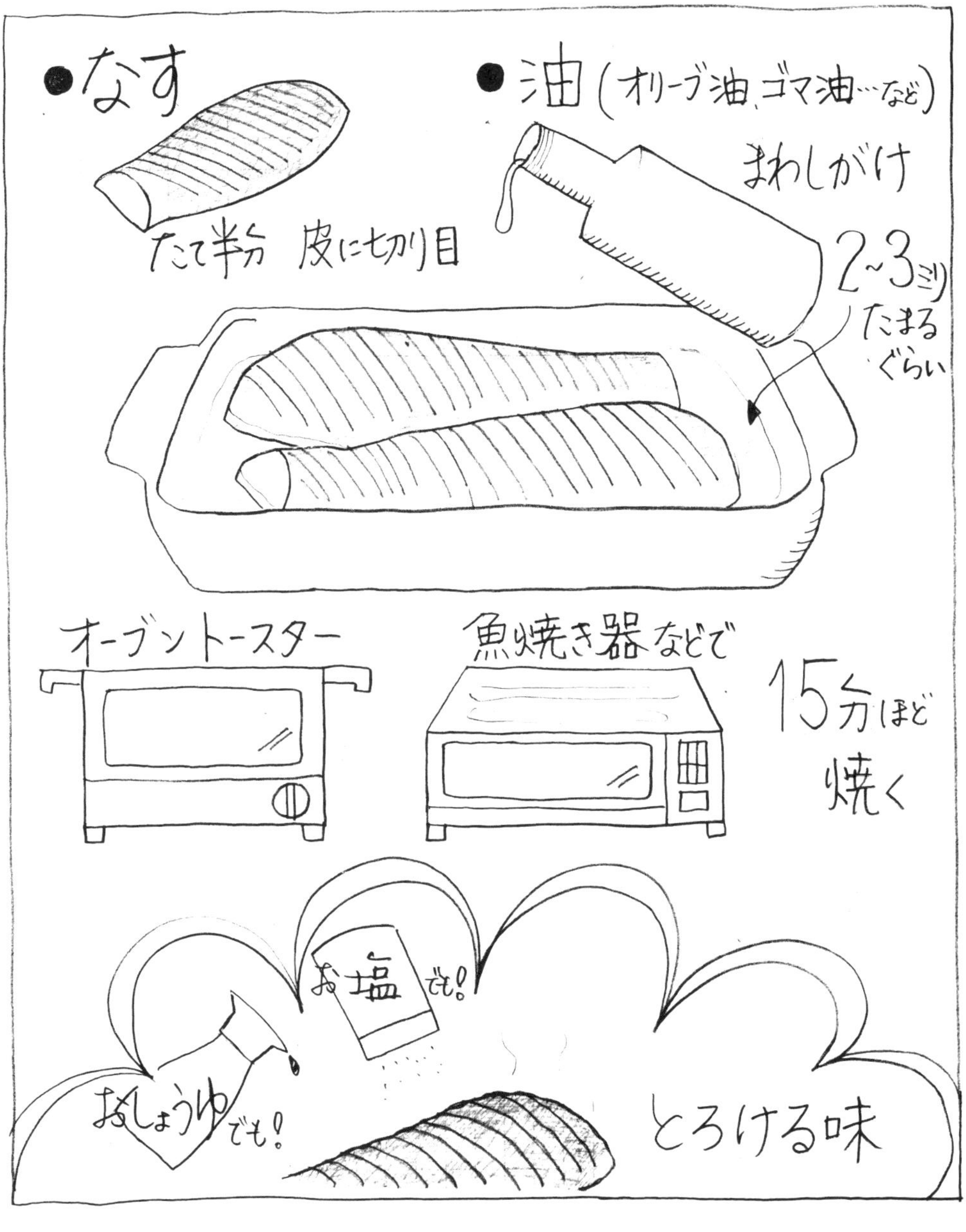
●なす
たて半分　皮に切り目
●油（オリーブ油、ゴマ油…など）
まわしがけ
2〜3ミリ
たまるぐらい
オーブントースター
魚焼き器などで
15分ほど
焼く
お塩でも!
おしょうゆでも!
とろける味

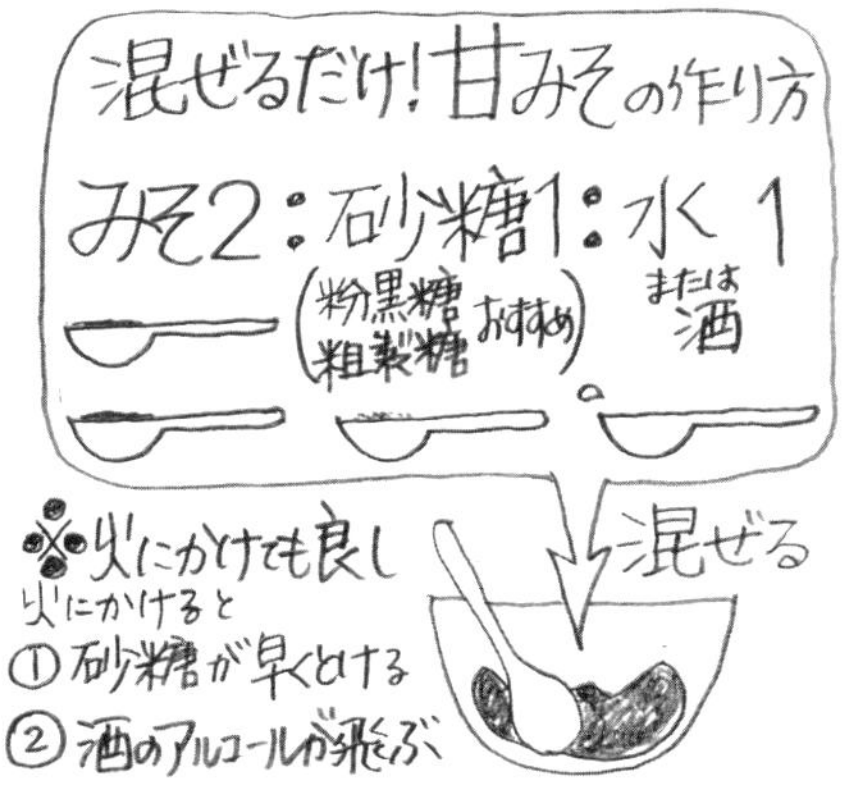
混ぜるだけ! 甘みその作り方
みそ2：砂糖1：水1
（粉黒糖 粗製糖 おすすめ）
または酒
※火にかけても良し
火にかけると
①砂糖が早くとける
②酒のアルコールが飛ぶ
混ぜる

リスナーの声

「グラタン皿でなすステーキ」を作り、甘味噌をかけて、田楽にしてみました。子供の頃から大好きだったなす田楽が、こんなに簡単にできるなんて、すごく幸せでした。愛知県　ともみ

通夫から

この甘味噌に、

酢を加えると「酢味噌」、おろし生姜を加えると「生姜味噌」、練りからしを加えると「辛子味噌」、粉山椒を加えると「山椒味噌」。

グラタン皿でも、お鍋でも。作り置きも。

夏盛り

グラタン皿

なすの味《み》噌《そ》炒《いた》め

なす 2~3本
たて半分にして
5ミリ厚 斜め切り
ごま油 まわしがけ
目安 カレースプーン
3~4杯
•みそ カレースプーン すりきり 2杯
•砂糖 カレースプーン すりきり 1杯
(粗製糖)
オーブントースター
魚焼き器 などで
15分ほど
焼く
混ぜ合わせて
どうぞ

お鍋なら

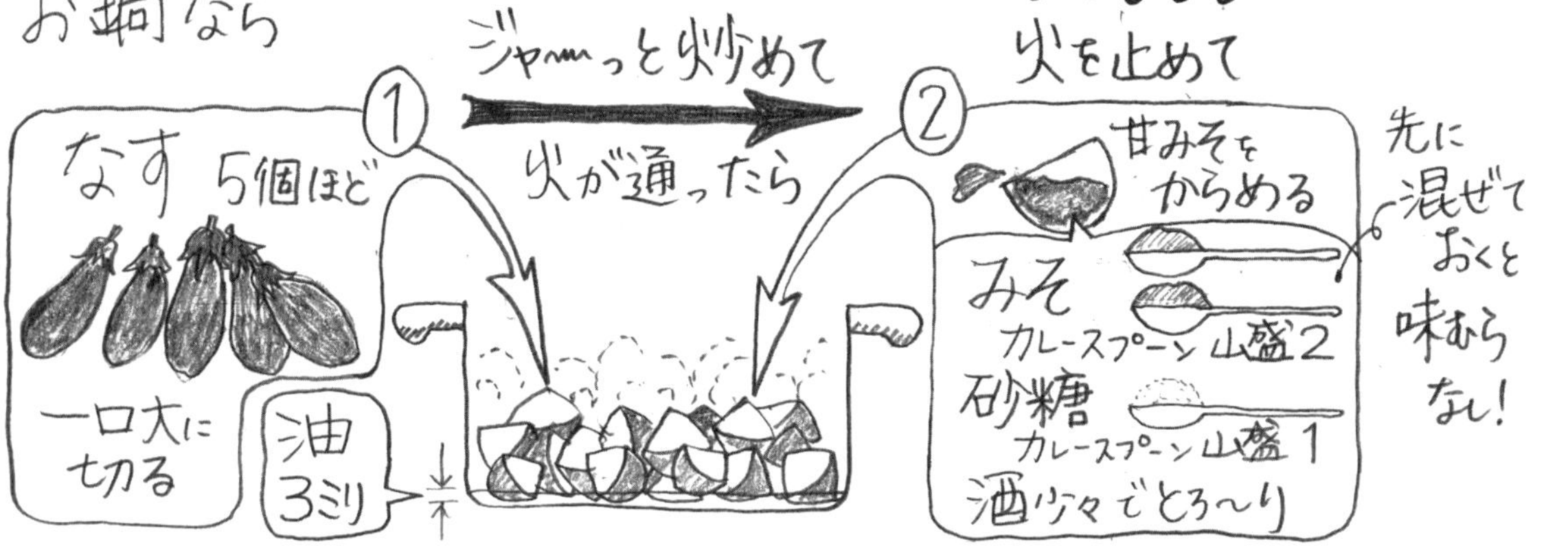
① ジャ〜っと炒めて
火が通ったら
② 火を止めて
なす 5個ほど
一口大に切る
油 3ミリ
甘みそを
からめる
みそ
カレースプーン 山盛2
砂糖
カレースプーン 山盛1
酒少々でとろ〜り
先に混ぜておくと味むらなし!

夏盛り

グラタン皿

唐辛子《とうがらし》類《るい》の炒め煮

野菜

冷やして食べても美味・作り置き。

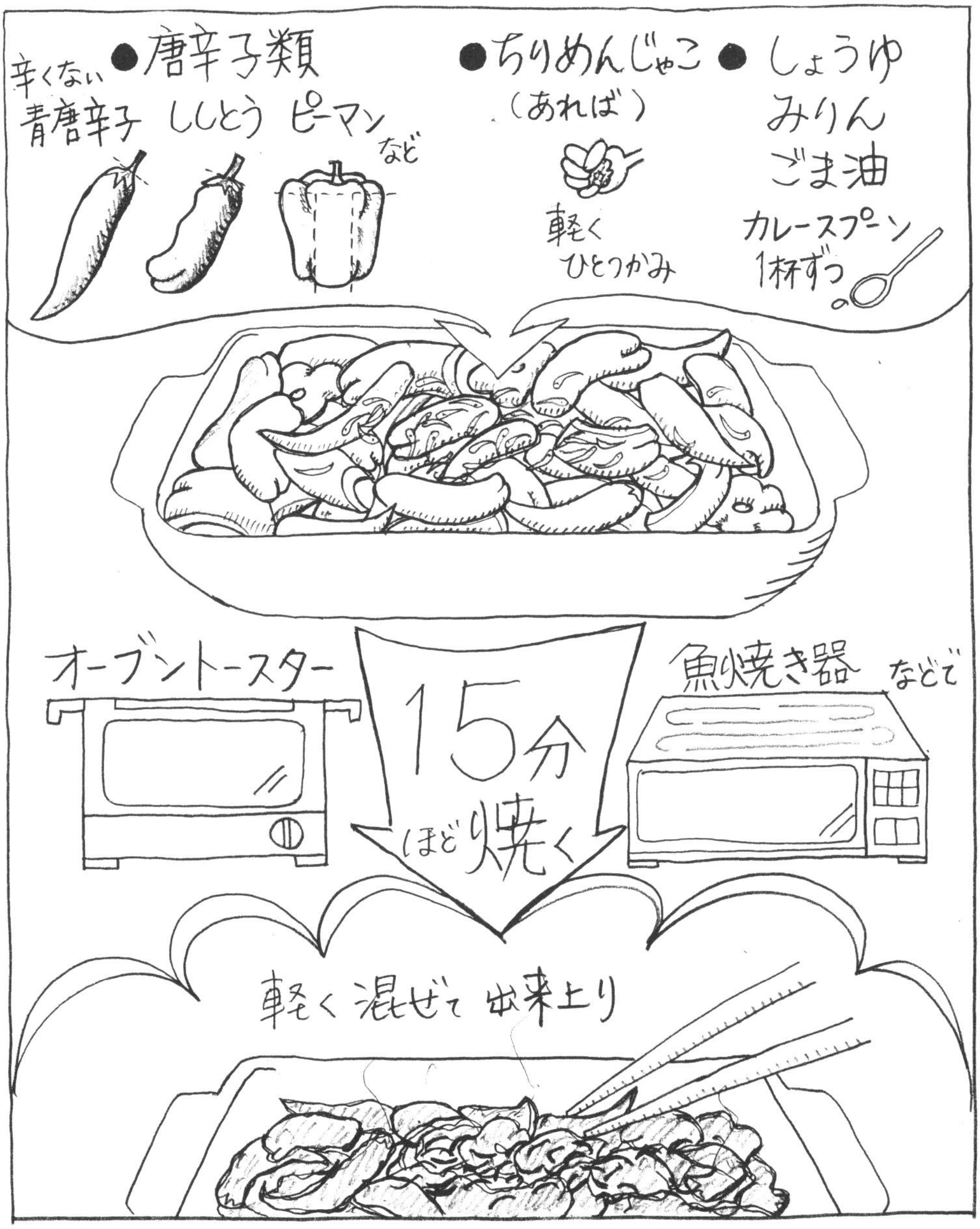

辛くない ●唐辛子類
青唐辛子 ししとう ピーマン など
●ちりめんじゃこ
（あれば）
軽く
ひとつかみ
●しょうゆ
みりん
ごま油
カレースプーン
1杯ずつ。
オーブントースター
15分
ほど焼く
魚焼き器 などで
軽く混ぜて 出来上り

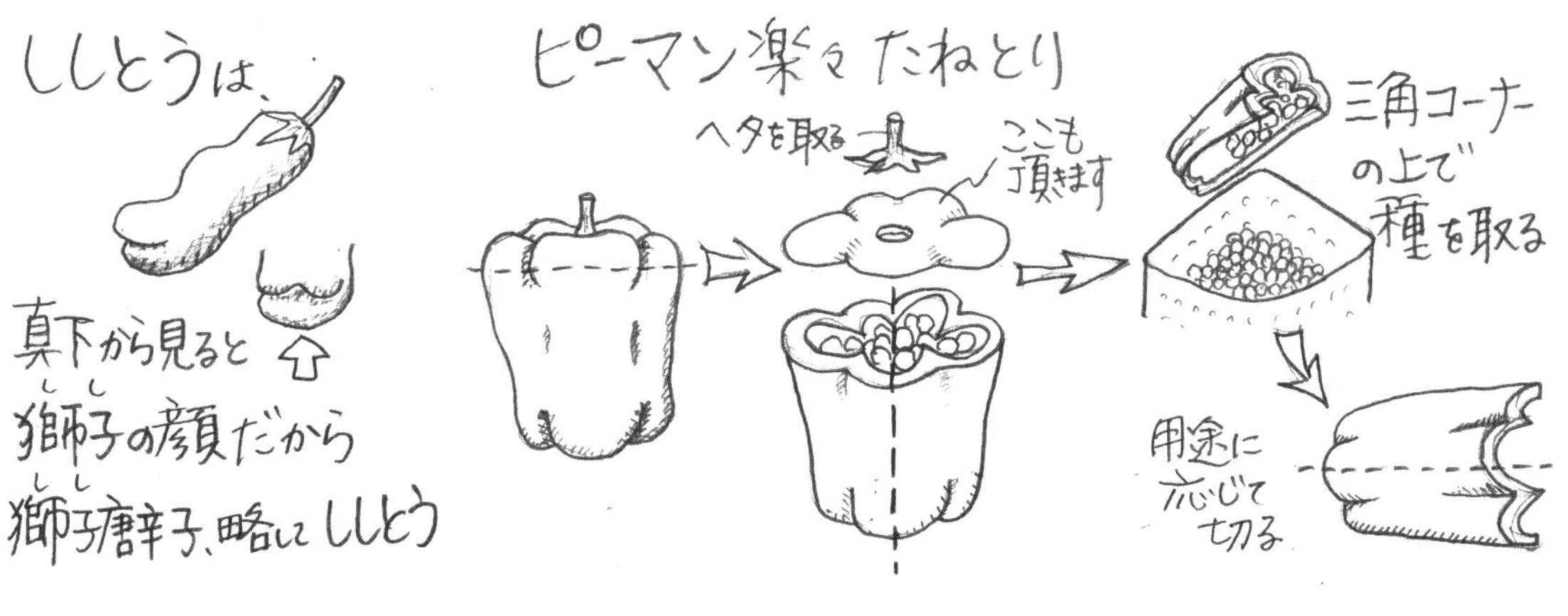

ししとうは、
真下から見ると
獅子《しし》の顔だから
獅子《しし》唐辛子、略して ししとう
ピーマン楽々 たねとり
ヘタを取る
ここも
頂きます
三角コーナー
の上で
種を取る
用途に
応じて
切る

夏盛り

グラタン皿

焼きとうもろこし

皮を数枚残して、蒸《む》し焼き。

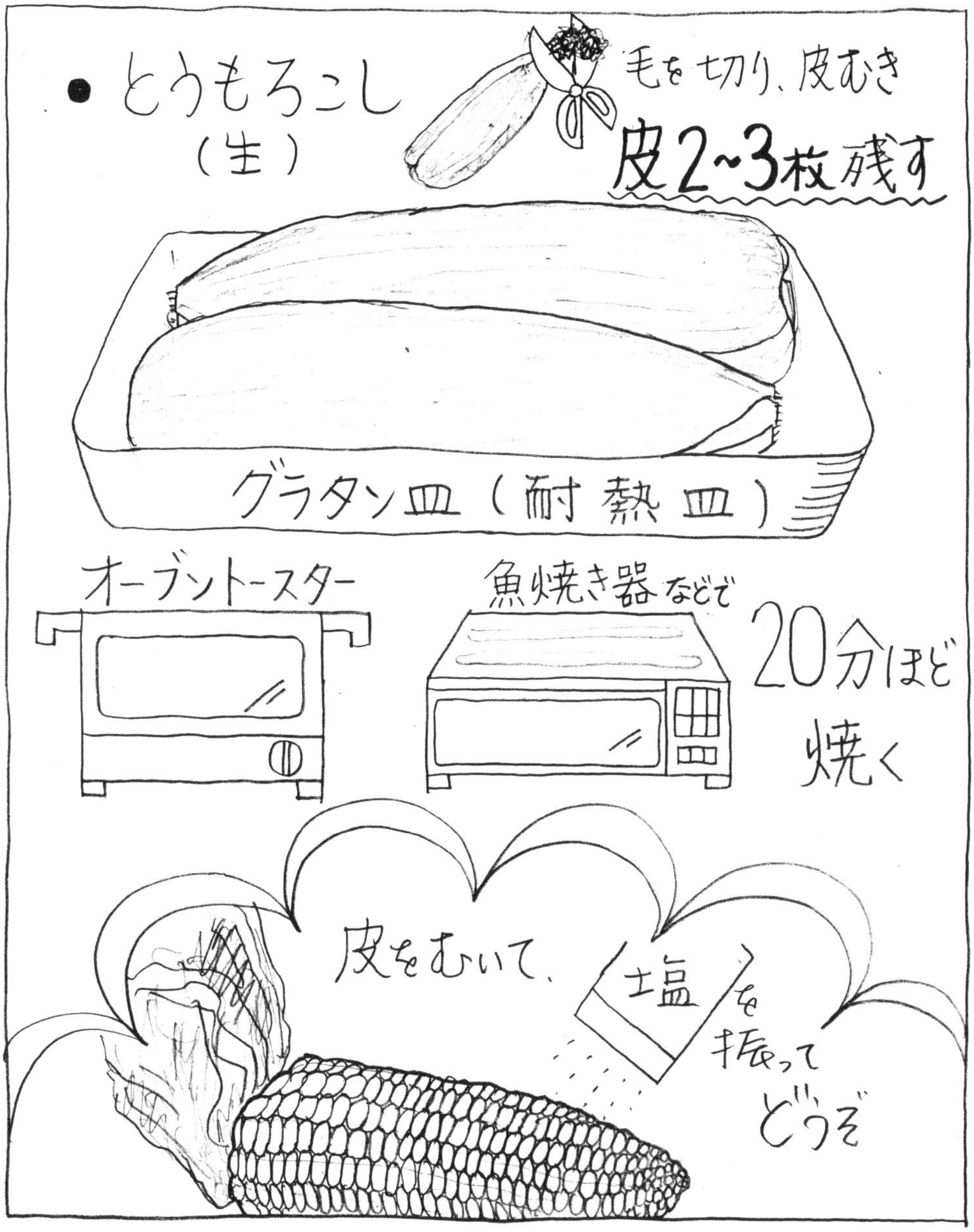

とうもろこし
（生）
毛を切り、皮むき
皮2~3枚残す
グラタン皿（耐熱皿）
オーブントースター
魚焼き器などで
20分ほど焼く
皮をむいて、
塩
を振ってどうぞ

とうもろこしの粒
皮
胚芽

とうもろこしは、メソアメリカ・アンデス文明からある、中南米地域の主食です。粒を皮つきのまま全体を食べるため、玄米食と同じ効果があります。その全体食のためには、とうもろこしの粒の下の方にある、重要な「胚芽」の部分を含めて食べるのがポイントです。

そのコツは絵のように、下の歯を使い、まずは横一列を一粒一粒そいでゆき、粒全体を食べるようにします。その後も順次、下の列から食べてゆきますが、二列目からは粒がポロポロと楽にとれます。

グラタン皿で楽々

先人は十五夜を「芋名月《いもめいげつ》」と呼び、里芋を賞《め》でた。

里《さと》芋《いも》焼き

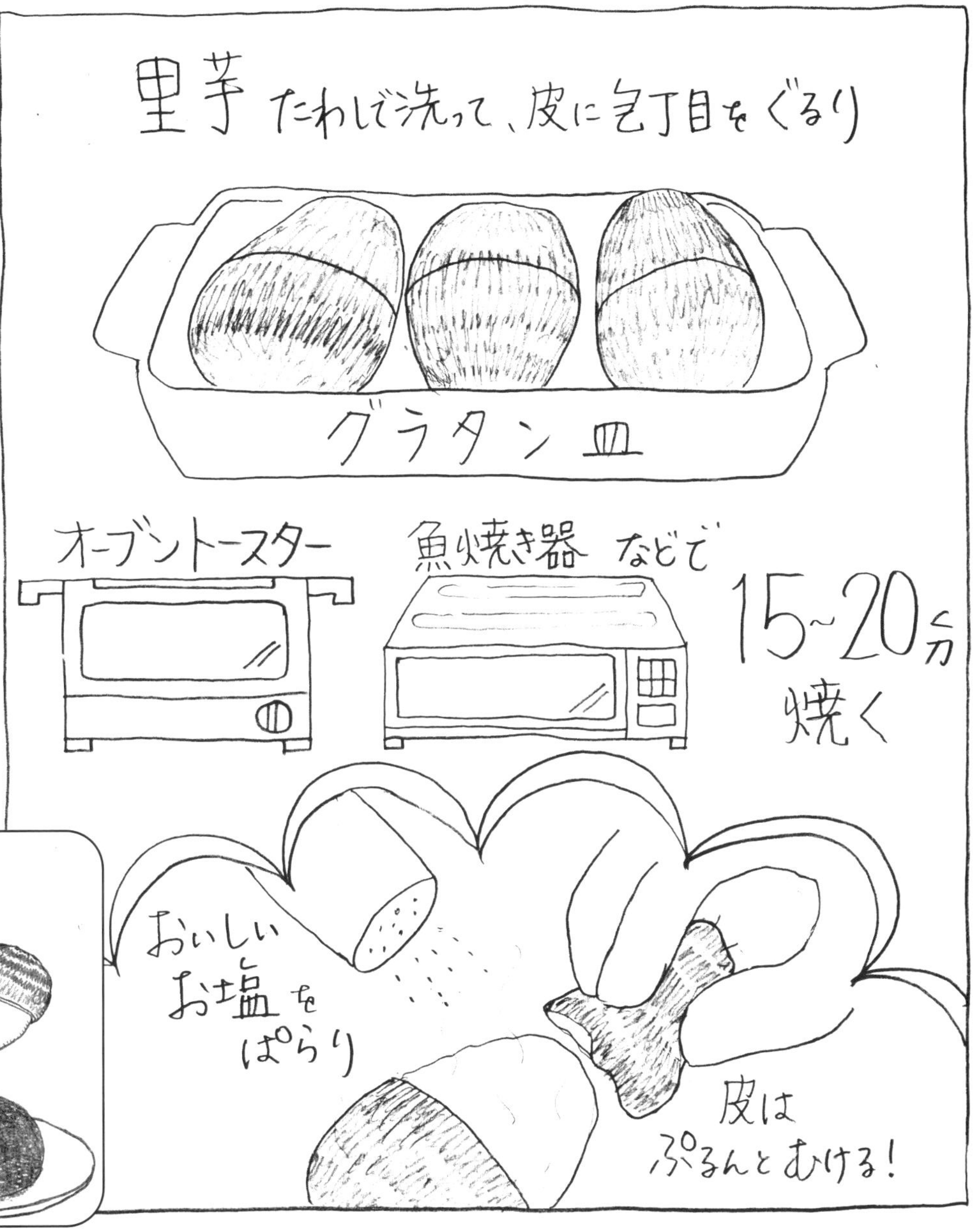
里芋 たわしで洗って、皮に包丁目をぐるり
グラタン皿
オーブントースター
魚焼き器 などで
15~20分
焼く
おいしいお塩をぱらり
皮はぷるんとむける!

京都の月見団子《つきみだんご》は、この里芋の姿を模《も》した。

寒くなったら、身体を温める野菜

夏野菜のきゅうりやなすなどは体を冷やしてくれ、冬の野菜は体を温めてくれます。これ天の道理。

冬場の野菜は、越冬できる根菜類（大根、人参、玉ねぎ、ごぼう、蓮根、里芋など）や、キャベツ、白菜、小松菜などのアブラナ科、葱、法蓮草、春菊……」冬の畑で見られる野菜です。

また、石塚左玄さんの「秋は辛味」とは、大根、唐辛子、生姜など、この季節に穫れる辛味を食べて、免疫力を高めましょうという意です。

そして「冬は心して油とれ」。油も体を温めてくれます。グラタン皿にキャベツなどを入れ、油をたらたらとかけて焼くのも良いですし、根菜の金平（炒めて味付け）も、相乗効果抜群です。

グラタン皿で楽々

金《き》平《ぴ》ごぼう

野菜

全体食・皮むきなしで楽々。

ごぼうも
たわしで洗うだけ

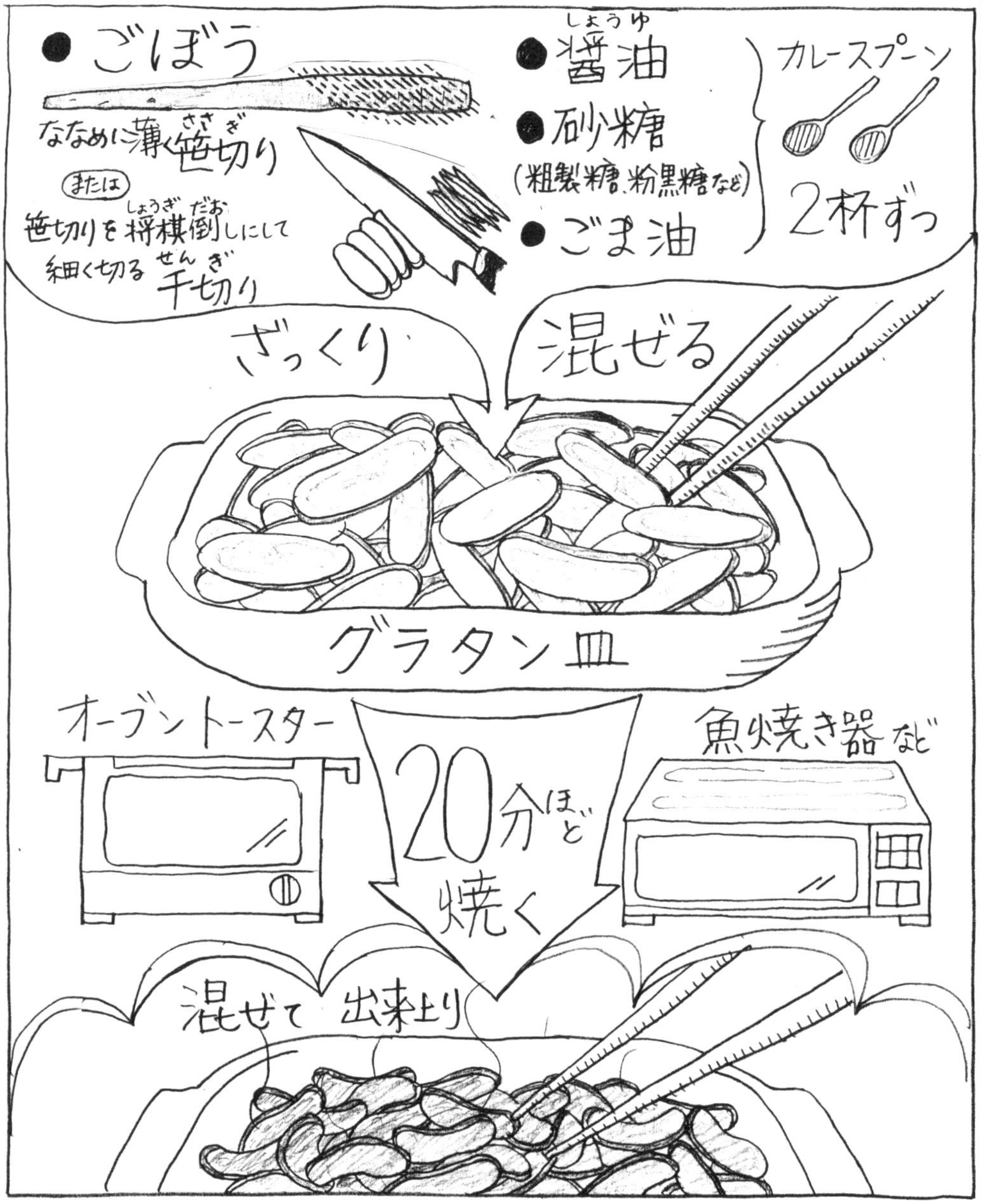
●ごぼう
ななめに薄く笹《ささ》切《ぎ》り
または
笹切りを将棋《しょうぎ》倒《だお》しにして
細く切る千《せん》切《ぎ》り
●醤油《しょうゆ》
●砂糖
（粗製糖、粉黒糖など）
●ごま油
カレースプーン
2杯ずつ
ざっくり
混ぜる
グラタン皿
オーブントースター
魚焼き器など
20分ほど
焼く
混ぜて 出来上り

金平れんこん 金平にんじん

人参《にんじん》、蓮根《れんこん》も 皮つきのまま

●醤油《しょうゆ》 カレースプーン1杯 ●ごま油 カレースプーン1杯 と ざっくり混ぜて

15分ほど焼く、混ぜて出来上り

グラタン皿で楽々

焼きりんご

おやつ

天の恵《めぐみ》。天然味《てんねんあじ》のおやつ。

りんご

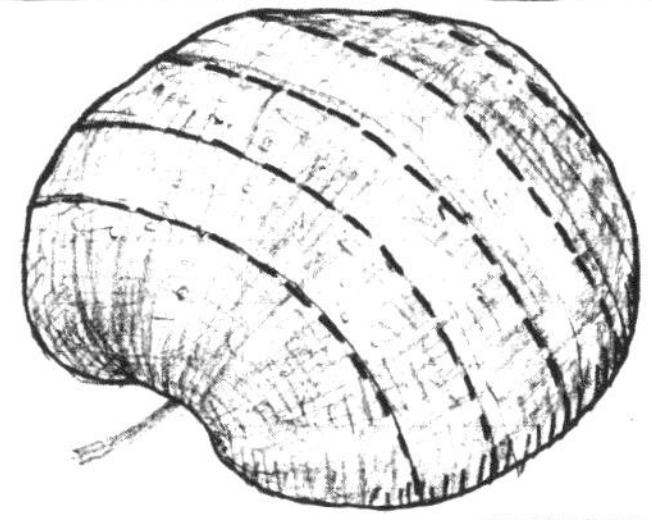

たて半分にして
1cmほどの厚さに
切り、並べる

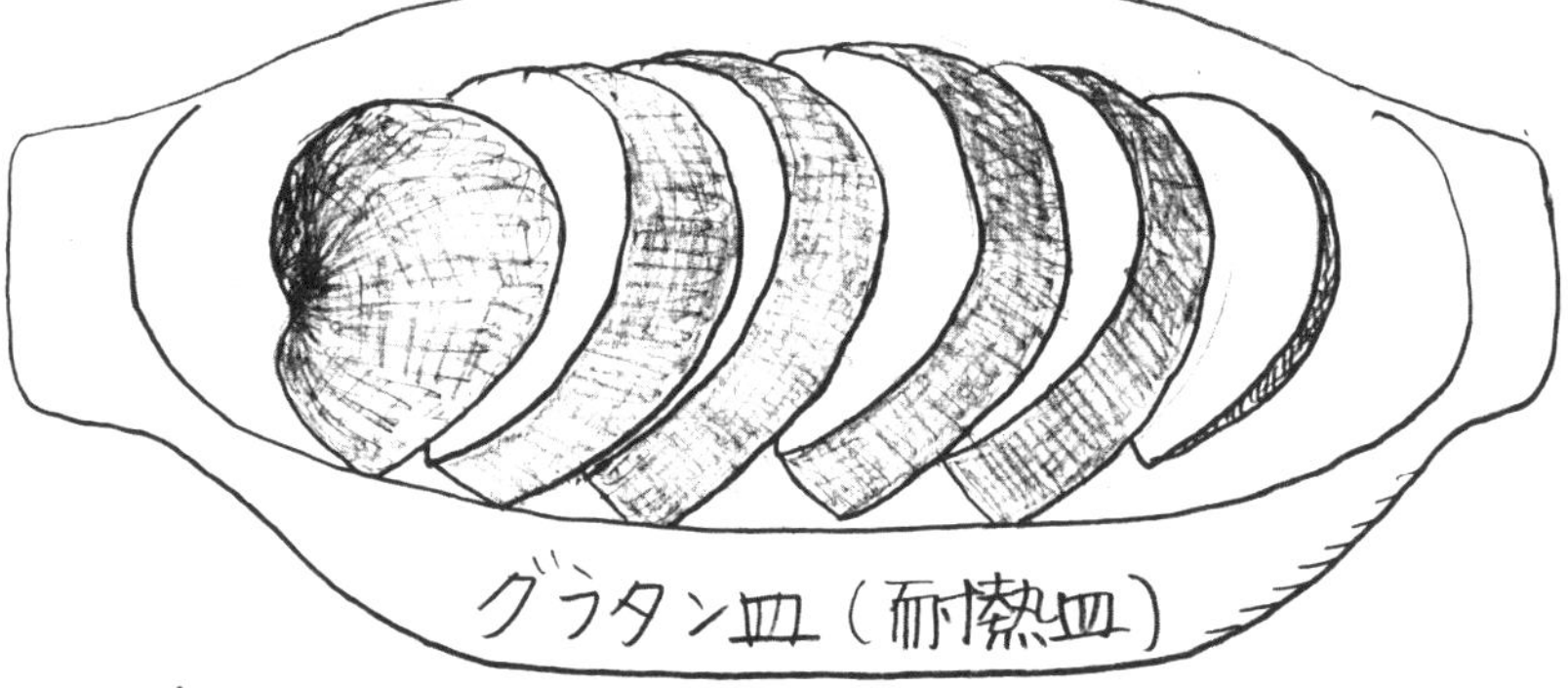

オーブントースター

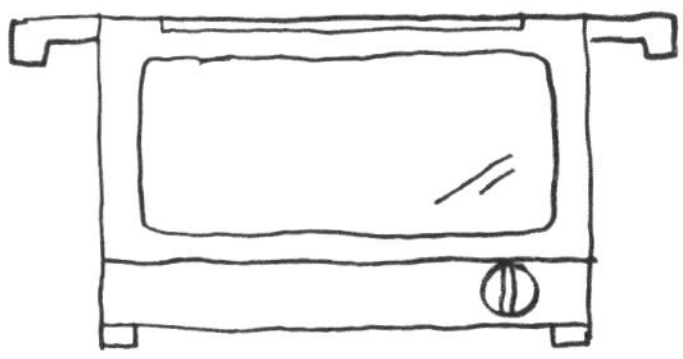

魚焼き器などで

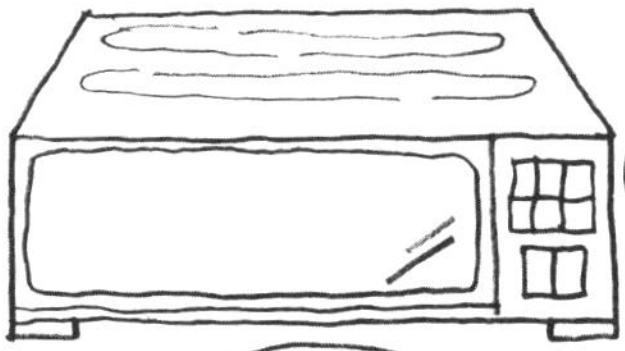

15分前後
（お好みの焼き加減で）
焼く

熱々も良し
冷めても良し

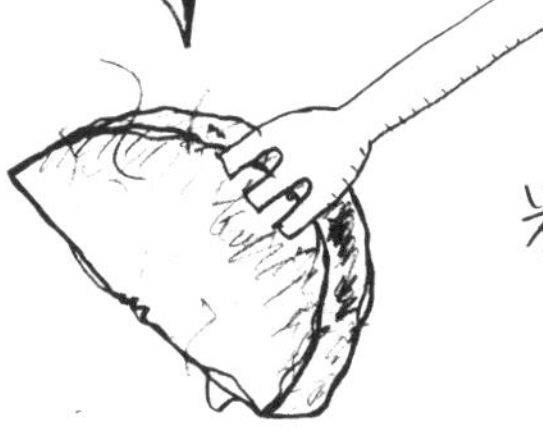

はたまた
粉末黒糖を振りかけ
焼くも良し

ほくほくを実感！

縄文人のスイーツ

百合根オイル焼き

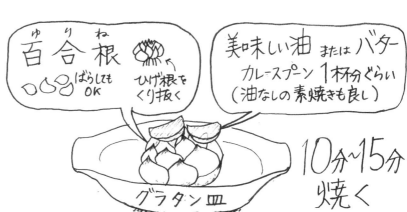

百合根《ゆりね》

ばらしても
OK

ひげ根を
くり抜く

美味しい油 または バター
カレースプーン1杯分ぐらい
（油なしの素焼きも良し）

10分〜15分
焼く

じゃこの色々（全体食）

じゃこは、骨ごと全部食べられる全体食なので、カルシウムなどが、体を弱アルカリ性に保っくれ、精神も安定する伝統食です。

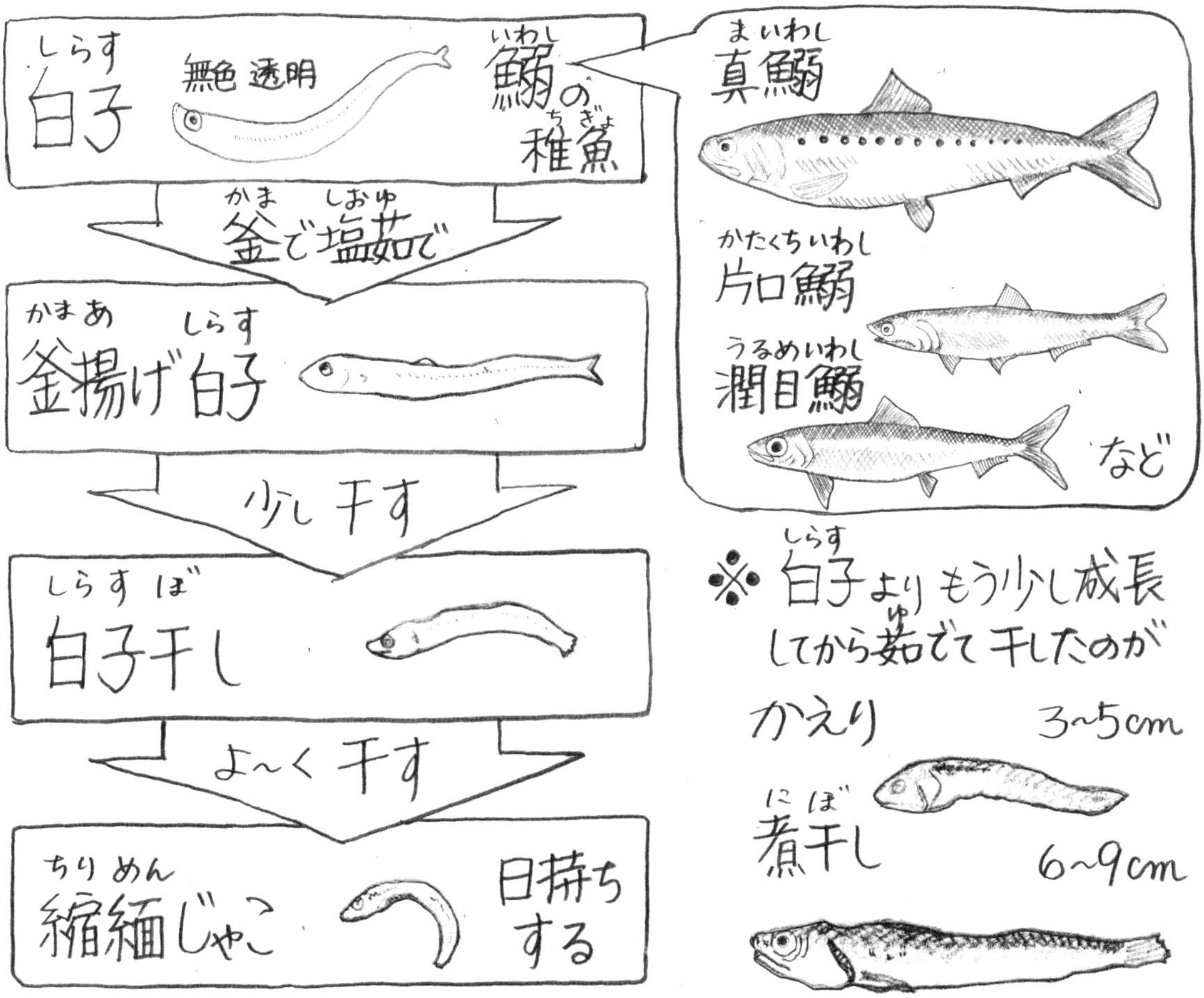
白子《しらす》
無色透明
鰯《いわし》の稚魚《ちぎょ》
真鰯《まいわし》
片口鰯《かたくちいわし》
潤目鰯《うるめいわし》
など
釜《かま》で塩茹《しおゆ》で
釜揚《かまあ》げ白子《しらす》
少し干す
白子干《しらすぼ》し
よ〜く干す
縮緬《ちりめん》じゃこ
日持ちする
※白子《しらす》よりもう少し成長してから茹《ゆ》でて干したのが
かえり
3〜5cm
煮干《にぼ》し
6〜9cm

白子《しらす》とは、カタクチイワシ・マイワシ・ウルメイワシ等の、無色透明な稚魚の総称です。

白子干《しらすぼ》しは、今のような流通のなかった時代には、しっかりと乾燥させた、日持ちのするものが主流でした。関西では、その干している魚の様子を、縮《ちぢ》ませた布地の「縮緬《ちりめん》」になぞらえて、「縮緬じゃこ」と呼び、それを関東では「白子干し」や「かちり」と呼んでいました。つまり、それぞれの名前はもともと地方の呼び名だった訳です。

ところが今は、その稚魚を釜で塩茹でしただけのものを「釜揚《かまあ》げしらす」、釜茹で後に少し乾燥させた柔らかいものを、「白子干し」と呼び、さらに、しっかりと乾燥させたものを「縮緬じゃこ」として、一般的に区別されています。

調味料もねたのうち。

（旬の安い食材で、満足節約）

まずは、美味しい味噌、醤油、塩があれば、味は満たされる。

味噌《みそ》

本々《もともと》は…

大豆《だいず》に、こうじ（米こうじや麦こうじ）と塩を混ぜて、発酵熟成。

じっくり熟成したものは、他のものを添加しなくても、本来のうまみがあります。せっかくの発酵食品ですから、発酵を抑《おさ》えてしまう添加物などの入ってないものを、選びたいものです。

（ちなみに、「生みそ」「生しょうゆ」と呼ばれるものは、火入れ（加熱）をしていません。つまり、発酵菌が生きています。）

醤油《しょうゆ》

本々は…

大豆と小麦でこうじを作り、塩水と混ぜて、発酵熟成。

これを「本醸造《ほんじょうぞう》」「天然醸造」と呼びます

塩

本々は…

海水を煮つめて作った
海水の成分に近いものがベター

目安は、マグネシウム含有量。
マグネシウムの多い「赤穂の天塩」など。

（「塩」の本質について、次頁に）

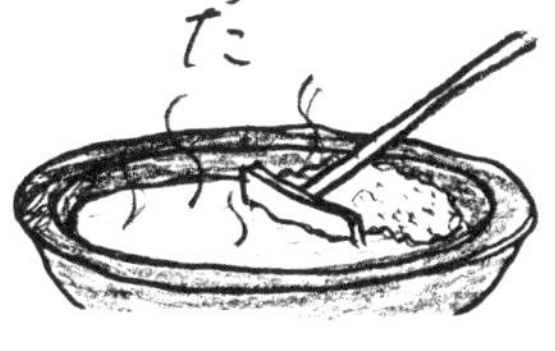

味噌《みそ》、醤油《しょうゆ》、塩をベースに、時に、味醂《みりん》（または、粗製糖や黒砂糖）、酒、酢などがあれば、たいていO.K.《オーケー》。

「あれこれ揃《そろ》えねばならない」から、解放されます。

「塩」の本質

天の道理　動物は塩水で生きている

一つ知れば、一つ楽になる

海	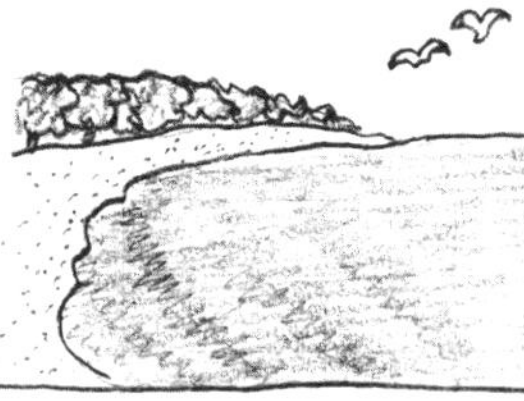	塩分濃度 3.5%	海水成分　塩辛い塩化ナトリウムのほかにも、体調に必要な苦汁《にがり》と呼ばれるマグネシウムなど、70種類以上のミネラルが含まれている。
人間 (哺乳類《ほにゅうるい》)		0.9%	体液　人間の体液も海の水の成分と同じ。ミネラルを含んだ塩と水は、命の源《みなもと》。「敵に塩を送る」の言葉あり。
蛙《かえる》 (両生類《りょうせいるい》)		0.7%	体液　魚類、両生類、爬虫類《はちゅうるい》、鳥類、哺乳類等の体液も、塩分濃度は違うが、海の水の成分と同じ。
点滴《てんてき》 生理食塩水	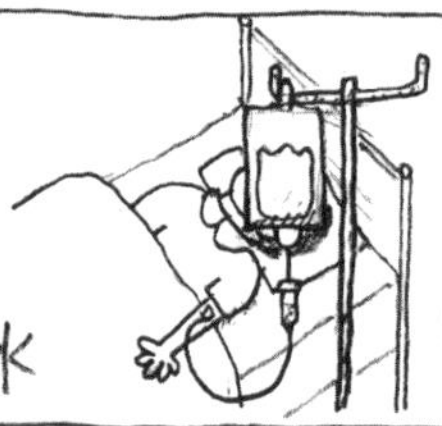	0.9%	点滴成分　点滴(生理食塩水)は、体液や海の水の成分に基《もと》づく。海水に含まれるマグネシウムは、血圧を安定させる。
吸物《すいもの》 (うどんのつゆなど)		0.9%	味　お吸物の塩分濃度が、体液と同じ0.9%の時、美《お》味しいと感じる。
自然塩(「赤穂の天塩」など) マグネシウム等のミネラル(苦汁《にがり》)を含む			ミネラル　海の水や体液の成分に近く、ミネラルを含んでいる。浅蜊《あさり》が元気に砂出しする。
化学塩　精製塩《せいせいえん》 (塩化ナトリウム99.9%)			ミネラル　電気分解で作られる。ほぼ、塩化ナトリウム(NaCl)のみ。

リスナーの声

先日スーパーに塩を買いに行きました。値段も色々。じっくり成分を見比べると、その違いにびっくりしました。河村さんの言っている塩の意味がよく分かりました。

かずえ

通夫から

ポイントは、マグネシウムの含有量です。

画題 江戸時代の塩づくり

河村通夫著
『江戸絵皿絵解き事典』より
下記のサイトで
立ち読みできます。

漬物は、野菜料理・発酵食品・究極の作り置き

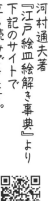

主食4：野菜2：動物性たんぱく1のバランスの食事を楽に取るには、グラタン皿料理や、漬物の簡単な作り方を覚えておくと楽です。

「漬物」というのは「野菜料理」ですから、ちゃちゃっと簡単に漬物が作れると、野菜不足になりません。「鼻歌交じりで、漬物が簡単に作れる」そのレシピを知っているのと、知らないのとでは大きな違いが出てくる訳です。旬の野菜を漬けると、おいしいですしね。

漬物とは、簡単に言うと、「塩水に漬けた物」です。まあ、塩分濃度は、漬物によって少々幅がありますが、3％程が基準です。野菜に塩を振って重石をのせると、野菜から水が出てきて、塩水に漬かる事になります。

漬物に空気中の乳酸菌が作用すると、乳酸発酵して酸味が出てくるので、お腹に良いです。それに大切な塩分も補給できるので、熱中症などになりません。にがりの入った自然塩、つまり本々の海の成分と同じ塩を使うと、おいしいのはもちろん、体液や点滴と成分が同じで、体調や、血圧なども整います。

漬物

乳酸菌などがたっぷり
腸が喜ぶ発酵食品

野菜
漬物

ぬか漬け

季節の野菜を入れて出すだけ。

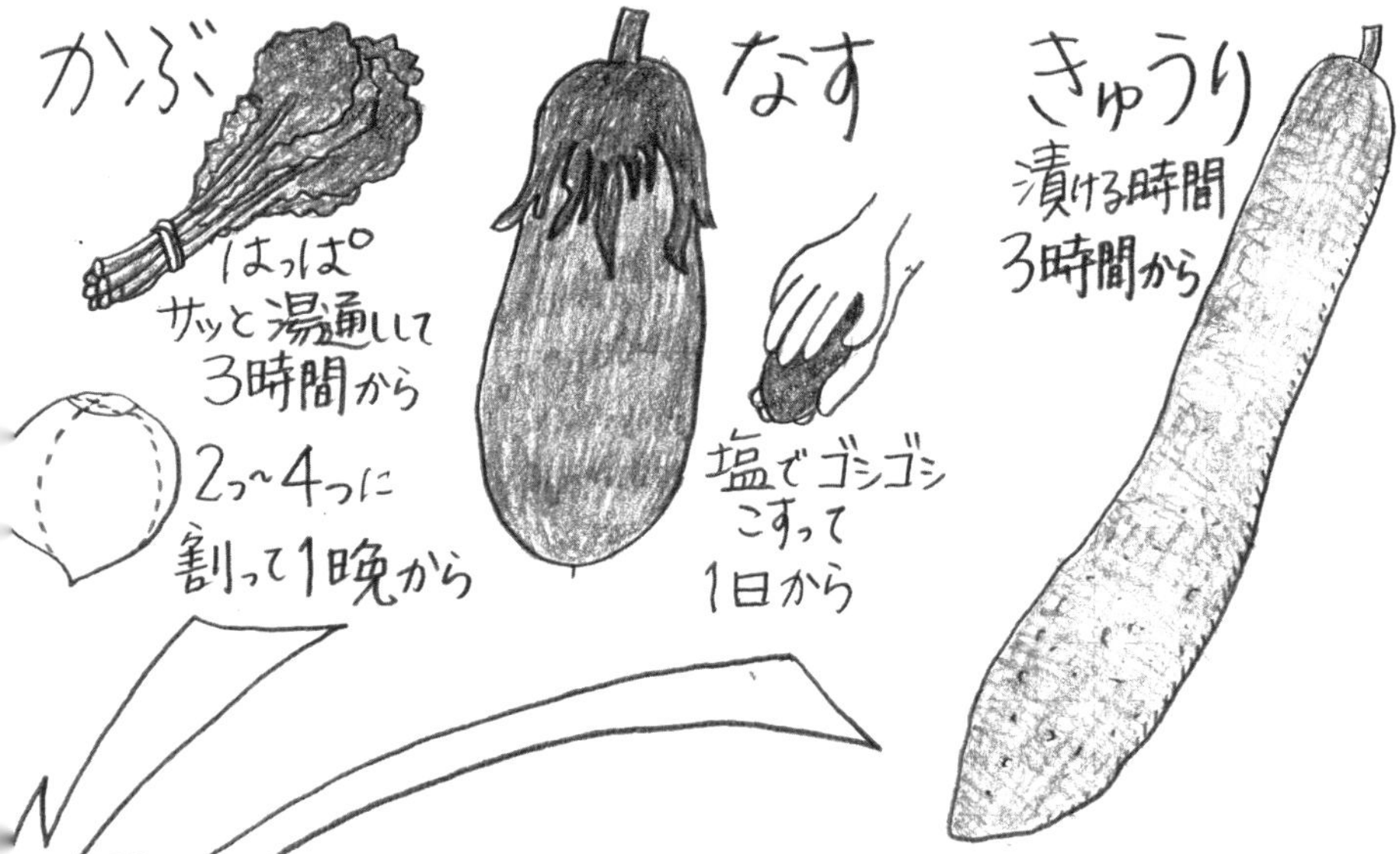

かぶ
はっぱ
サッと湯通しして
3時間から
2つ~4つに
割って1晩から
なす
塩でゴシゴシ
こすって
1日から
きゅうり
漬ける時間
3時間から

ぬか床ポイント① 混ぜる

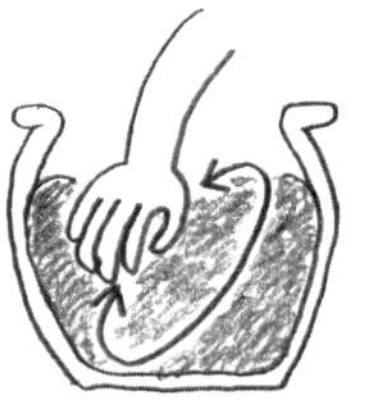

野菜を出し入れする時、混ぜる。(1日1~2回)すると、バランス良く発酵する。

ぬか床ポイント② 塩を足しながら使う

できれば
海水の成分に
近い塩を!

ぬか床の塩分は、野菜に吸い取られて行きます。
「漬かりが遅くなってきたかな」と感じたら、塩を足して下さい。

ぬか床ポイント③ ぬか床が水っぽくなったら

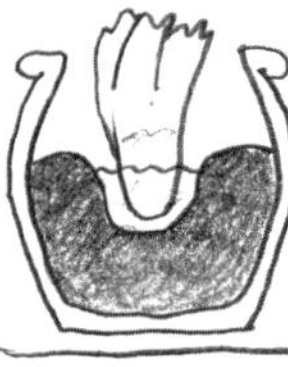

くぼみを作り、たまった水を、布などで吸い取る。

または、

炒《い》りぬかなどを足《た》す。

ぬか床は、一家の宝箱。

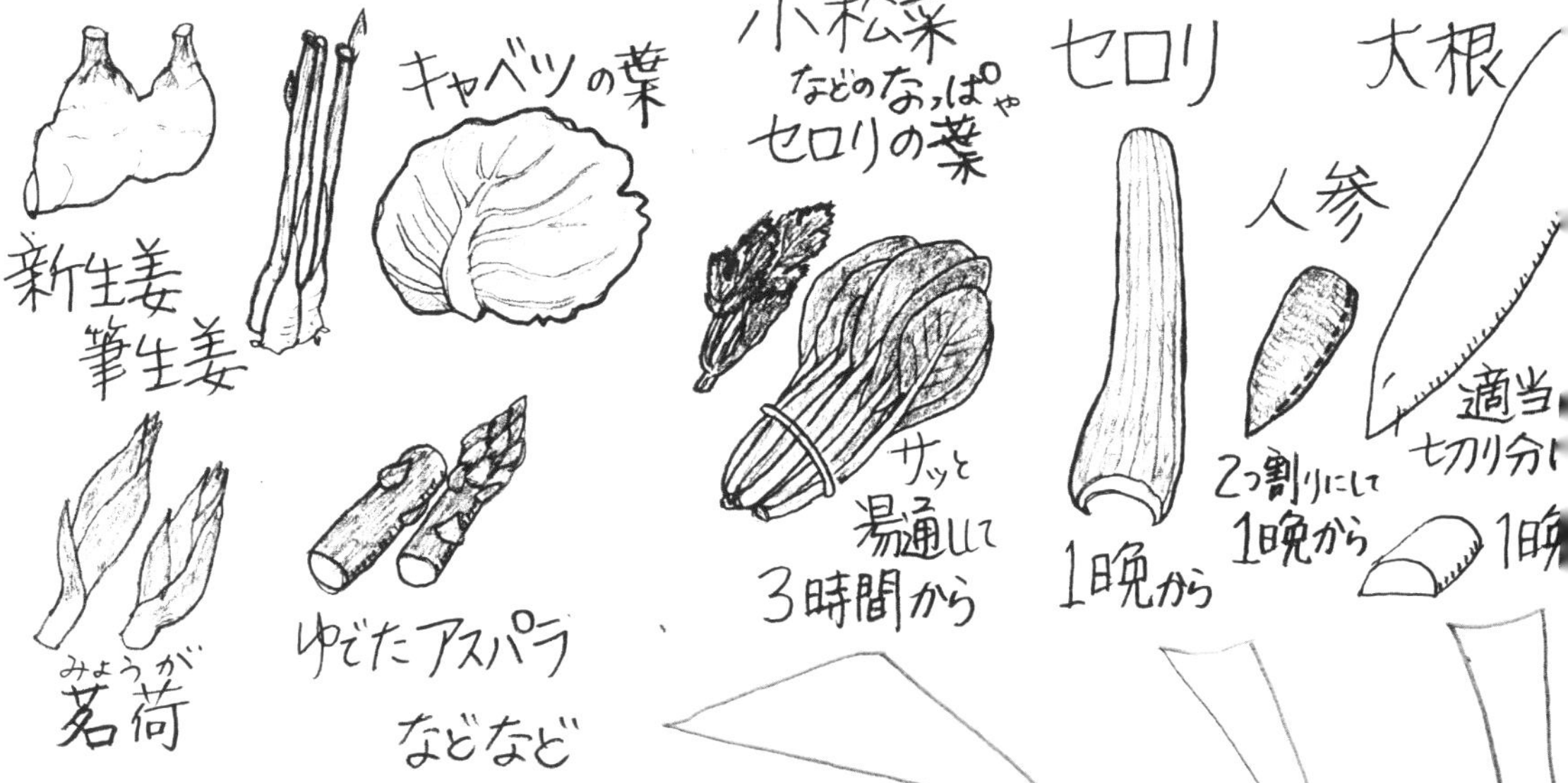
新生姜
筆生姜
キャベツの葉
小松菜
などのなっぱや
セロリの葉
サッと
湯通しして
3時間から
セロリ
1晩から
人参
2つ割りにして
1晩から
大根
適当
切り分
1晩
茗荷《みょうが》
ゆでたアスパラ
などなど

Q. ぬか漬けがすっぱいです。
失敗したのでしょうか。

A. 大丈夫。すっぱいは失敗ではなく、乳酸菌たっぷりの証。整腸作用もあります。

すっぱすぎて…と言う場合の調整法

① 漬ける時間を短くすると、すっぱさも少ない。

② 粉がらしで中和

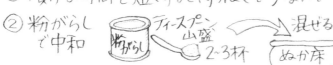

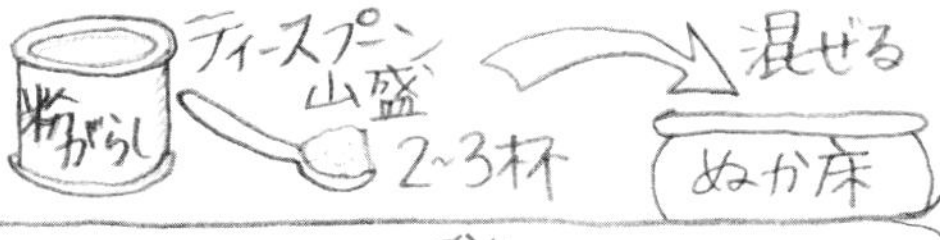
粉がらし
ティースプーン
山盛
2～3杯
混ぜる
ぬか床

Q. ぬか床の入れ物は、瓶《かめ》？ホーロー？

A. それぞれの長所があります。

瓶《かめ》

温度変化がゆるやかで、発酵のバランスが取りやすい

ホーローなどの保存容器

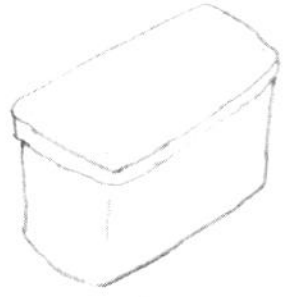

盛夏や何日か留守にするときなど、冷蔵庫に入れて、発酵しすぎを、抑《おさ》えられる

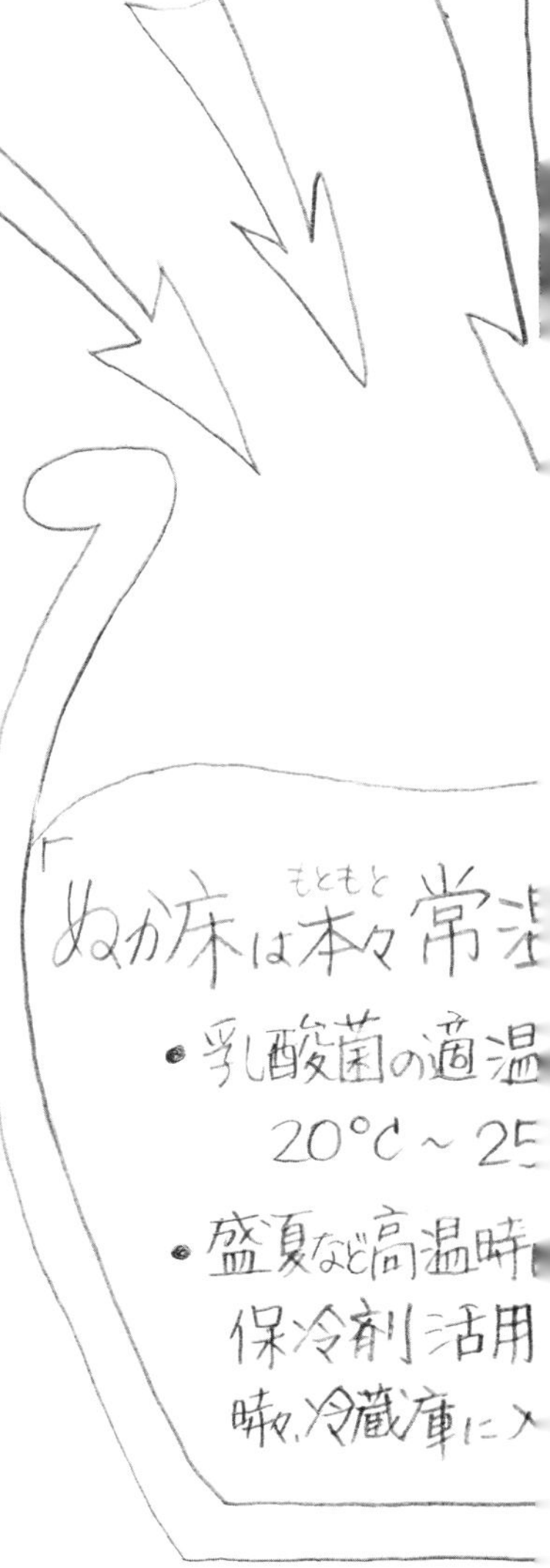
ぬか床は本々《もともと》常
・乳酸菌の適温
20℃～25
・盛夏など高温時
保冷剤活用
時々冷蔵庫に

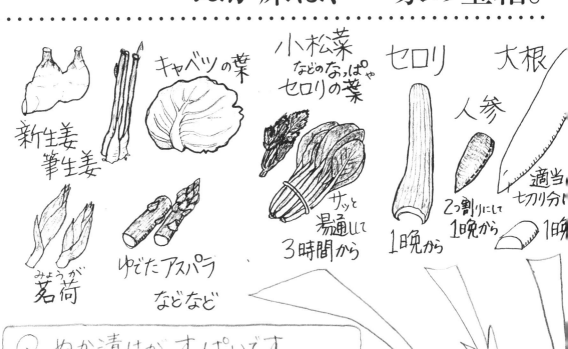

「ねばならぬ」は、心の不養生《ふようじょう》。

ぬか床の作り方

何年も持たすも良し
毎年作るも良し

発酵バランスに こうじ

こうじを入れると発酵菌のバランスが取れ、味が整います。

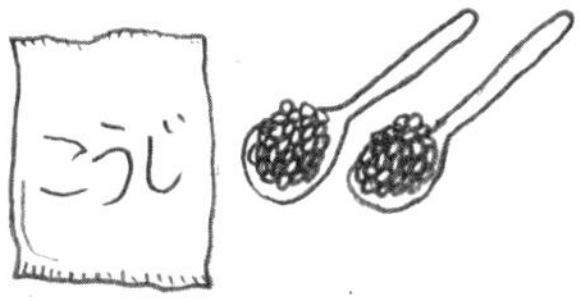
こうじ

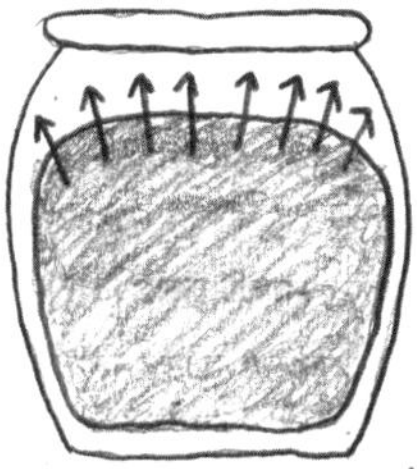

ぬか床がふくらんでくる事がありますが、2~3日で落ちつきます。

新鮮な生の米ぬか1kg

何回かに分けると炒りやすい

空炒り(焦げない程度に香ばしく)

自然塩 150g

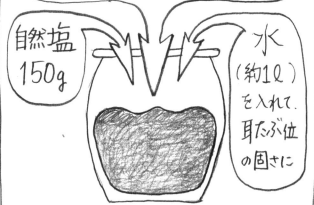

水(約1ℓ)を入れて、耳たぶ位の固さに

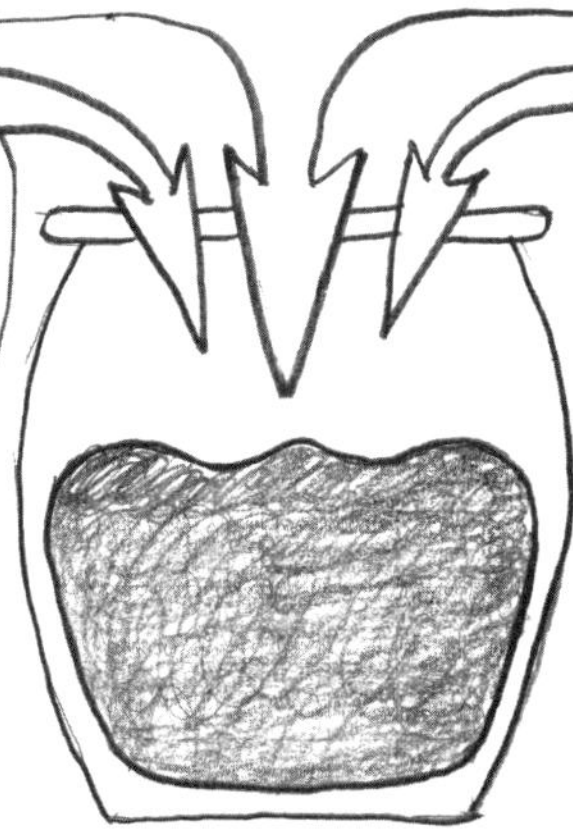

空気中にいる乳酸菌などの発酵菌が、米ぬかを栄養にして、ぬか床の中で増えて行く。

北海道・自然派
河村さんちの「鉄粉ぬか床」
繰り返し何回でも使えます

河村さんちの『鉄粉ぬか床』など既製品利用も!

「手軽に使えるぬか床が欲しい」とのご要望にお応えして、28年前に開発。

鉄粉入りでなすが色良く漬かります。

~3カ月、楽しむつもりで~

レシピソング

ワイワイぬか床

詞・曲 みちお

1. (G)野菜(C)料理は (G)つけものが(D7)楽
(G)ぬか床で(C)漬けた 胡瓜やな(G)す

2. 何百年も続いて来た その訳は
入れる時と出す時に まぜるだけ

3. ぬか床で漬けた セロリや小かぶの
その一寸すっぱさは 乳酸菌

4. 鉄粉ぬか床 なすの色を
よくするための 鉄の粉
Ref

Ref { (C)ワイワイ (G)ぬか床 (D7)ニコニコ(G)暮し
〃 鉄粉ぬか床

野菜 漬物

ジッパー袋

浅《あさ》漬《づ》けの素《もと》の作り方

野菜

漬物

きゅうり30分・なすのしぼり漬け30秒。

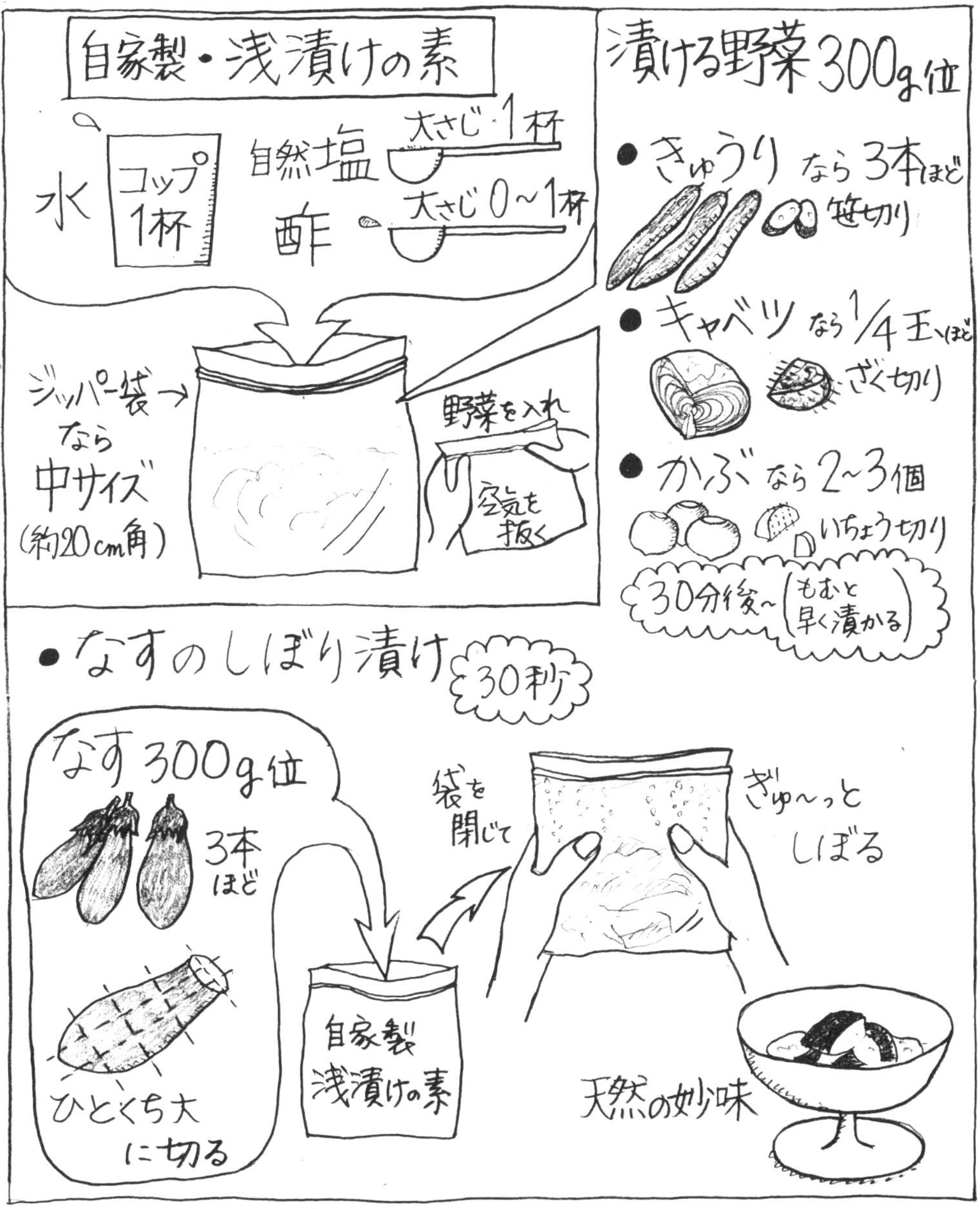

自家製・浅漬けの素
水
コップ1杯
自然塩
大さじ1杯
酢
大さじ0~1杯
ジッパー袋→
なら
中サイズ
(約20cm角)
野菜を入れ
空気を抜く
漬ける野菜300g位
・きゅうり なら3本ほど
笹切り
・キャベツ なら1/4玉ほど
ざく切り
・かぶ なら2~3個
いちょう切り
30分後~(もむと早く漬かる)
・なすのしぼり漬け
30秒
なす300g位
3本ほど
ひとくち大に切る
自家製
浅漬けの素
袋を閉じて
ぎゅ~っとしぼる
天然の妙味

レシピソング

浅漬けの素の作り方

詞・曲　みちお

C　G7　C
Ref 浅づけのもとを　作ろうよ
F　C
1、コップ一杯の　おみずに
G7　C
お塩と　お酢を
F　C　G7　C
大さじ一杯ずつ　入れるだけ

Ref
2、胡瓜三本を　適当に切り
ジッパー袋に　入れて
自家製の浅漬の素、入れるだけ

Ref
3、茄子は 2~3個　切って入れ
袋の上から　茄子を握りしめ
これぞ茄子のしぼり漬　すぐに食べられる

C　G7　C
END お塩はね　赤穂の　天塩　使ったよ

一夜《いちや》漬《づ》けは、浅《あさ》漬《づ》け、早《はや》漬《づ》け、当座《とうざ》漬《づ》けとも。

ジッパー袋

キャベツの一夜《いちや》漬《づ》け

野菜

漬物

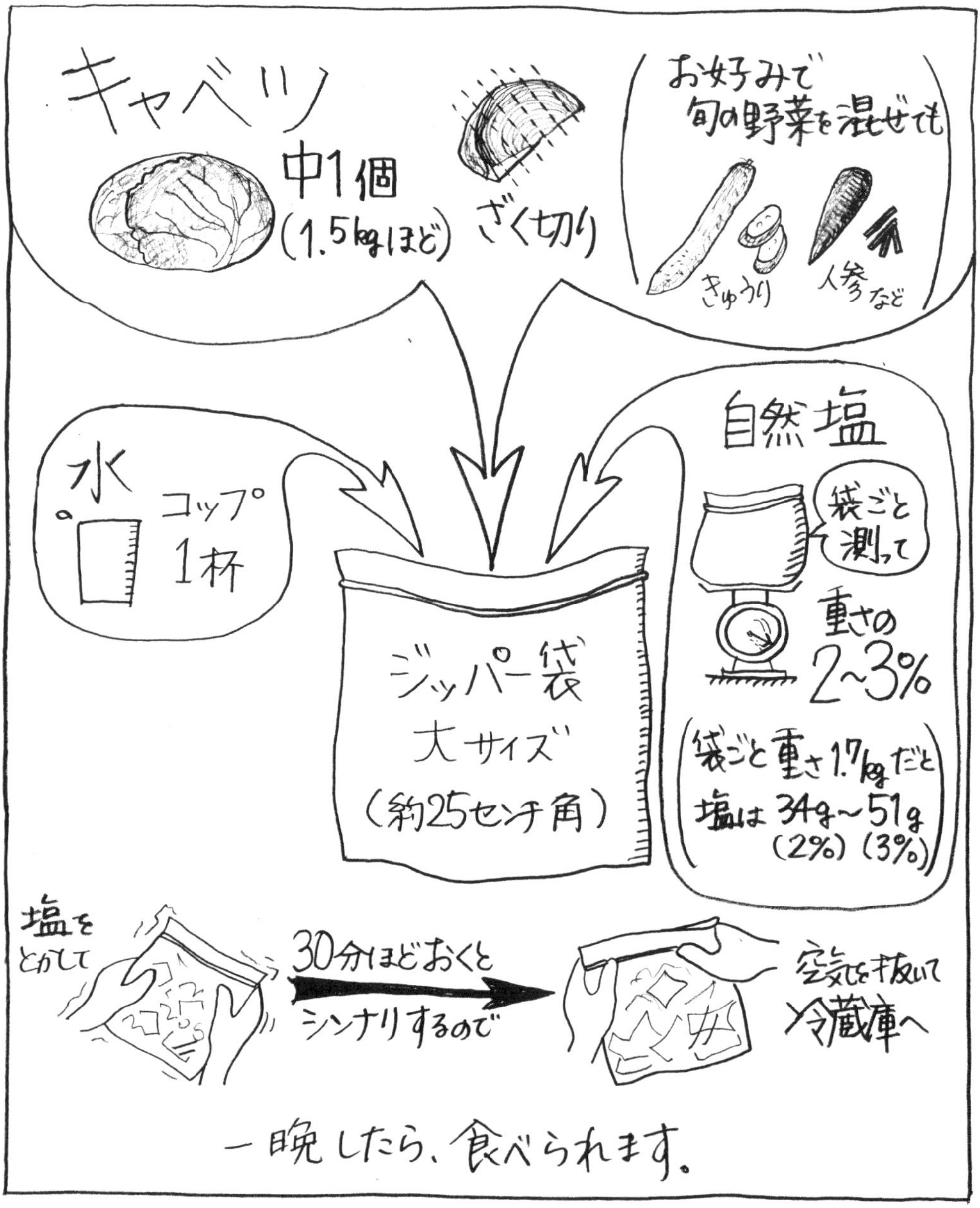

キャベツ
中1個
(1.5kgほど)
ざく切り
お好みで
旬の野菜を混ぜても
きゅうり
人参など
水
コップ1杯
自然塩
袋ごと測って
重さの2~3%
ジッパー袋
大サイズ
(約25センチ角)
袋ごと重さ1.7kgだと
塩は34g~51g
(2%) (3%)
塩をとかして
30分ほどおくと
シンナリするので
空気を抜いて
冷蔵庫へ
一晩したら、食べられます。

漬物容器の話

「ジッパー袋で漬物」を色々紹介していますが、昭和レトロの卓上漬物器も心が和みます。

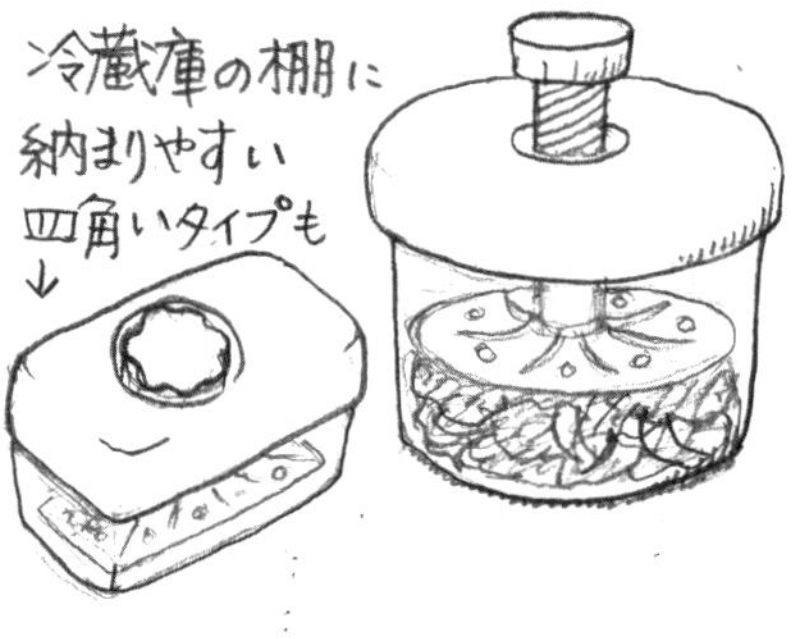

冷蔵庫の棚に
納まりやすい
四角いタイプも

ガラス製の漬物器も売られています。中身がよく見えて、ワクワク。

冷蔵庫の
ドアポケット
に入るコン
パクトサイズ

ジッパー袋

蕪《かぶ》のさっぱり漬け

あれば昆布を入れる。山海の出会いの味。

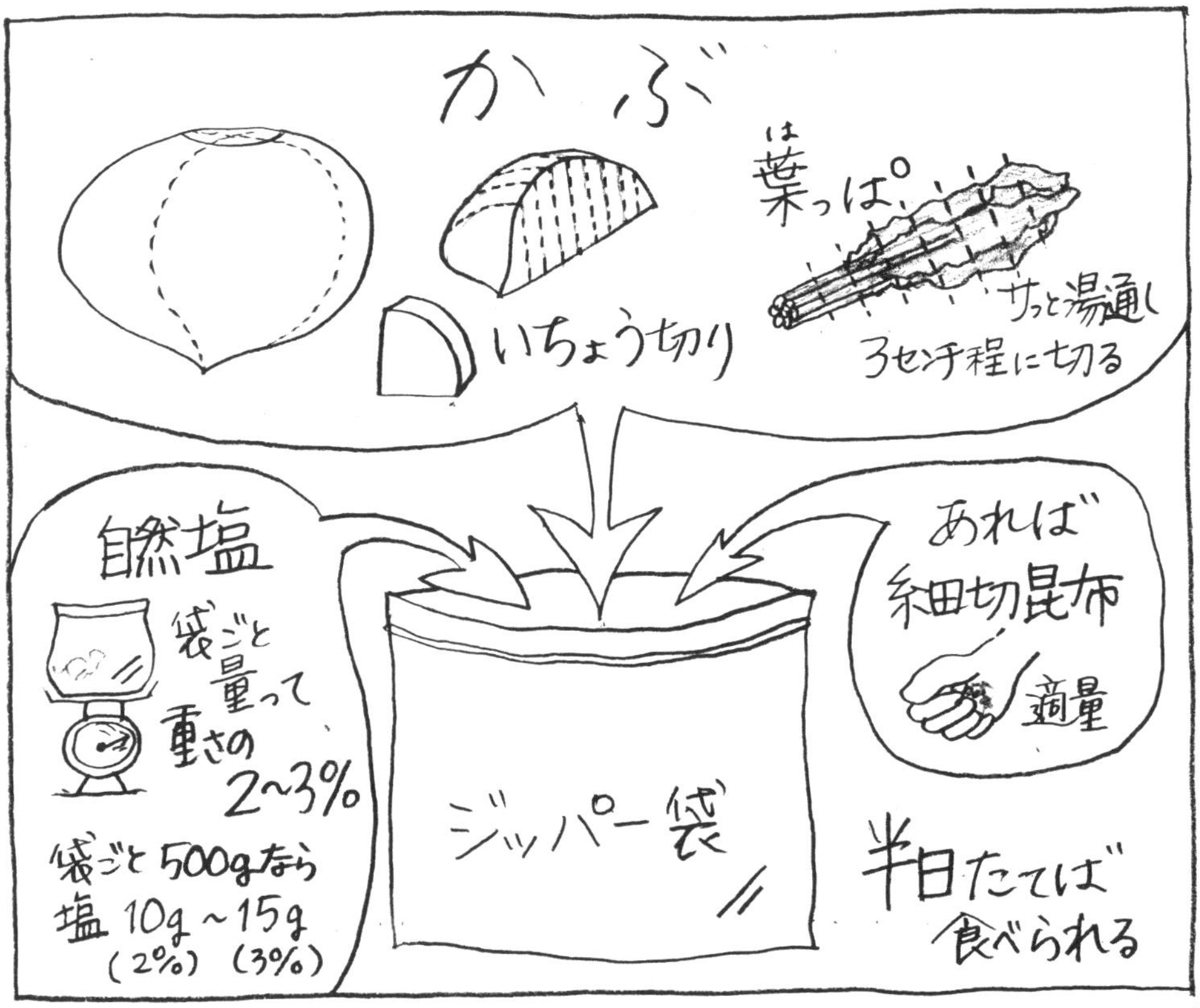
かぶ
いちょう切り
葉《は》っぱ
サッと湯通し
3センチ程に切る
自然塩
袋ごと量って重さの2~3%
袋ごと500gなら
塩 10g ~ 15g
(2%) (3%)
ジッパー袋
あれば細切昆布
適量
半日たてば食べられる

菜《な》っ葉《ぱ》の即席《そくせき》漬け

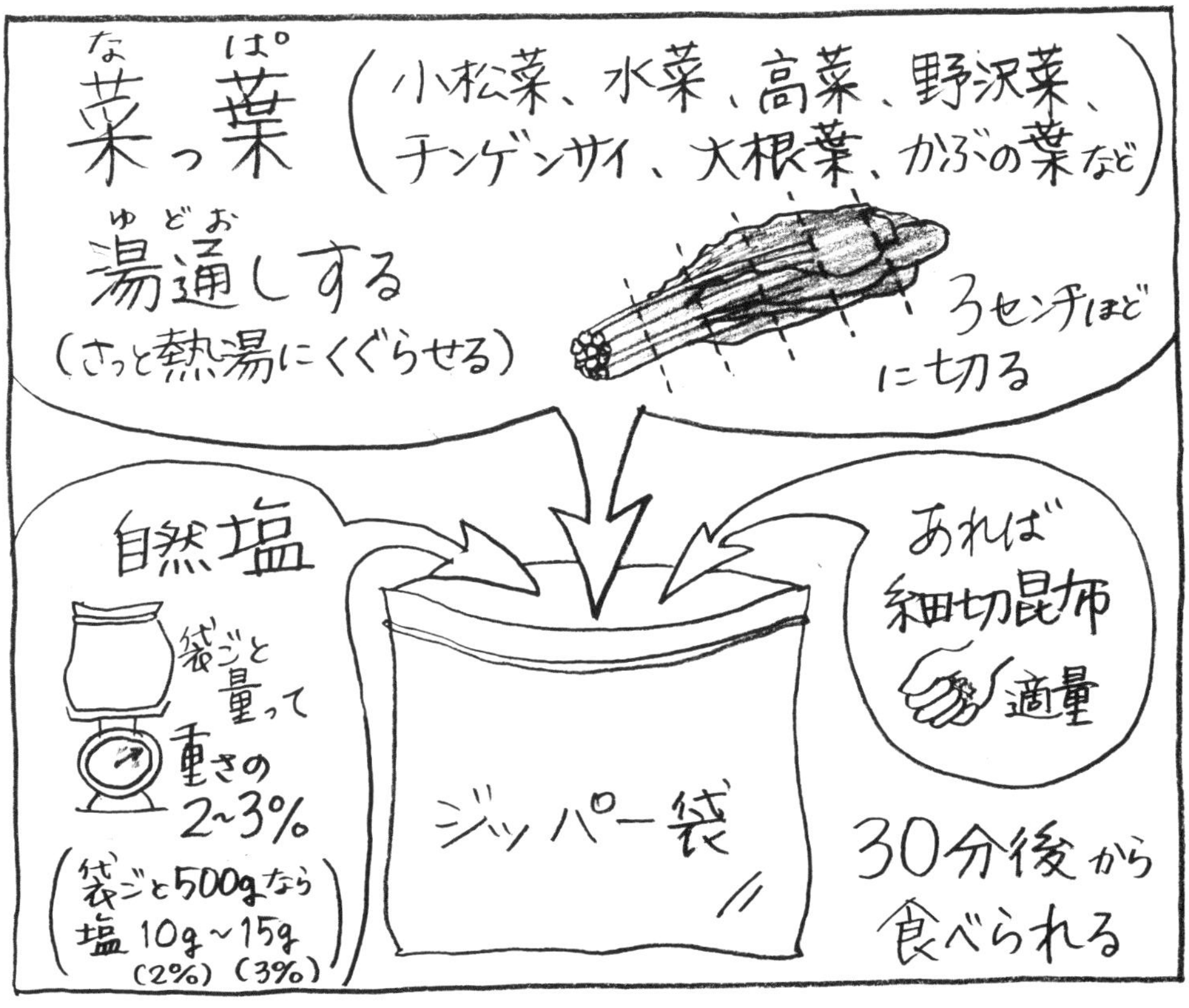
菜《な》っ葉《ぱ》(小松菜、水菜、高菜、野沢菜、チンゲンサイ、大根葉、かぶの葉など)
湯通《ゆどお》しする
(さっと熱湯にくぐらせる)
3センチほどに切る
自然塩
袋ごと量って重さの2~3%
(袋ごと500gなら
塩 10g ~ 15g
(2%) (3%))
ジッパー袋
あれば細切昆布
適量
30分後から食べられる

白菜漬け・白菜キムチ

塩水に漬かった物が漬物（つけもの）。

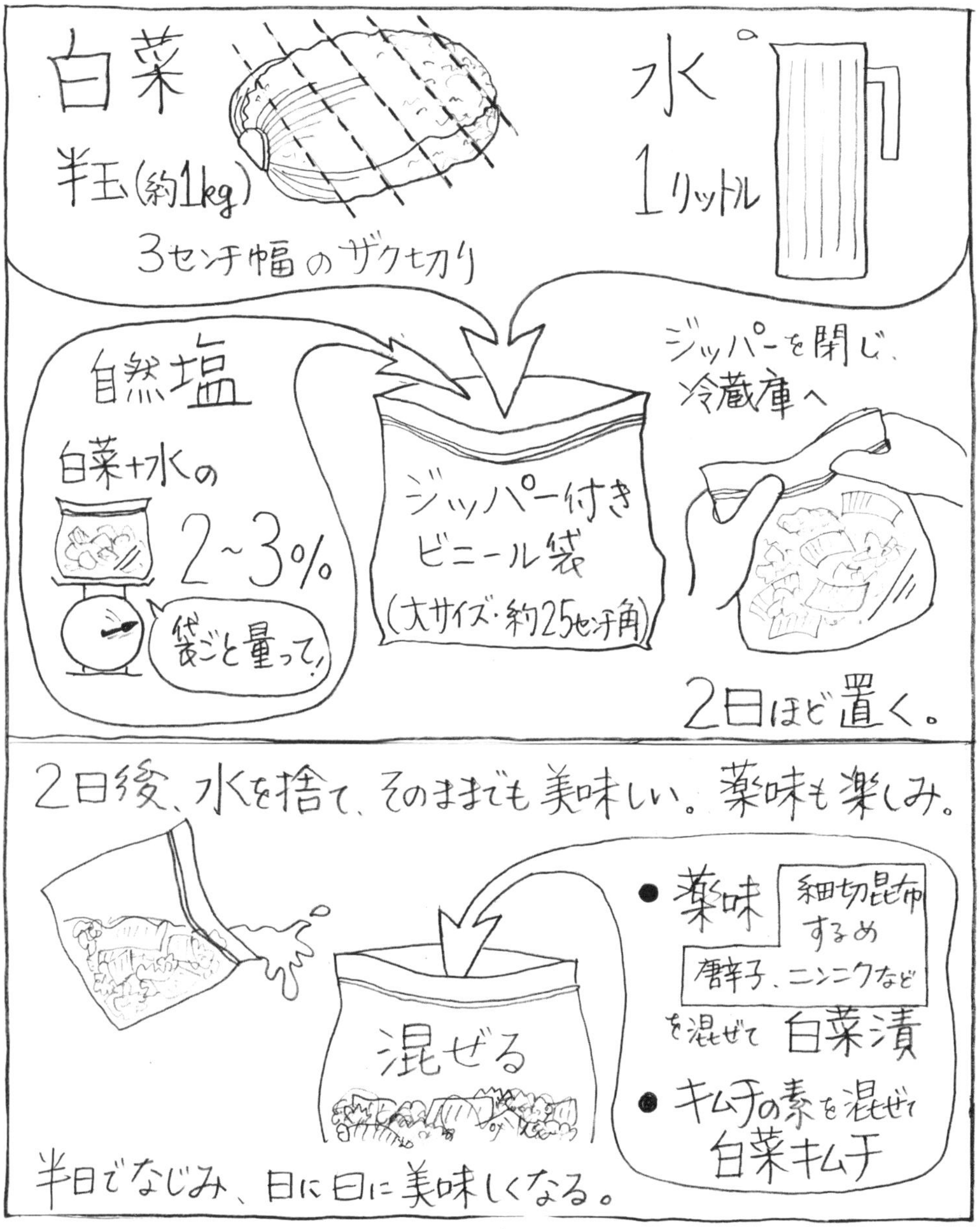
白菜
半玉（約1kg）
3センチ幅のザク切り
水
1リットル
自然塩
白菜＋水の
2〜3％
袋ごと量って！
ジッパー付き
ビニール袋
（大サイズ・約25センチ角）
ジッパーを閉じ、
冷蔵庫へ
2日ほど置く。
2日後、水を捨て、そのままでも美味しい。薬味も楽しみ。
混ぜる
● 薬味
細切昆布
するめ
唐辛子、ニンニクなど
を混ぜて 白菜漬
● キムチの素を混ぜて
白菜キムチ
半日でなじみ、日に日に美味しくなる。

レシピソング

ジッパー袋で白菜漬け

詞・曲　みちお

E　　　　A B7　E　　　　B7 E
1. 白菜半玉1キロを　ざくざく切ってジッパー袋

E　　　　A B7　E　　　　B7 E
お水も1ℓ加えて　お塩は3％の60g

2. 二日たったら水を捨てて　そのまま食べてもおいしいよ

薬味を入れればそりゃ違う　細切りコンブに糸するめ

2' ピリッとおいしくするには　この手があります やめられない

キムチの素を入れたなら　そりゃそりゃ白菜キムチです

3. お塩は にがりを含んだ　自然のものなら体に安心

お漬物は 発酵食品　すっぱい乳酸菌でお腹すっきり

ジッパー袋

千枚漬け

野菜

材料費・うん百円。かなり節約。

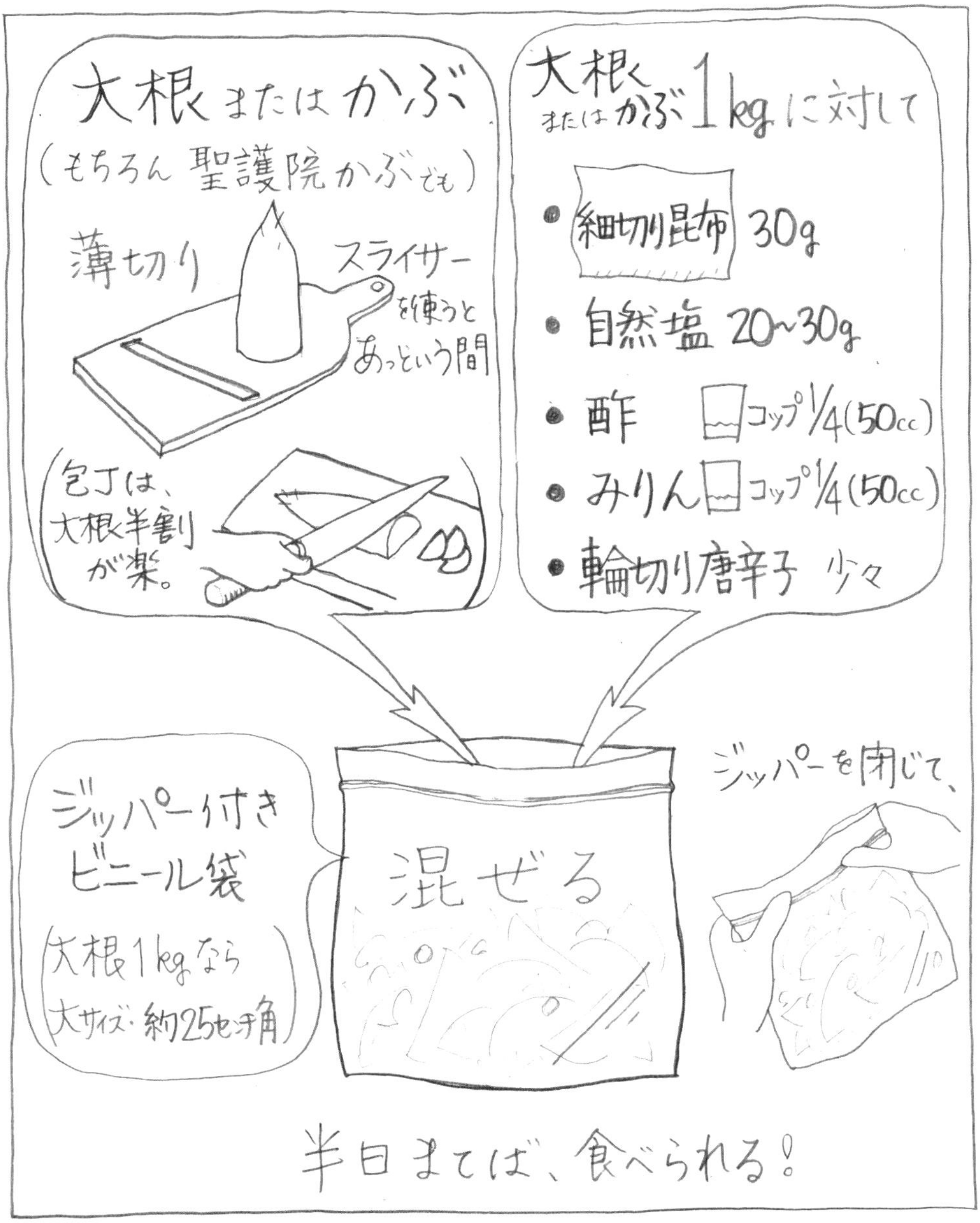

大根またはかぶ
（もちろん 聖護院かぶでも）
薄切り
スライサーを使うとあっという間
包丁は、大根半割が楽。
大根またはかぶ1kgに対して
・細切り昆布 30g
・自然塩 20~30g
・酢 コップ1/4(50cc)
・みりん コップ1/4(50cc)
・輪切り唐辛子 少々
ジッパー付きビニール袋
（大根1kgなら大サイズ・約25センチ角）
混ぜる
ジッパーを閉じて、
半日まてば、食べられる！

漬物

レシピソング

ジッパー袋で千枚漬け

詞・曲　みちお

1．
C　　　　　　Am
大根一本　1キロに
Dm　　　　　G7
お塩の量は　20グラム
C　　　　　　Am
細切り昆布は　ひとつかみ
Dm　　G7　　　G7
味淋とお酢は　4分の1カップ

2．
C　　　　　　　Am
大根はスライサーで　スーラ スラー
Dm　　　　　G7
うすく切って　ジッパー袋
C　　　　　　Am
細切り昆布に　味淋とお酢
Dm　G7　　G7　　　C
みんな混ぜて　半日まてばいい

3．
　　　　　　　Am
千枚漬は　聖護院と
Dm　　　　　　G7
決まった訳では　ありません
C　　　　　Am
大根ならば　誰でも
Dm　　G7　G7　C
どこでも手に　は～いります

薬味は、体の毒《どく》消《け》し。

ジッパー袋

カクテキ（大根のキムチ）

野菜

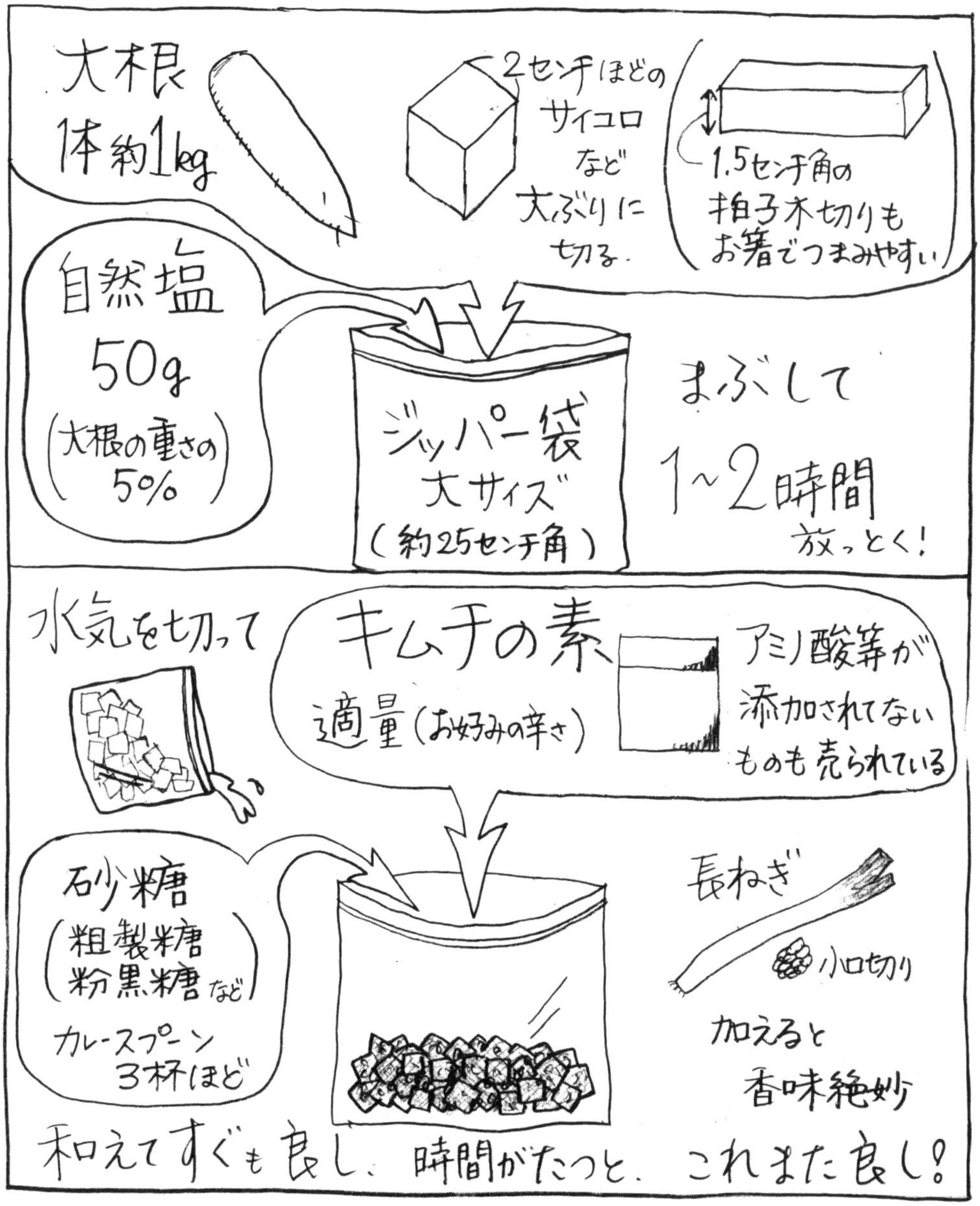

大根
1本約1kg
2センチほどの
サイコロ
など
大ぶりに
切る
1.5センチ角の
拍子木切りも
お箸でつまみやすい
自然塩
50g
（大根の重さの
5%）
ジッパー袋
大サイズ
（約25センチ角）
まぶして
1〜2時間
放っとく！
水気を切って
キムチの素
適量（お好みの辛さ）
アミノ酸等が
添加されてない
ものも売られている
砂糖
（粗製糖
粉黒糖など）
カレースプーン
3杯ほど
長ねぎ
小口切り
加えると
香味絶妙
和えてすぐも良し、時間がたつと、これまた良し！

漬物

レシピソング

ジッパー袋でカクテキ

詞・曲　みちお

〜大根カクテキ　カクテキ・・・・

1.
E　B7
2センチ程の　サイコロに
B7　E
切った　大根に
E　B7
5パーセントの　塩をして
B7　E
ジッパー袋

A　E　B7　E
1時間　たったら　水を捨てて
A　E　B7　E
キムチの　素を　和えるだけ

〜　カクテキ　カクテキ

E　B7　E
お塩は　赤穂の　天塩

ジッパー袋

萌《も》やしも、唐辛子も、ビタミンC。

もやしキムチ

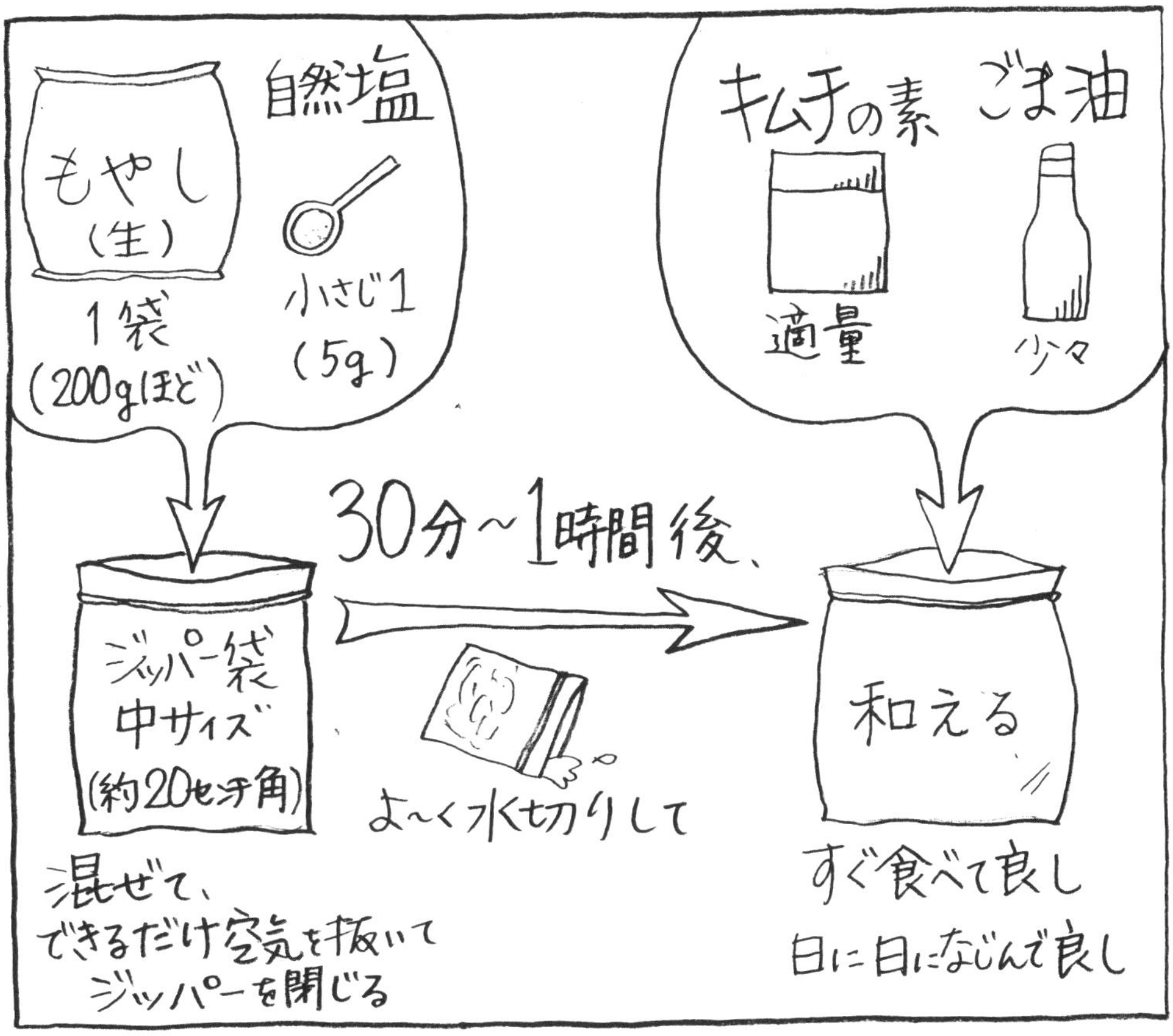
もやし（生）
1袋（200gほど）
自然塩
小さじ1（5g）
キムチの素
適量
ごま油
少々
ジッパー袋 中サイズ（約20センチ角）
混ぜて、できるだけ空気を抜いてジッパーを閉じる
30分〜1時間後、
よ〜く水切りして
和える
すぐ食べて良し
日に日になじんで良し

蓋付小鉢やジッパー袋で

にらキムチ

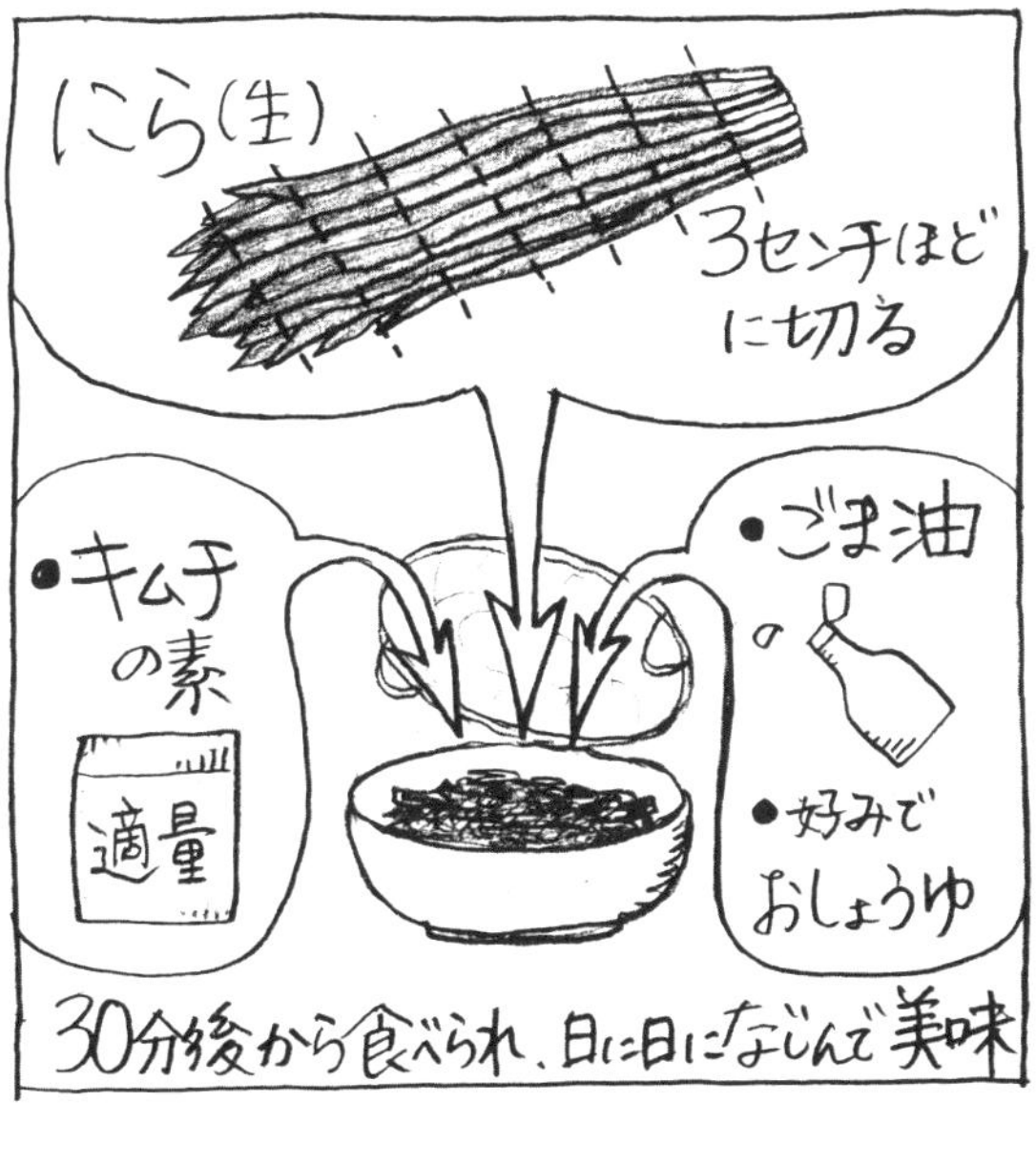
にら（生）
3センチほどに切る
●キムチの素
適量
●ごま油
●好みでおしょうゆ
30分後から食べられ、日に日になじんで美味

蓋付小鉢やジッパー袋で

ねぎキムチ

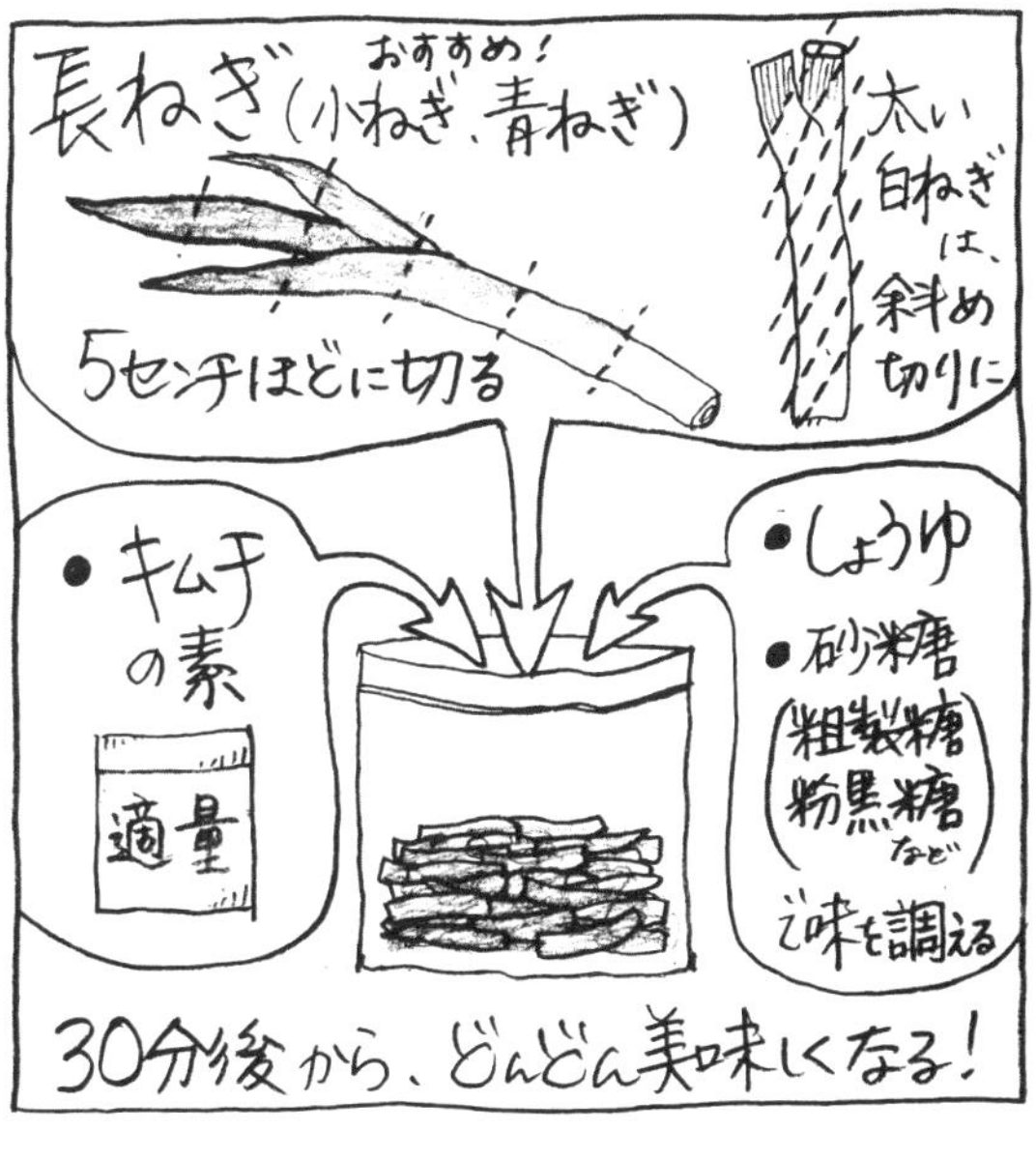
長ねぎ（小ねぎ、青ねぎ）
おすすめ！
5センチほどに切る
太い白ねぎは、斜め切りに
●キムチの素
適量
●しょうゆ
●砂糖
（粗製糖 粉黒糖 など）
で味を調える
30分後から、どんどん美味しくなる！

ジッパー袋

切干大根《きりぼしだいこん》のはりはり漬け・キムチ

太陽で干した干物《ひもの》は美味。切干大根もしかり。

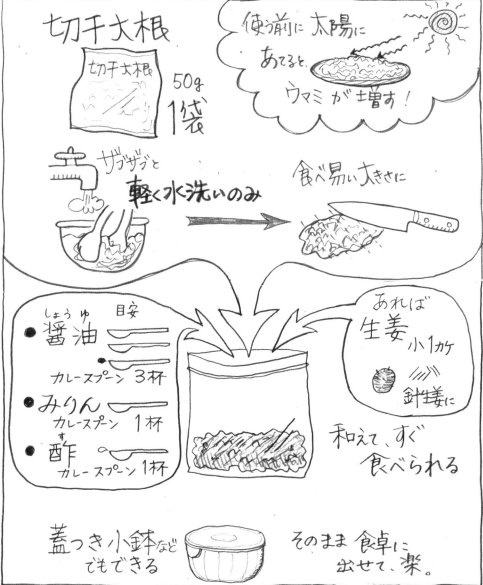

切干大根

50g
1袋

使う前に太陽にあてると、ウマミが増す！

ザブザブと
軽く水洗いのみ

食べ易い大きさに

● 醤油《しょうゆ》　目安
カレースプーン 3杯

● みりん
カレースプーン 1杯

● 酢《す》
カレースプーン 1杯

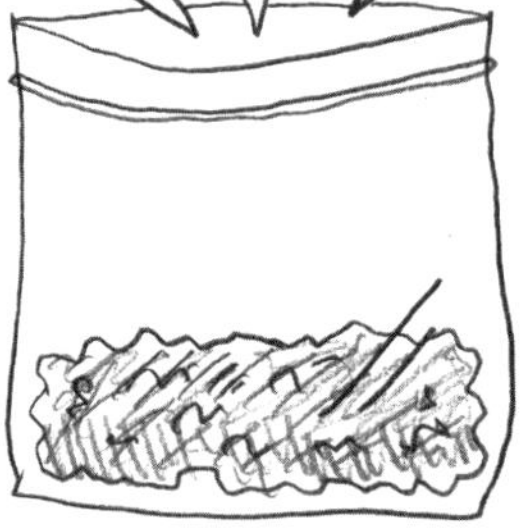

あれば
生姜 小1カケ

針生姜に

和えて、すぐ食べられる

蓋つき小鉢などでもできる

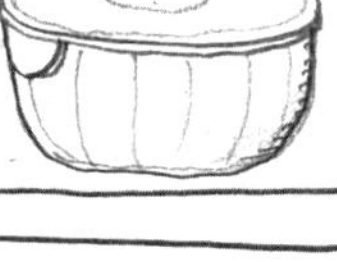

そのまま食卓に出せて、楽。

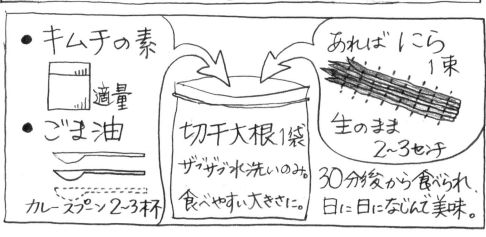

● キムチの素

適量

● ごま油
カレースプーン 2~3杯

切干大根1袋
ザブザブ水洗いのみ。
食べやすい大きさに。

あればにら 1束

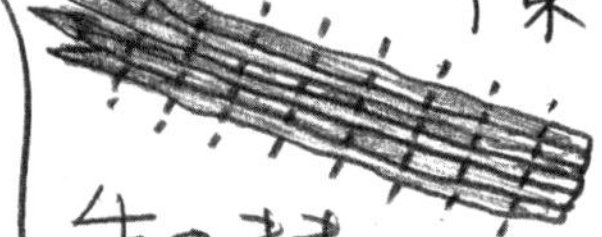

生のまま 2~3センチ

30分後から食べられ、日に日になじんで美味。

ジッパー袋

野菜 漬物

キャベツのこうじ漬け＆にしん漬け

こうじ入り漬物は、整腸力抜群。

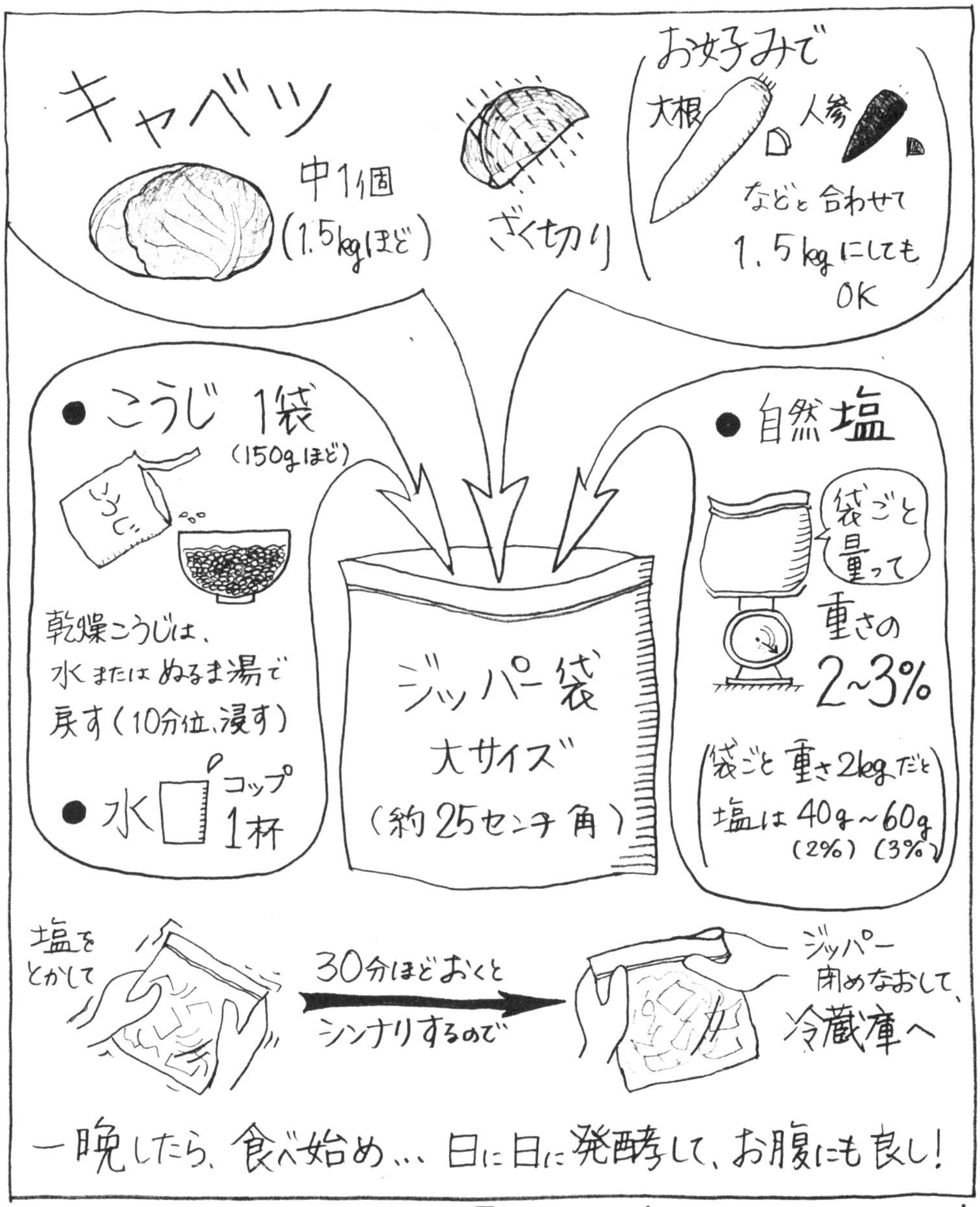
キャベツ
中1個
（1.5kgほど）
ざく切り
お好みで
大根
人参
などと合わせて
1.5kgにしても
OK
●こうじ 1袋
（150gほど）
こうじ
乾燥こうじは、
水またはぬるま湯で
戻す（10分位、浸す）
●水 コップ1杯
ジッパー袋
大サイズ
（約25センチ角）
●自然塩
袋ごと量って
重さの
2~3%
袋ごと重さ2kgだと
塩は40g~60g
（2%）（3%）
塩をとかして
30分ほどおくと
シンナリするので
ジッパー
閉めなおして、
冷蔵庫へ
一晩したら、食べ始め…日に日に発酵して、お腹にも良し！

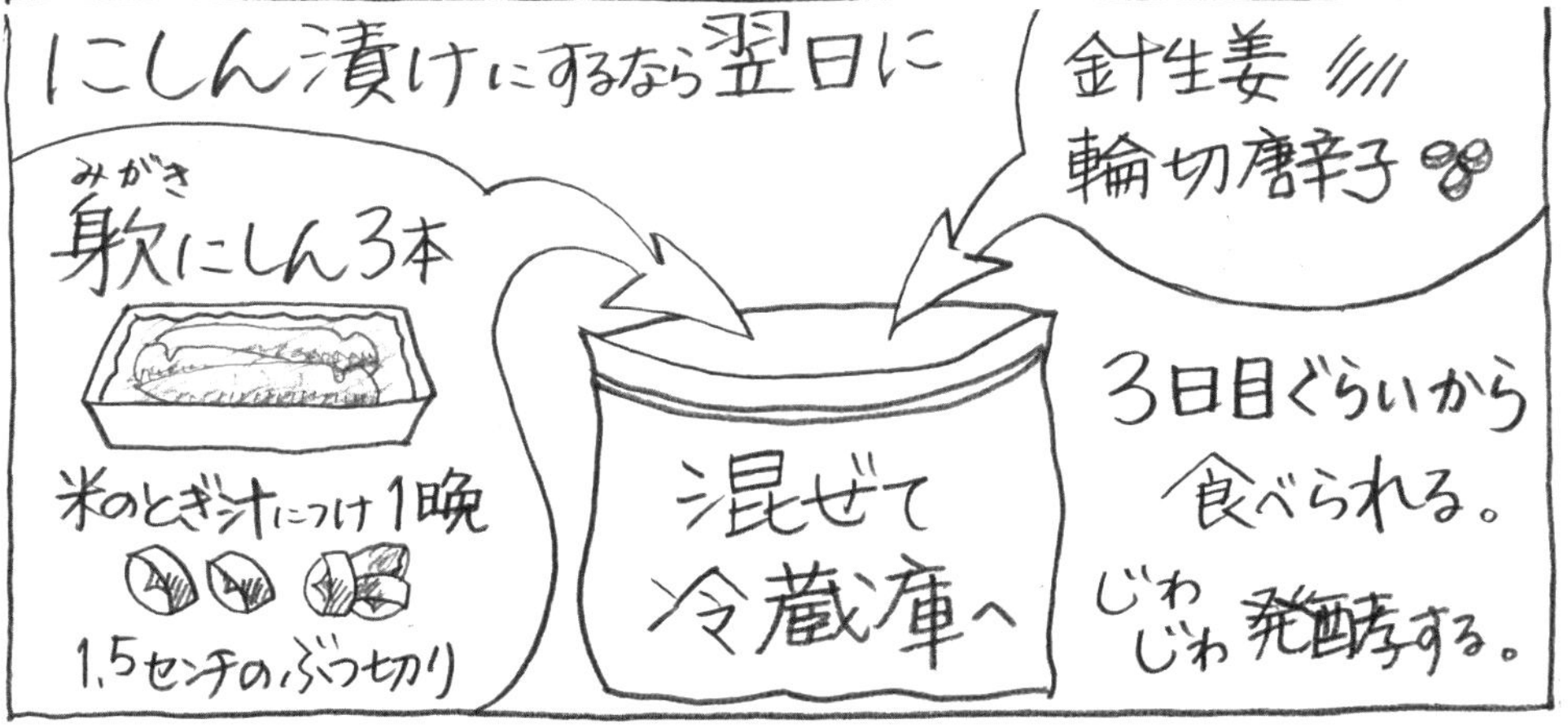
にしん漬けにするなら翌日に
身欠《みがき》にしん3本
米のとぎ汁につけ1晩
1.5センチのぶつ切り
針生姜
輪切唐辛子
混ぜて
冷蔵庫へ
3日目ぐらいから
食べられる。
じわじわ発酵する。

貝類に含まれるタウリンは、疲労《ひろう》回復《かいふく》・強肝《きょうかん》。

定番

蜆《しじみ》の潮《うしお》汁《じる》

潮《うしお》汁《じる》は、魚貝の出汁《だし》に、塩で味つけ

しじみ たっぷり
1人分ひとつかみぐらい
水 1人分 お椀9分目
水から火にかける
口が開いたら パカッ
自然塩で、味付け
アクを取って
おしょうゆ2~3滴で風味倍増
しじみのエキス、まるごと!

タウリンが多く含まれる近海・沿岸もの

牡蠣《かき》…焼きがき23ページ

浅蜊《あさり》…酒蒸し19ページ

帆立《ほたて》…ほたて焼き22ページ

蛤《はまぐり》…潮汁115ページ

蛸《たこ》…酢みそ和え39ページ

烏賊《いか》…16、17、35、36、37ページ

鯖《さば》…焼き魚13ページ みそ煮32ページ

鯵《あじ》…焼き魚12ページ

近海・沿岸ものは、漁獲しやすいため、古来食べて来た本々の食材

至福の知恵

出汁《だし》の味なら水から・貝の味ならお湯から。

はまぐりの潮汁《うしおじる》

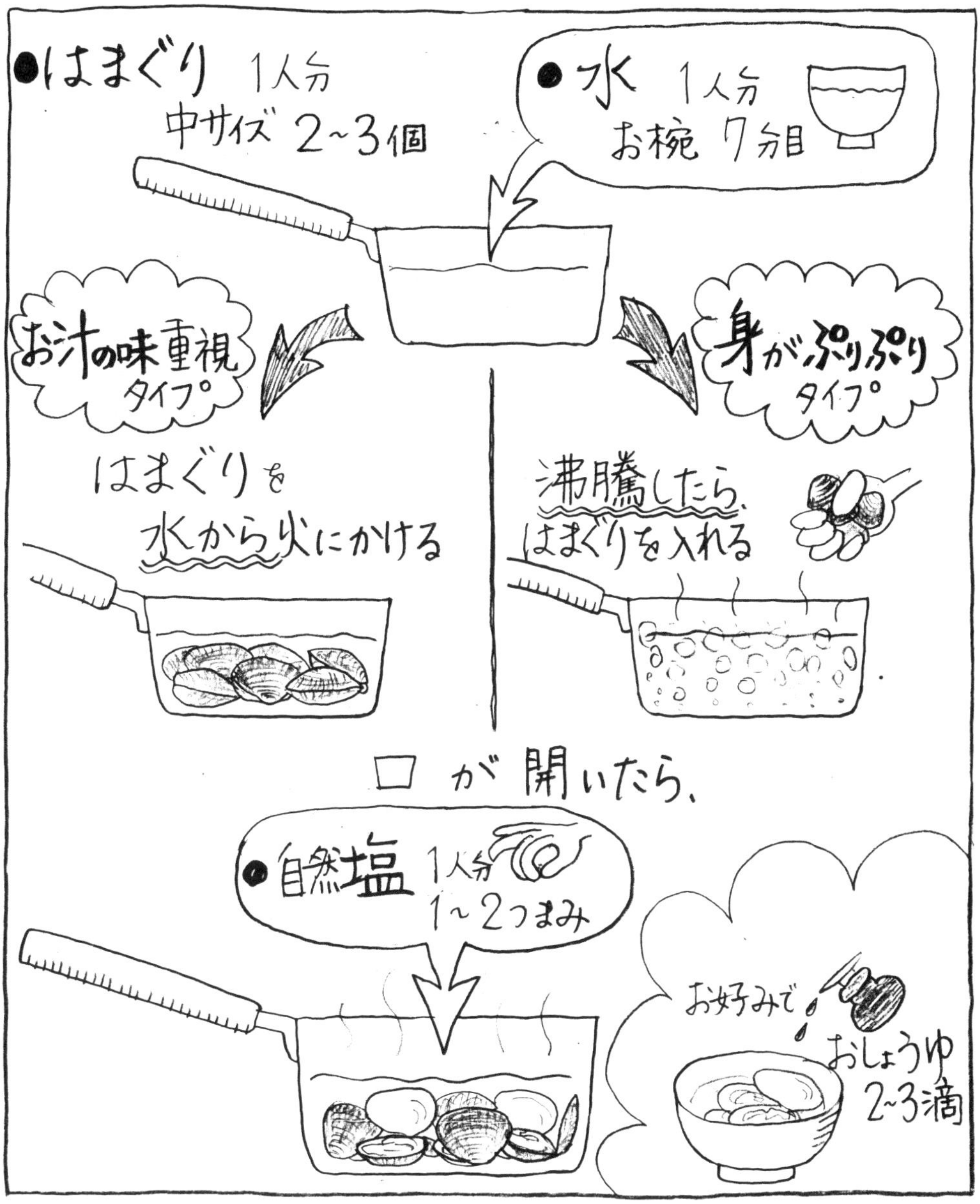
●はまぐり 1人分
中サイズ 2~3個
●水 1人分
お椀 7分目
お汁の味重視タイプ
身がぷりぷりタイプ
はまぐりを水から火にかける
沸騰したら、はまぐりを入れる
口が開いたら、
●自然塩 1人分 1~2つまみ
お好みで
おしょうゆ 2~3滴

塩ではなく

・醤油《しょうゆ》味で、吸物《すいもの》

・味噌《みそ》味で、味噌《みそ》汁《しる》

味噌汁は、火を止めてから味噌をとくのがポイント。香りとコクが残ります。

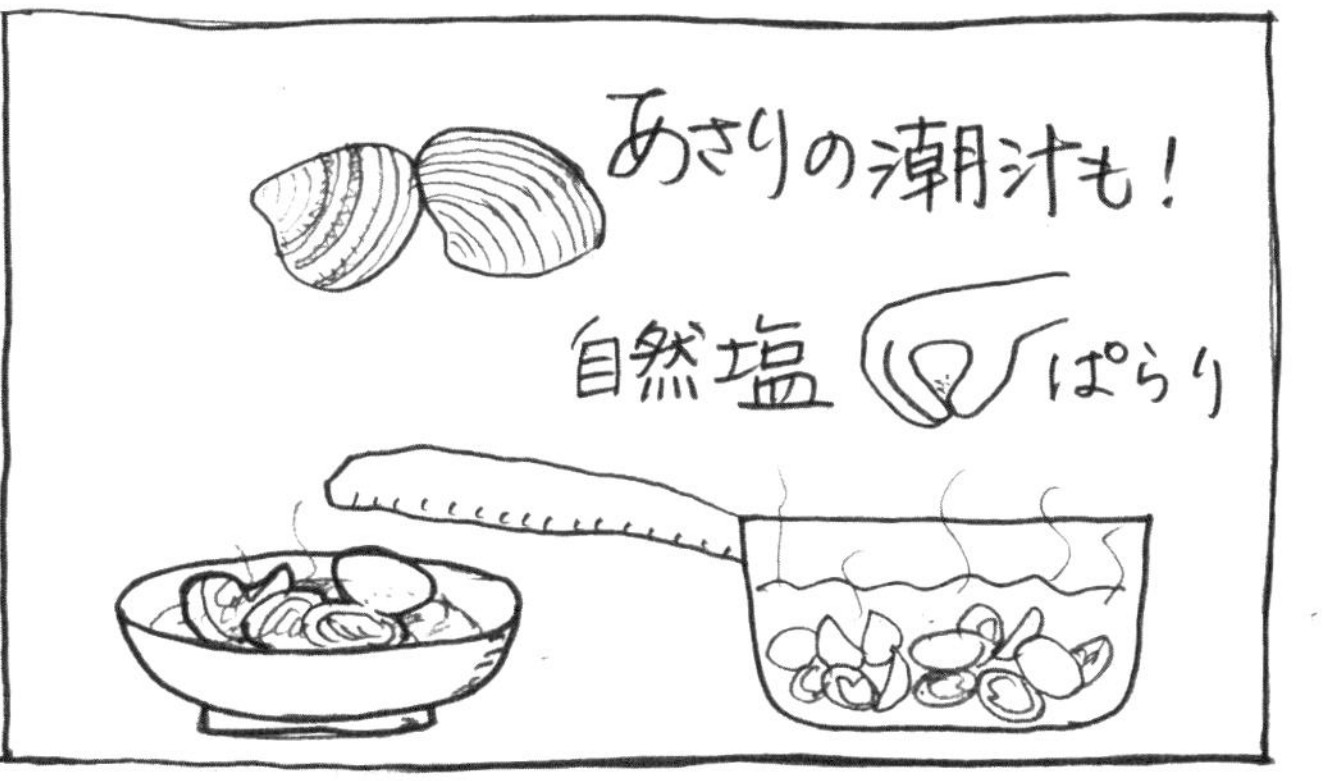
あさりの潮汁も!
自然塩 ぱらり

至福の知恵

おうちごはんの主役 簡単・おいしい出《だ》汁《し》

細胞にしみる味わい。五感が喜ぶ。

① 天然だしパック

(コツは、多めに使うこと)

お鍋に水とだしパックを入れ、火にかける

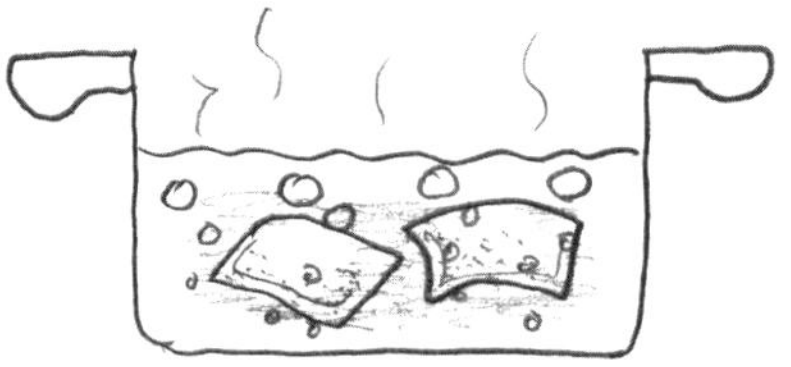

沸騰したら、弱火で4〜5分

程良い色になったら

出来上り

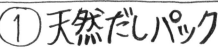

② 削り節とざる

(こちらもコツは、がばっと多めに!)

鍋でお湯を沸《わ》かす

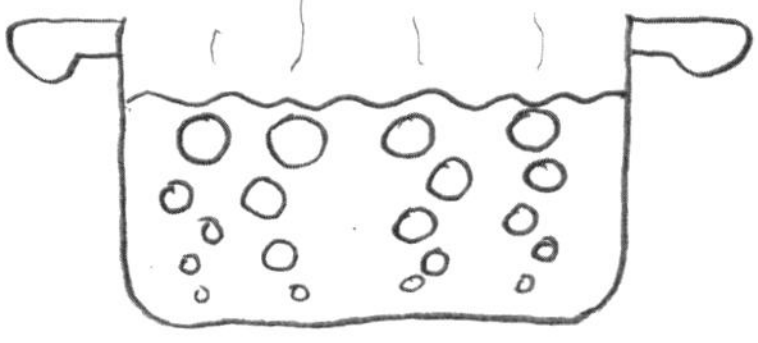

削り節 がばっとひとつかみ

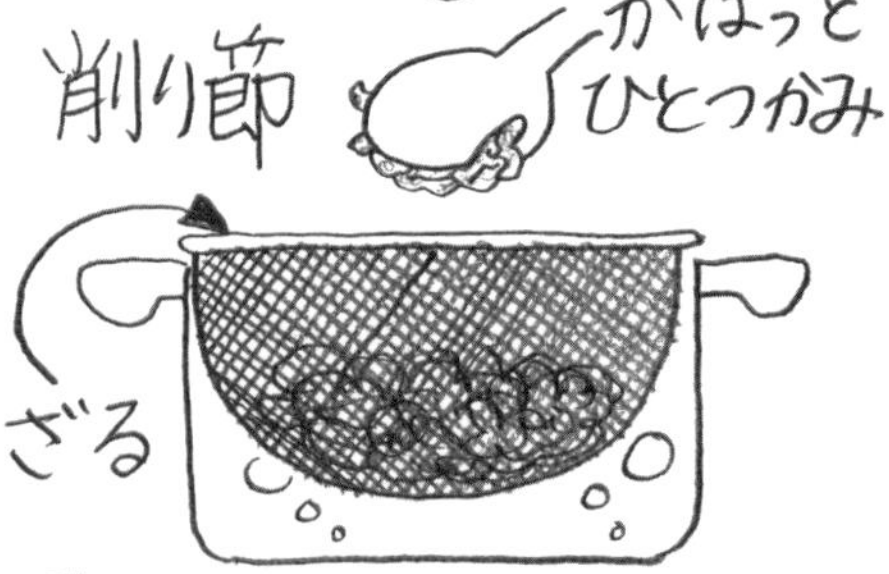

ざる

弱火トロトロ 3分ほど

ざるを引き上げ

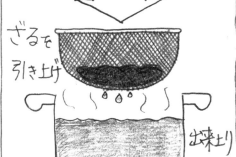

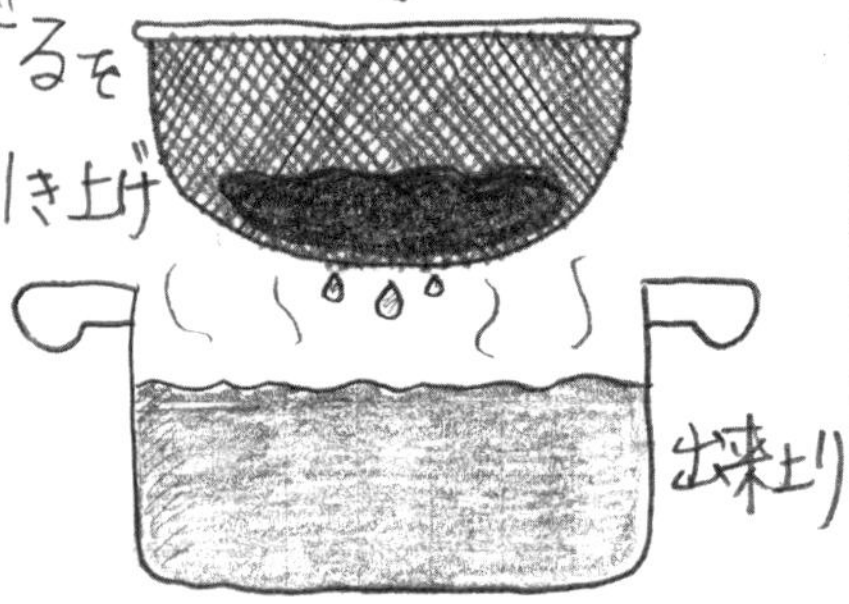

出来上り

天然だしパック 水筒(マグボトル等)お手軽法

お湯を入れ、15分以上放っておく

残ったら、容器に入れ、冷蔵庫に

汁・麺

この簡単出汁《だし》を使って。

お味《み》噌《そ》汁《しる》
味《み》噌《そ》をとく
出汁
出汁《だし》をあたため、
火を止めてから
味噌をとくと、
香りとコクが違う。
お吸《すい》物《もの》
うどんそば等のかけ汁
醤油《しょうゆ》で味つけ
出汁
おいしい出汁《だし》には、醤油《しょうゆ》のみ。
驚くほど美味しい。
〈番外編?〉
コンソメスープ
醤油《しょうゆ》で
お吸《すい》物《もの》を作り、
出汁
とんかつソースたらたら。
やってみなはれ
冷たい麺《めん》のつけ汁
(めんつゆ)
混ぜる目安
1：5
冷やした出汁《だし》に
醤油《しょうゆ》を混ぜるだけ

定番

掛《か》け蕎《そ》麦《ば》・掛《か》け饂《う》飩《どん》

天然だしパック・時には削り節。

掛《か》け汁

（おいしい出汁《だし》に醤油《しょうゆ》で味つけ）

みりん、酒などは、お好みで

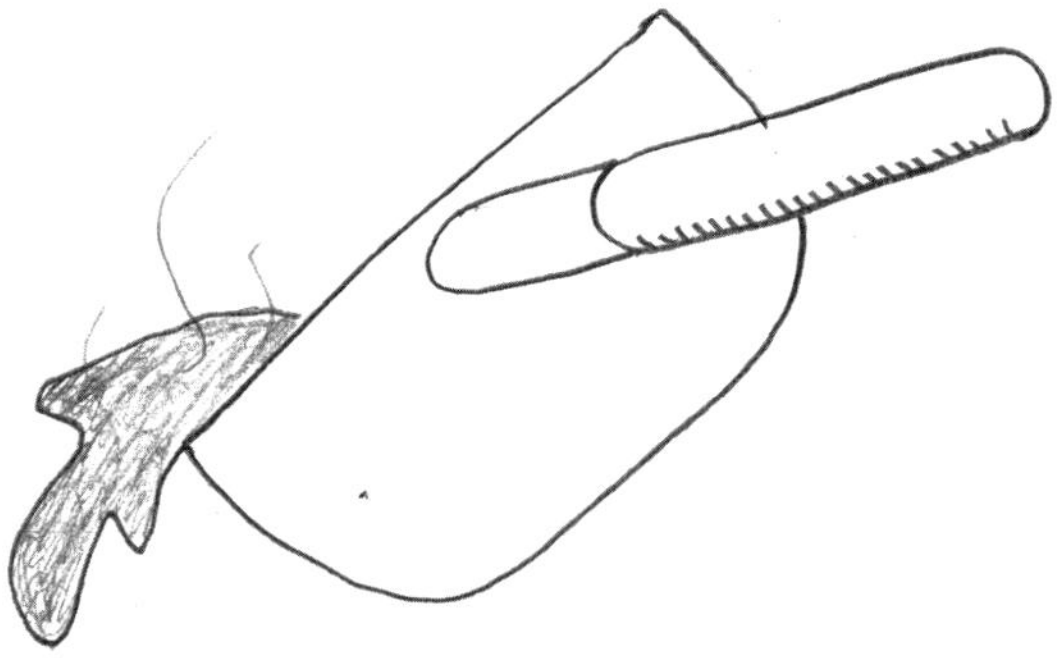

あたためた そば うどん に、掛《か》ける

美《お》味《い》しい汁を掛《か》けるので、掛《か》けそば、掛《か》けうどんの名

トッピングにのせるネタ

長ねぎ 小口切

わかめ

板のり
磯のり

かまぼこ　みつば　ゆず　などなど

掛《か》け汁で煮るネタ

かしわ
（とり肉）

きざみきつね
（油揚細切）

きのこ色々

長ねぎ 笹切

などなど

定番

鍋《なべ》焼《や》きうどん 小・中・大

天然だしパック1〜2袋と醤《しょう》油《ゆ》のみ。

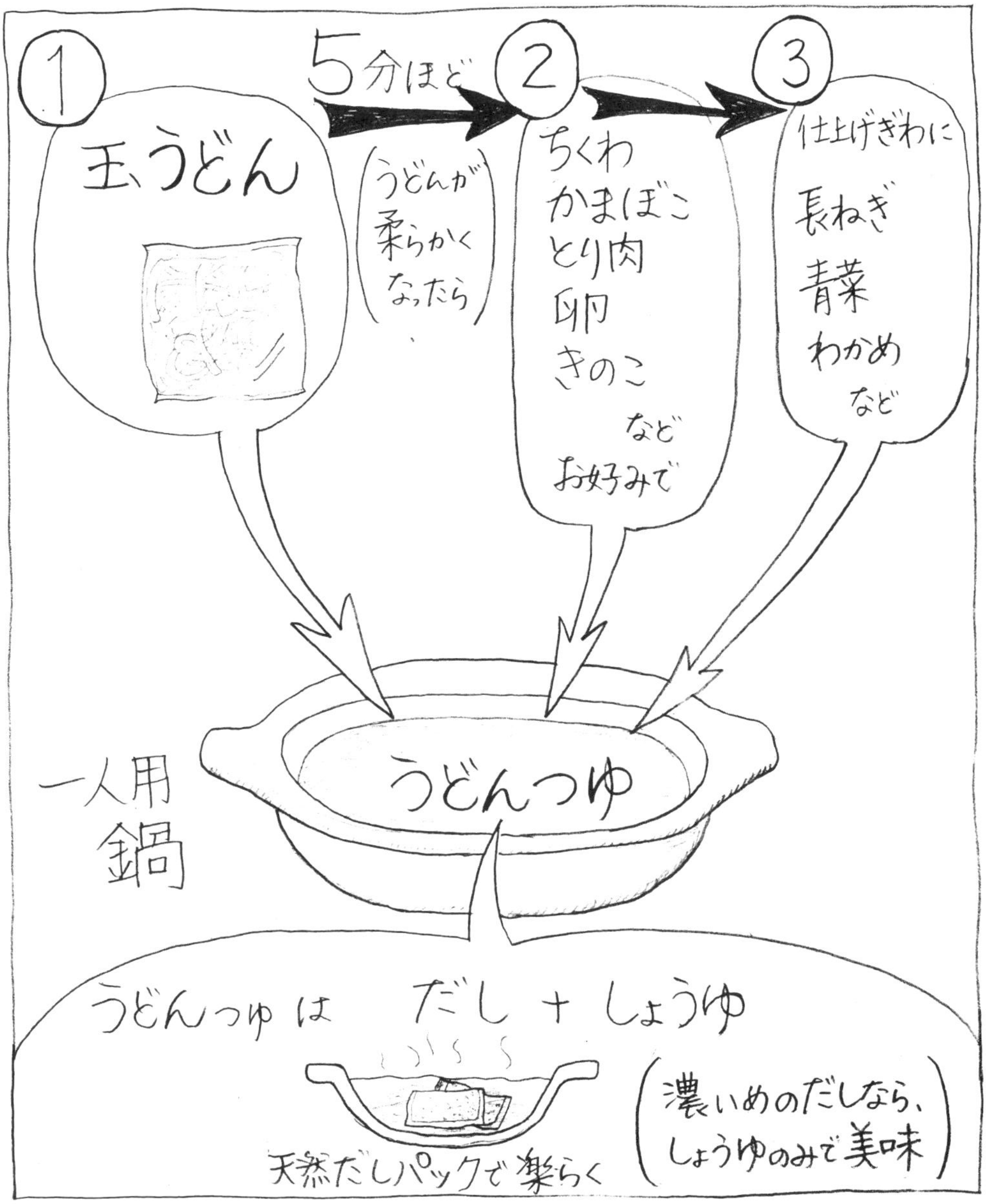
1
玉うどん
5分ほど
(うどんが柔らかくなったら、)
2
ちくわ
かまぼこ
とり肉
卵
きのこ
など
お好みで
3
仕上げぎわに
長ねぎ
青菜
わかめ
など
一人用鍋
うどんつゆ
うどんつゆは だし＋しょうゆ
天然だしパックで楽らく
(濃いめのだしなら、しょうゆのみで美味)

二人なら、二人用鍋で中《ちゅう》鍋《なべ》焼《や》きうどん
大人数なら、大きい土鍋で大《おお》鍋《なべ》焼《や》きうどん

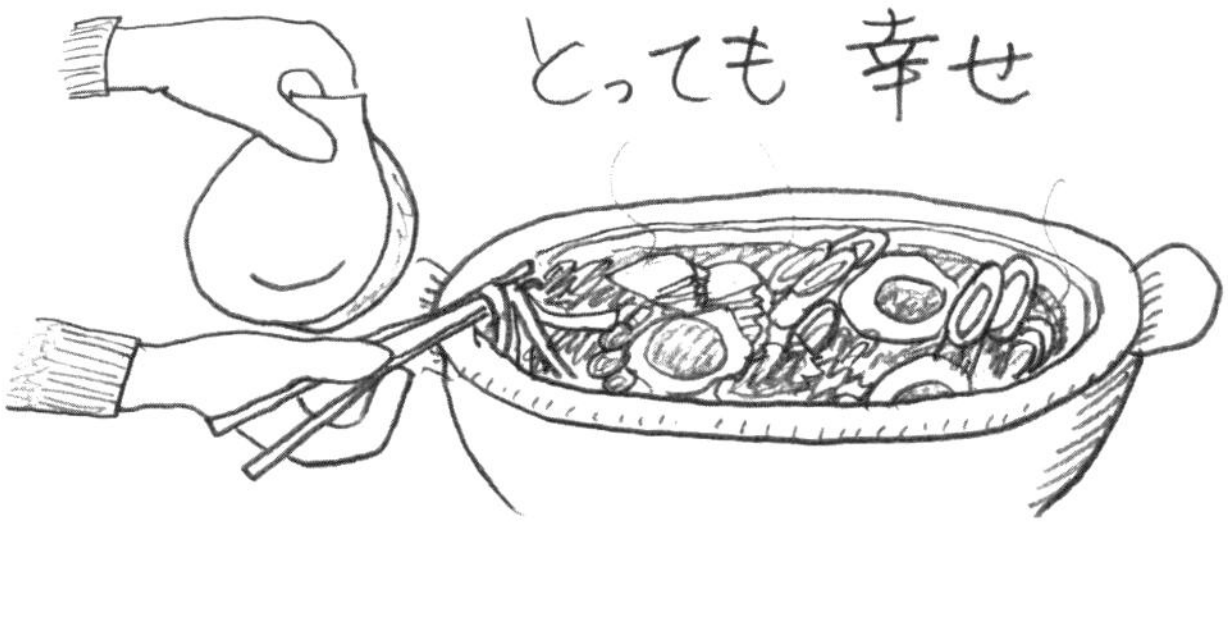
とっても 幸せ

中鍋は、だしパック2〜3袋
大鍋は、だしパック3〜4袋

あんかけうどん・そば・そうめん

具がなくても、卸《おろ》し生姜《しょうが》で十二分《じゅうにぶん》。

うどんつゆ（天然だしパックと醤油《しょうゆ》）
1人分 おみそ汁椀1杯
火にかける
お好みで
油揚げ 短冊
ねぎ 笹切り
など
ねぎ多めで、体ポカポカ
ひと煮たちしたら、
火を止め、あんにする
ポイント
火を止めてからだと、ダマにならない
水溶きでんぷん
1人分 カレースプーンで
水 2杯
でんぷん 2杯
おろし生姜たっぷり
ゆでたうどんにかける
あっあっ ふうふう
混ぜていただく

誰でもダマダマにならない なめらかあんの作り方

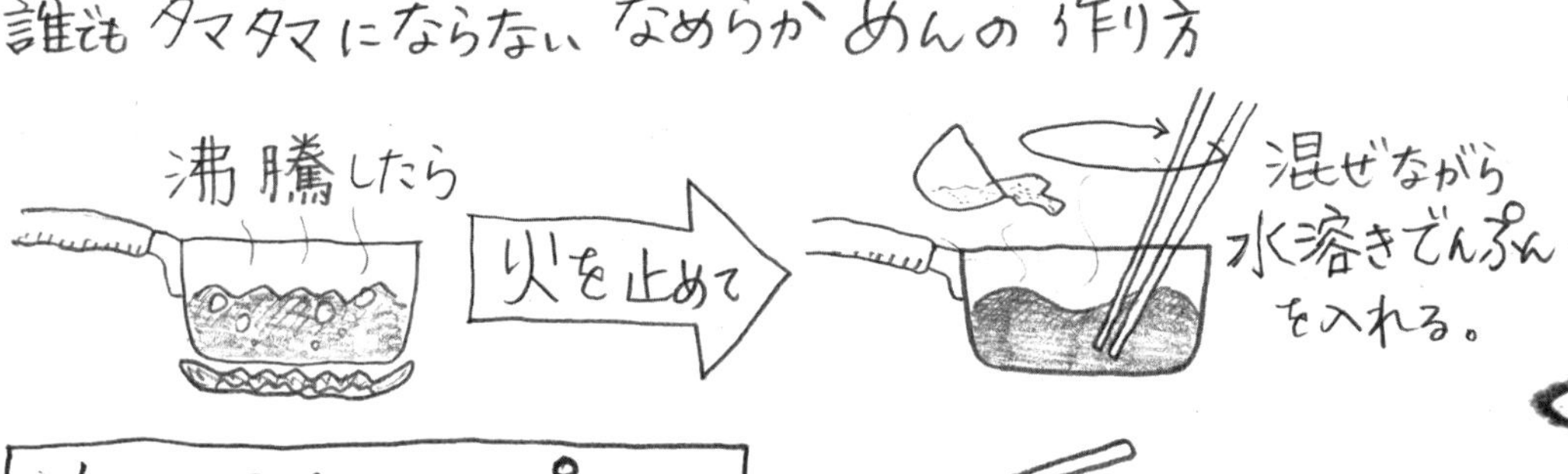
沸騰したら
火を止めて
混ぜながら水溶きでんぷんを入れる。

カレーライスのスプーンは

10~15ccです。

至福の知恵

カレーうどん

あんかけうどんにカレー粉をプラス。

うどんつゆ（天然だしパックと醤油《しょうゆ》）
1人分
おみそ汁椀 1杯
火にかける
お好みで
油揚げ 短冊
ねぎ 笹切り
きのこ、わかめ
なども good!
ひと煮たちしたら
火を止め、カレーあんにする
ポイント
火を止めてからだと、
ダマにならない
水溶きカレーでんぷん
1人分
カレースプーンで
水 2~3杯
でんぷん 2杯
カレー粉 半杯ほど
ゆでたうどんにかけて
出来上り♡
体の中からポカポカ温まる

明治の文明開化と同時に、西洋料理が日本に入ってきました。そして洋食料理店も、次々と開業。中でもライスカレーは、人気メニューでしたが、使用していたのは舶来品《はくらいひん》のカレー粉。

その後もカレー人気は続き、明治三十年代には、国産カレー粉が発売されることになりました。そしてちょうどこの頃、「ごはんにカレーがのっているなら、うどんやそばにのっけてもいいじゃないか！」と生まれたのが、うどんつゆ（そばつゆ）にカレー粉を入れた、出汁《だし》のきいたカレーうどんやカレーそば。見事、和洋折衷《わようせっちゅう》の味です。

カレー粉は、様々なスパイスが含まれていますが、総じて、胃腸の働きを良くし、代謝を上げてくれます。あの香りが食欲をそそる訳です。

和風スパゲティー２種。そうめん、うどん、そばでも。

納豆スパゲティー

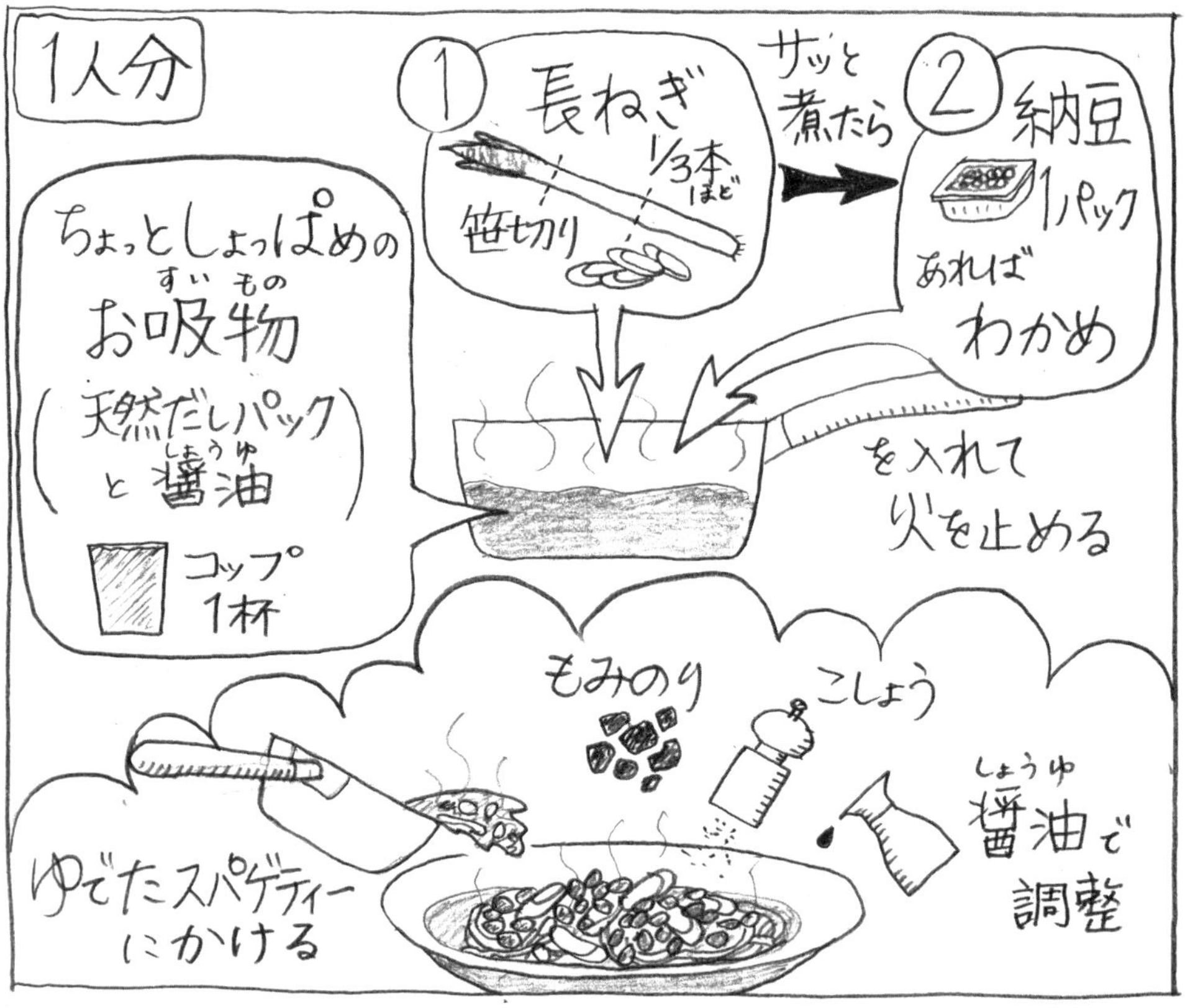
1人分
① 長ねぎ 1/3本ほど
笹切り
サッと煮たら
② 納豆 1パック
あれば わかめ
ちょっとしょっぱめの
お吸《すい》物《もの》
（天然だしパック と 醤油《しょうゆ》）
コップ1杯
を入れて 火を止める
もみのり
こしょう
醤油《しょうゆ》で調整
ゆでたスパゲティーにかける

たらこスパゲティー

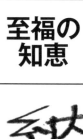

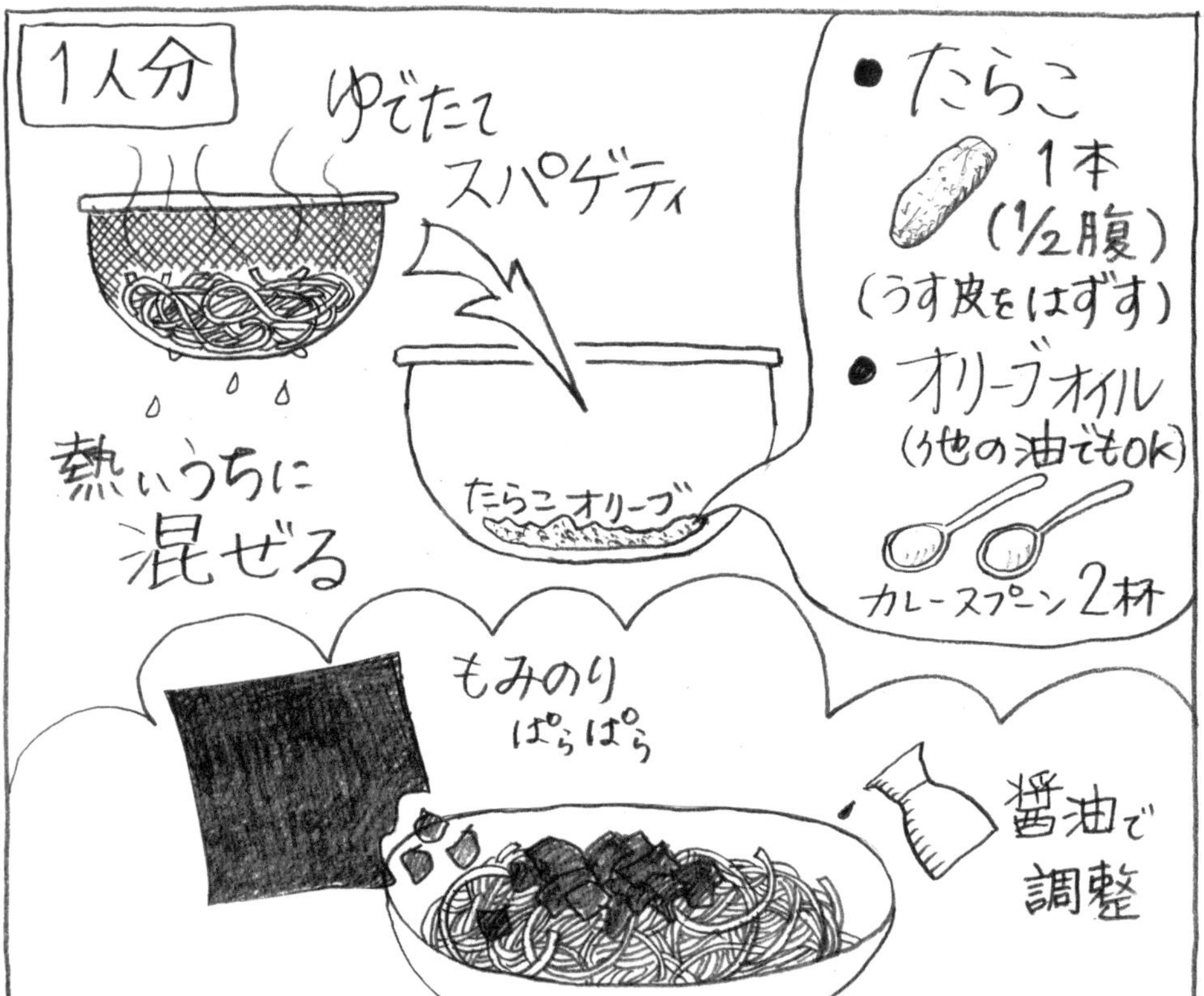
1人分
ゆでたて スパゲティ
熱いうちに 混ぜる
たらこ オリーブ
●たらこ
1本 （1/2腹）
（うす皮をはずす）
●オリーブオイル
（他の油でもOK）
カレースプーン2杯
もみのり ぱらぱら
醤油で調整

定番

冷やし中華そうめん

冷やし中華のたれは3:2:1。中華ドレッシングも同じ。

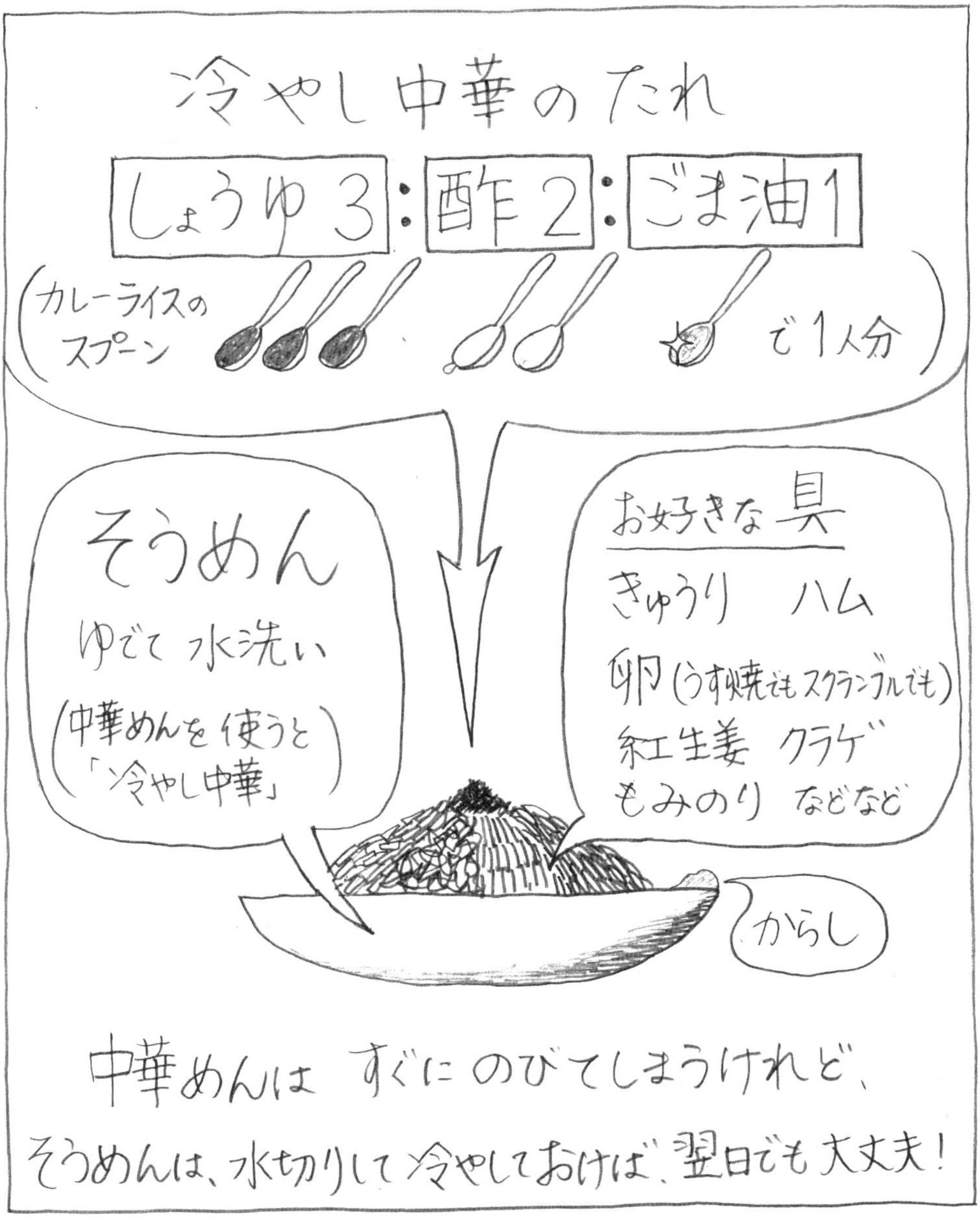
冷やし中華のたれ
しょうゆ3：酢2：ごま油1
（カレーライスのスプーン
で1人分）
そうめん
ゆでて 水洗い
（中華めんを使うと
「冷やし中華」）
お好きな具
きゅうり ハム
卵（うす焼でもスクランブルでも）
紅生姜 クラゲ
もみのり などなど
からし
中華めんは すぐに のびてしまうけれど、
そうめんは、水切りして冷やしておけば、翌日でも大丈夫！

レシピソング

冷やし中華そうめん

詞・曲 みちお

1.

Em　B7　Em　B7
冷し中華そうめん　冷し中華そうめん

C　G　B7
冷し中華のタレで　作ります

Em　B7　Em　B7
冷し中華のタレは　お茶の子さいさい

C　G　B7　Em
醤油とお酢とゴマ油　混ぜるだけ

Ref

Em　B7　Em　B7　Em
冷し中華のタレは　カレーライスのスプーンで

3・2・1 3・2・1 ハイ

Em　B7　Em
醤油3杯　お酢2杯　ゴマ油1杯

2.

冷し中華そうめん　胡瓜の千切りトントン

それにもみのり　パァラ パラ

冷し中華そうめん　そうめんは伸びない

C　G7　B7　Em
なので早めに茹でていい　ムームー

Ref

至福の知恵

お好きな魚貝湯豆腐

鍋

湯豆腐に魚貝やねぎ、わかめ。(実は、寄せ鍋)

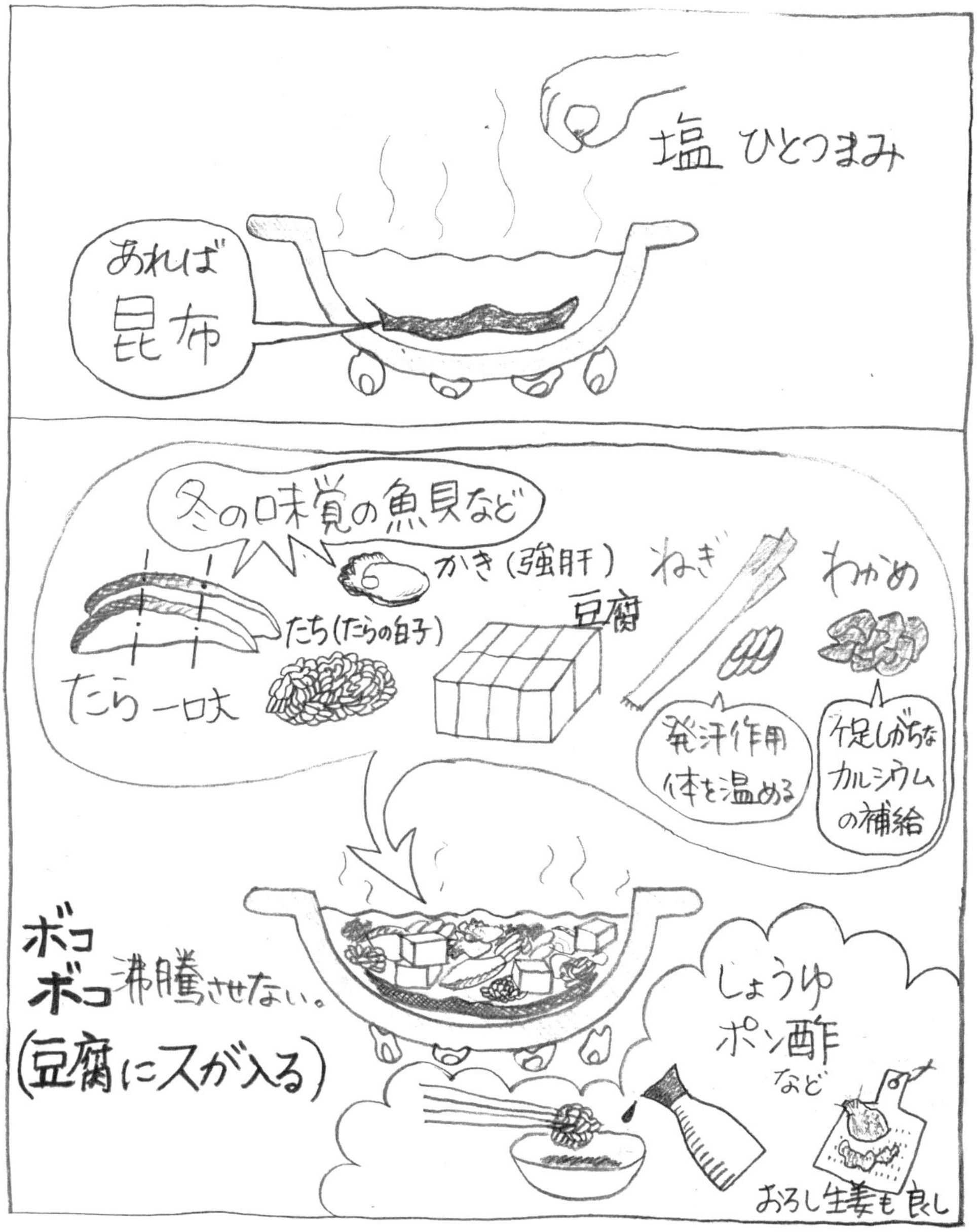

塩 ひとつまみ
あれば昆布
冬の味覚の魚貝など
かき(強肝)
たち(たらの白子)
たら一口大
豆腐
ねぎ
わかめ
発汗作用 体を温める
不足しがちなカルシウムの補給
ボコボコ沸騰させない。
(豆腐にスが入る)
しょうゆ ポン酢 など
おろし生姜も良し

寄せ鍋

この鍋に、

白菜やきのこ

つきコンや白滝

鯛

鶏肉 いか ほたて

好きなものを入れると、寄せ鍋です。

味つけは、ラーメンと同じ、塩・味《み》噌《そ》・醤油《しょうゆ》、お好みで。

至福の知恵

天然だしパックでおでん

天然だしパックと、醤油《しょうゆ》のみ。

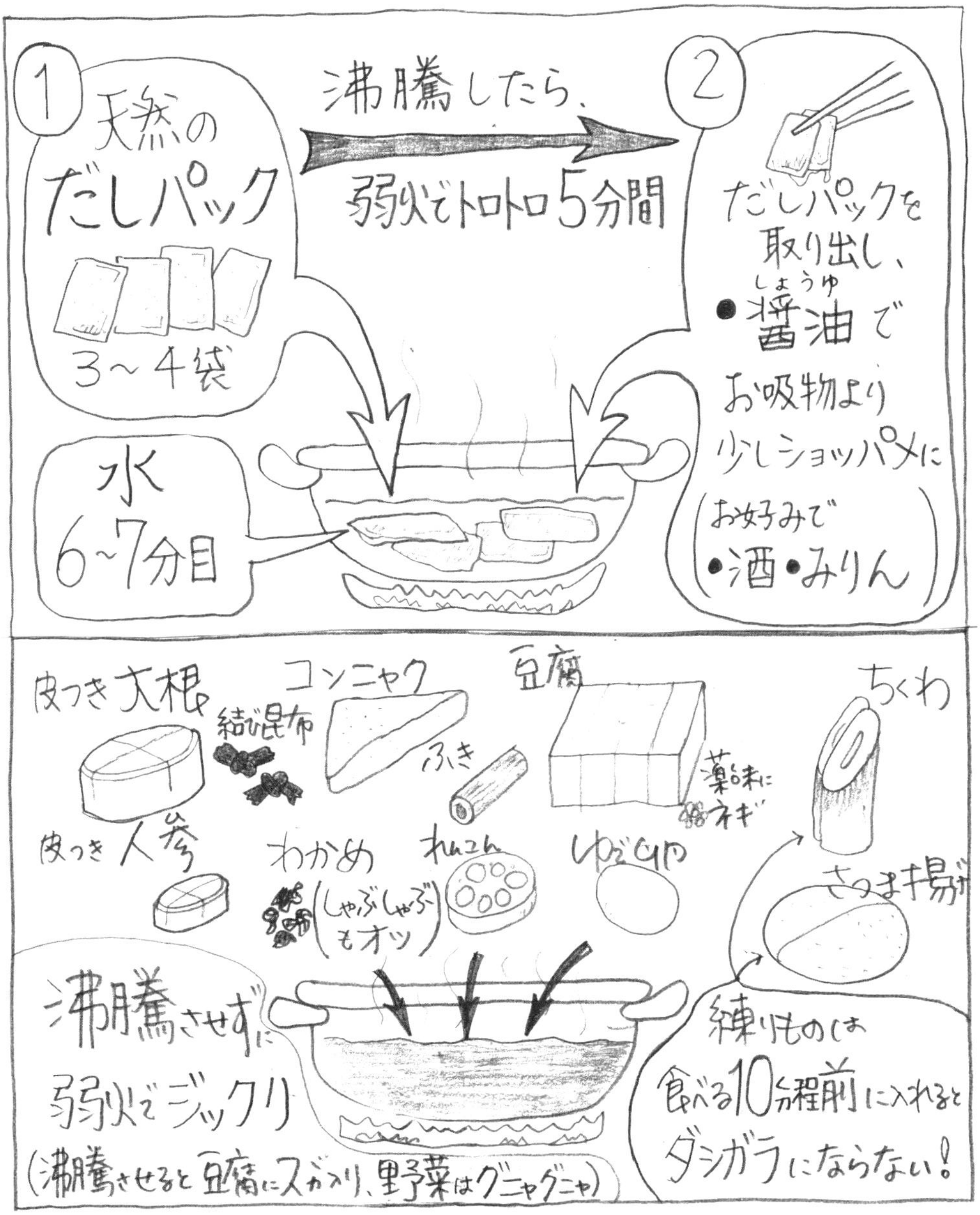

1
天然のだしパック
3～4袋
水
6～7分目
沸騰したら、
弱火でトロトロ5分間
2
だしパックを取り出し、
•醤油《しょうゆ》で
お吸物より少しショッパメに
(お好みで
•酒•みりん
皮つき大根
結び昆布
コンニャク
ふき
豆腐
薬味にネギ
ちくわ
皮つき人参
わかめ
(しゃぶしゃぶもオツ
れんこん
ゆで卵
さつま揚げ
沸騰させずに
弱火でジックリ
(沸騰させると豆腐にスが入り、野菜はグニャグニャ)
練りものは
食べる10分程前に入れると
ダシガラにならない!

レシピソング

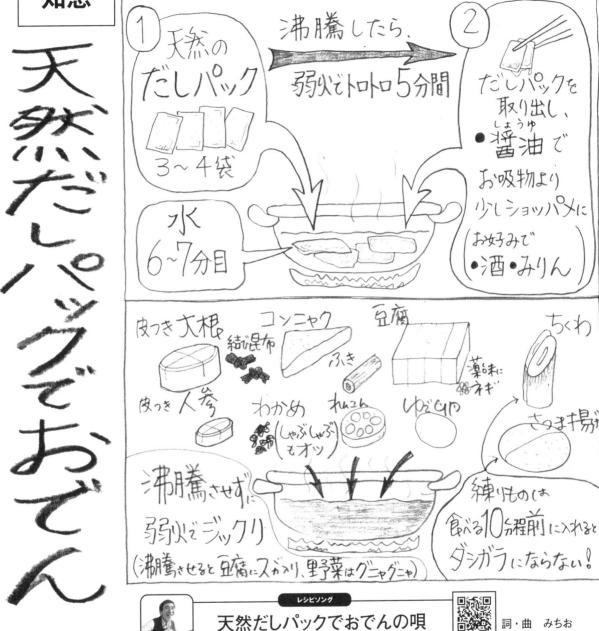

天然だしパックでおでんの唄

詞・曲　みちお

C　　　　　　　　　　　　　G7
1. おでんは土鍋に　お水を 6分目
F　　　　C　　　　　　G7　C
天然のだしパック　3つ4つ入れる

2. 味つけは濃いだしが　出てれば醤油のみ
吸物より一寸ばかし　濃いめの味にする

3. おでん屋は必ず　沸騰させない
その訳はお豆腐に　「す」が入るから

4. 竹輪など練りものは　10分程であげ
長く入れとけば　出し殻になる

座右《ざゆう》の書《しょ》　暮らしの本々《もともと》を知る

私の人生も、そろそろ「まとめの年齢」になって参りました。五十歳を過ぎた頃より、研究する時間を多くとりたく、テレビや講演会、演奏会等の活動を最小限にし、研究の様子を伝えられる、パーソナルなラジオの仕事を中心に、衣食住などについて、お話をさせていただいてきました。

その衣食住の研究のヒントは、江戸時代の人々が、自然と共生していた頃の「本々《もともと》の暮らし」でした。例えば、堆肥《たいひ》を入れる本々の土づくり、そこで採れた野菜は、井戸端会議で教わった料理、また、その料理を盛るお皿の絵から学ぶ、人生訓や心の持ち方などなど、今に生きる「温故知新《おんこちしん》」が満ちていました。とにかく本々の料理を知れば健康でいられ、本々の堆肥を入れた土は、どんな野菜でも元気に育ち、お皿の絵を見て、故事来歴《こじらいれき》や訓《おし》えを知れば、心は迷わずに穏やかに暮らせる、といったシンプルなものです。

さて、この後の頁《ページ》は、未来の人達に伝えておきたい「本々の事」を、紙面に限りがあるため、簡潔にまとめてみました。「米ぬか健康法」「玄米と米ぬか」「石塚左玄先生の食養生」「先人の食のバランス」「ビタミン事典」「本来の衣食住」「江戸絵皿の絵解《えと》き」などです。

これらの頁《ページ》は、覚えるというよりは、時々目を通したり、また気になったことを確かめるために、時折、用いてくだされば と思います。先人の言葉の「座右の書」の意《こころ》は、このような意味合いだと思っております。

米ぬか健康法

「米ぬか健康法」の誕生

もう五十年近く前のことですが、僕は二十代半ばで、自分の体調不良や娘の喘息《ぜんそく》を何とかしたくて、体と食べ物の関係を調べ始めました。そこで、石塚左玄先生（明治時代の医師、食養生の元祖）の提唱された「食育」との言葉に出合い、「なるほどそうだったのか」と、玄米を食べ始め、食事のバランスを整えました。すると体が軽くなって、肩こりやアレルギー、便秘、精力減退などが不思議となくなり、娘の喘息も起きなくなりました。

そんなある日、家で玄米餅を作ろうと思い、餅つき機に炊いた玄米を入れたのですが、お餅になりませんでした。表皮《ひょうひ》があるため、まとまってくれないのです。あきらめて、玄米を家庭用精米機で精米して、白米でお餅を作り始めました。餅つき機の中で白いお餅をついているとき、ふと精米機に目をやると、米ぬかが残っている。「あ、この米ぬかを白いお餅に混ぜると、玄米餅になるのではないだろうか」と思い、餅つき機の中に米ぬかを入れてみたところ、見事においしい玄米餅ができました。

その時、ピンときました。「白いごはんと、米ぬかを食べると、おなかの中で、玄米になる」。今思うと、「米ぬか健康法」誕生の瞬間でした。

ラジオでどんどん広がった「米ぬか健康法」

しばらくして、一九八四年の春、札幌のＳＴＶラジオで、「河村通夫の桃栗三年」という新番組が企画され、僕が語り手として担当させていただくことになりました。その最初の放送日に、長年研究をしていた米ぬかのことを話したところ、問い合わせの電話が鳴りやまず、その反応のすごさに、放送局員のみならず、僕自身も驚きました。

その後も米ぬかの話題は広がり続け、とうとう全国の放送局や出版社からも、取材やインタビューの依頼が来るようになりました。そして、その年の十月には、小学館から『米ぬか健康法』を出版すると36万部のベストセラーとなり、それまでにも増して「米ぬか」は広がって行きました。

米ぬかは、手軽な玄米食

「米ぬか健康法」とは、白米を食べた時に、「玄米の表皮《ひょうひ》や胚芽《はいが》の部分の米ぬか」を同時に食べておけば、玄米食と同様の栄養素が摂《と》れるというもので、つまり「手軽な玄米食」です。

米ぬか健康法が誕生してからは、演奏旅行や、仕事の都合などで外食をする時には、「新鮮な米ぬか」を、フライパンで乾煎《からい》りし、小さな瓶に入れて持ち歩き、お蕎麦《そば》やお寿司などを食べた後に、その米ぬかを、ティースプーンで二〜三杯程食べて、体調を整えていました。

しかし米ぬかには弱点があります。玄米は種ゆえに、古米《こまい》が存在するように長く生き続けます。命がある限り悪くなる事はありません。ところが玄米を精米して、米ぬかと白米とに分かれると、命を失います。そして命を失ったものは、空気に触れて酸化がはじまり、少しずつ味が落ちて行きます。そこで「食べる米ぬか」の条件は、「新鮮な米ぬか」に限られます。食べ物は、魚であろうと野菜であろうと、命を失った時から質が落ち、悪くなっていくのは、自明《じめい》の理《り》です。（発酵食品、乾物《かんぶつ》は別）

そんなことに不便を感じ、何とかしたいと思っていた頃、自然食品の会社に勤めていた友人が、「酸化しづらい米ぬかの商品を考えて見たらどうですか？」と、提案をしてくれました。それから色々と思考し、先人が食べてきた食品を、保存の観点から整理をしていて気づいたのが、味噌や醤油《しょうゆ》のような発酵食品は、麹菌《こうじきん》が生きているから悪くならない、ということでした。そこで、味噌のように、「米ぬか」に「麹菌」を植えつけて発酵させれば、酸化せずに生きた状態で保存できるのではないだろうか……。

そして、メーカーの方々とも実験をくり返した結果、一九八五年、米ぬか食品「ぬか玄」が出来上がりました。この時三十七歳。先人からの知恵、温故知新のお蔭です。

その時、粗悪な類似品が出回ると困るので、ぬか玄のパッケージに、私の顔マークを付ければ良いのではないか、とのアドバイスをいただきました。やはりその後、類似品が出回りましたが、顔マークがないため、徐々に消えていきました。

ぬか玄は、現在、健康フーズ株式会社が製造販売されております。二代目の若社長が、きめ細かに心配りされており、社員の方々にも安心感を感じています。

あれからもう三十八年以上の月日が流れました。現在「米ぬか」は、ごく当たり前に、健康的な食品として知られ、全国的にも各メーカーから、色々な「米ぬか食品」が売り出されるようになりました。それはもう、隔世《かくせい》の感があります。

そして、米ぬか食品を選ぶ時の大切なポイントは、「酸化の心配」があるかないかです。そこで、身の回りの人や体験者の声を聞き、最終的には、自分で食べて実験をし、確かめてみる事だと思います。

最近は、様々な情報の多さに驚きますが、それらを見るたびに、先人である楠木正成《くすのきまさしげ》公のお言葉、「珍しきことに、誠《まこと》少なし」が聞こえて参ります。

今、思い起こせば、北大医学部の先生方に、玄米や米ぬかの効用について取材をさせていただき、その上ラジオやテレビにも快く出演してくださり、お蔭様で、これまで四十年、続けてこられました。

そして、先輩から教わった、「ジャーナリズムは、裏付けを取って真実を伝えることだ」との基本が、今も本来の姿だと感じています。

また、札幌医師会から講演の依頼があり、リスナーからいただいた米ぬかのデータ等をお話ししたところ、先生方は納得されているようでした。実は、ビタミンB_1は、一九一〇年（明治四十三年）に、世界で初めて鈴木梅太郎博士が、米ぬかから発見されたことをご存じだったからでございます。

今も、よくしていただいた先生方には、感謝いたしております。

種全体の生命力　玄米・米ぬか

主食は食事の四割の栄養補給

近頃、食べ物のバランスのとり方は、そんなに難しく考えることもないと思っています。まずは、「これだけは食べておこう」というものを、おさえておけば、あとは、ほどほどに楽しめます。

そのおさえておく食べ物は、主食では、玄米をはじめ、玄米群（米ぬか、全粒粉のパン等）です。そして副食の野菜料理は、たくさん食べやすいのが、簡単にできる漬物。加えて、作り置きのできるお浸《ひた》しや煮しめ、それに若芽《わかめ》やもずく等の海藻《かいそう》に、じゃこ。このあたりをおさえておけば、あとは、魚や貝、そして焼き鳥や焼き肉も楽しめます。先人が食べてきたのが、このバランスです。

主食は、食事の四割を占めます。まずは、市販の玄米ご飯パックや全粒粉のパン、白米を補う米ぬか食品など、できるところから、少しずつ実験してみてください。必ず、人生が変わります。リスナーの皆さんのお便りによると、玄米の方もおられますが、白米や白い麺を食べた時、米ぬか食品で補う方も多いようです。

玄米・米ぬかによる体の改善

過去 40 年間に、全国のリスナーからいただいた 数万通のお便りの内容（米ぬか食品も含む）

1	目覚め、疲れがとれる	14	皮膚炎	27	やせた
2	肌荒れ	15	中耳炎	28	むくみがとれた
3	便秘	16	眼	29	つめ
4	肩こり、腰痛	17	二日酔いが軽くなる	30	頭痛
5	アレルギー	18	更年期障害	31	産後の回復、母乳の出
6	内臓疾患	19	貧血	32	膀胱炎
7	風邪が良くなる	20	口内炎、口臭	33	甲状せん
8	高血圧、低血圧	21	水虫	34	ヤケド、きずのあと
9	夫婦生活が円満になる	22	関節、けん、すじ	35	子宮筋腫がなくなる
10	生理不順、生理痛	23	冷え性	36	妊娠線が消えた
11	ぜんそく	24	体臭、わきが	37	食欲増進
12	精神安定	25	痔	38	蓄膿症
13	イボ、タコ、ウオノメ	26	髪の毛	39	しみ

順番は、多く寄せられたものから。（1984 年～ 2022 年）

玄米は白米に比べ、こんなに栄養がある！

ビタミン B1	8 倍	食物繊維	約 5 倍
ビタミン B2	2 倍	カルシウム	2.3 倍
ナイアシン（ビタミン B3）	約 15 倍	リン	約 4 倍
ビタミン B6	10 倍	鉄	6 倍
ビタミン E	5 倍	カリウム	約 3 倍
フィチン酸	6 倍	マグネシウム	7 倍

日本食品標準成分表（八訂）による。（「水稲めし」の「玄米」、「精白米」を比較。）

「フィチン酸」は、農薬や添加物などの有害物質を排泄してくれる。

ふっくらもっちもち 玄米を炊く

あれ、もち米?

おこわみたい!

玄米は、表皮(米ぬかの層)で覆われているので
やわらかく炊くためには、ちょっとしたコツがあります。

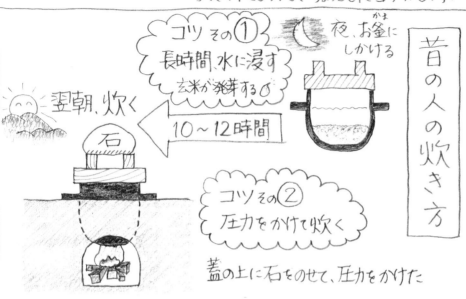

昔の人の炊き方

夜、お釜《かま》にしかける

コツその①
長時間、水に浸す
玄米が発芽する

10〜12時間

翌朝、炊く

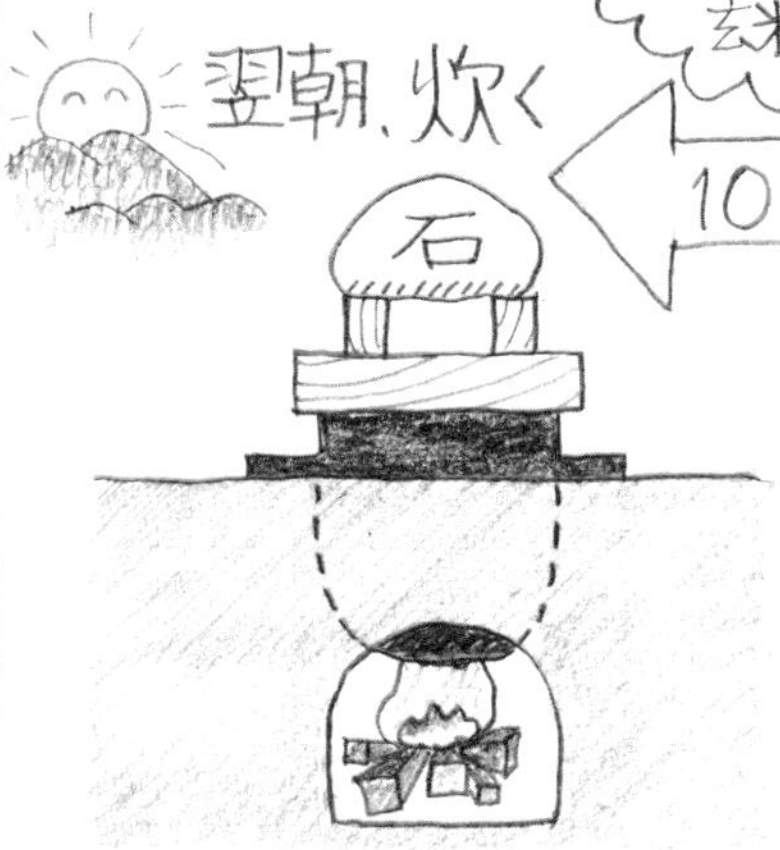

コツその②
圧力をかけて炊く

蓋の上に石をのせて、圧力をかけた

現代は、圧力鍋や炊飯器で

① 玄米を水に浸し、発芽状態にする。

夏 10時間以上
冬 12時間以上

② 圧力鍋や炊飯器の「玄米モード」等で、圧力をかけて炊く。

玄米炊き・圧力鍋の火加減

- 中火にかける
  - 30分ほど
- 重りが回り始めたら弱火
  - 10分
- 火を止める
  - 10分
- 圧力を抜く
  - 10分 蒸らす
- さっくり混ぜて出来上り

わが家のおすすめ

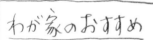

玄米炊きに特化した
高圧力発芽玄米炊飯器

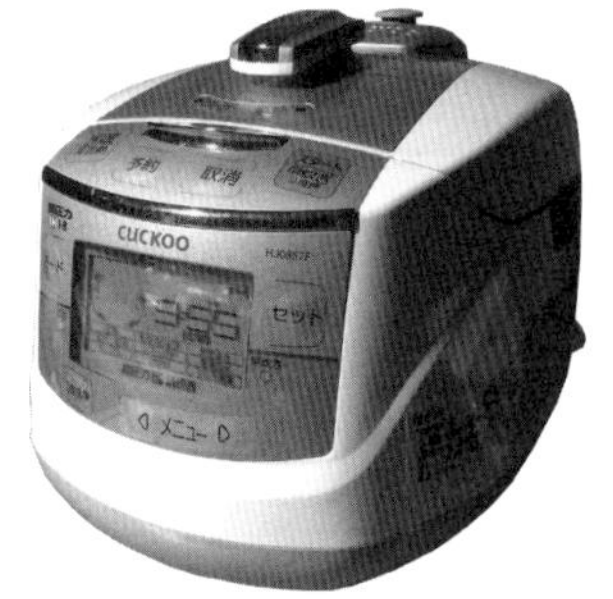

玄米をしかけると、
最短4時間で、発芽
状態になり、超高圧力で
ふっくらもちもちに炊き上げる。
(とても楽になりました。)

「食は本《もと》なり 体は末《すえ》なり 心はまたその末なり」

これは、石塚左玄という明治時代のお医者さんの言葉です。江戸時代の生まれで、まだ多くの人が、玄米を食べていた時代の方です。西洋医学が入ってくる中、「一に養生、二に薬」と唱え、「体を作っているのは食べ物」と、世界初の食養生を提唱されました。

最近、「マクロビオティック」という言葉を聞きますが、アメリカの有名人、トム・クルーズ、マドンナ、リチャード・ギアなどが実践されている食事法です。マクロビは、元は石塚左玄先生が提唱した食養生が、ヨーロッパやアメリカに広まって、今、逆輸入のような形で日本に入ってきたのです。

世界的にも広まった、石塚左玄先生の食養生は、いかに本々の食習慣が大切か、そして、何をどう食べたら健康でいられるかを、教えてくれています。

石塚《いしづか》左玄《さげん》先生の食養《しょくよう》（要約）

食本《しょくもと》の教え

「食は本なり、体は末なり、
心はまたその末なり」

身体を作るのは、食べ物であり、
心身の病の原因は、食にある。

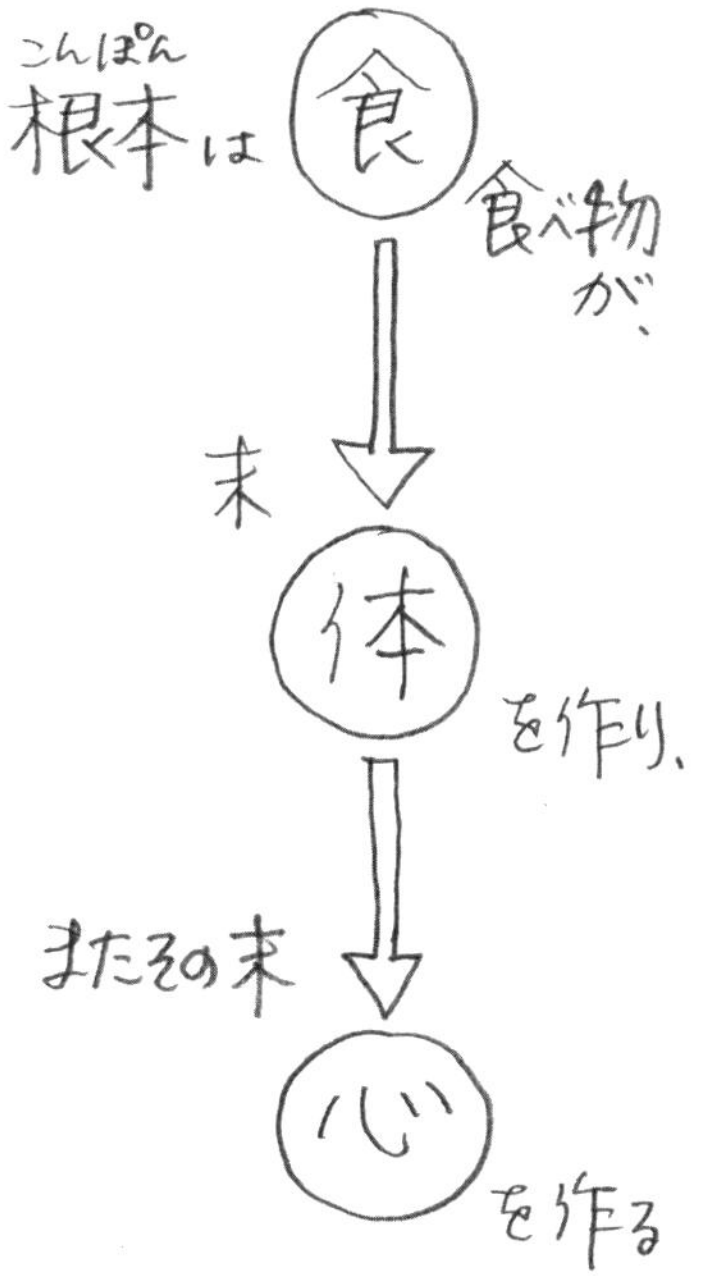
根本《こんぽん》は
食
食べ物が、
末
体
を作り、
またその末
心
を作る

人類穀食

「動物の食べものは、
歯の形で決まっている」

たとえば、

- オオカミのような肉食動物
  肉を引きちぎる犬歯が発達

- ウサギのような草食動物
  人参《にんじん》などをかじるための
  丈夫な前歯を持つ

そして、
雑食の
人間の
歯

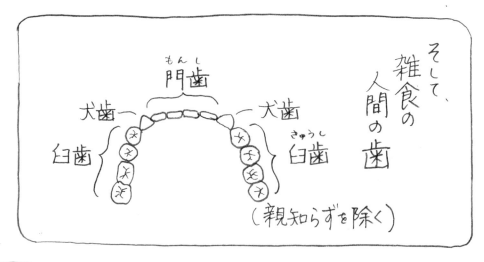

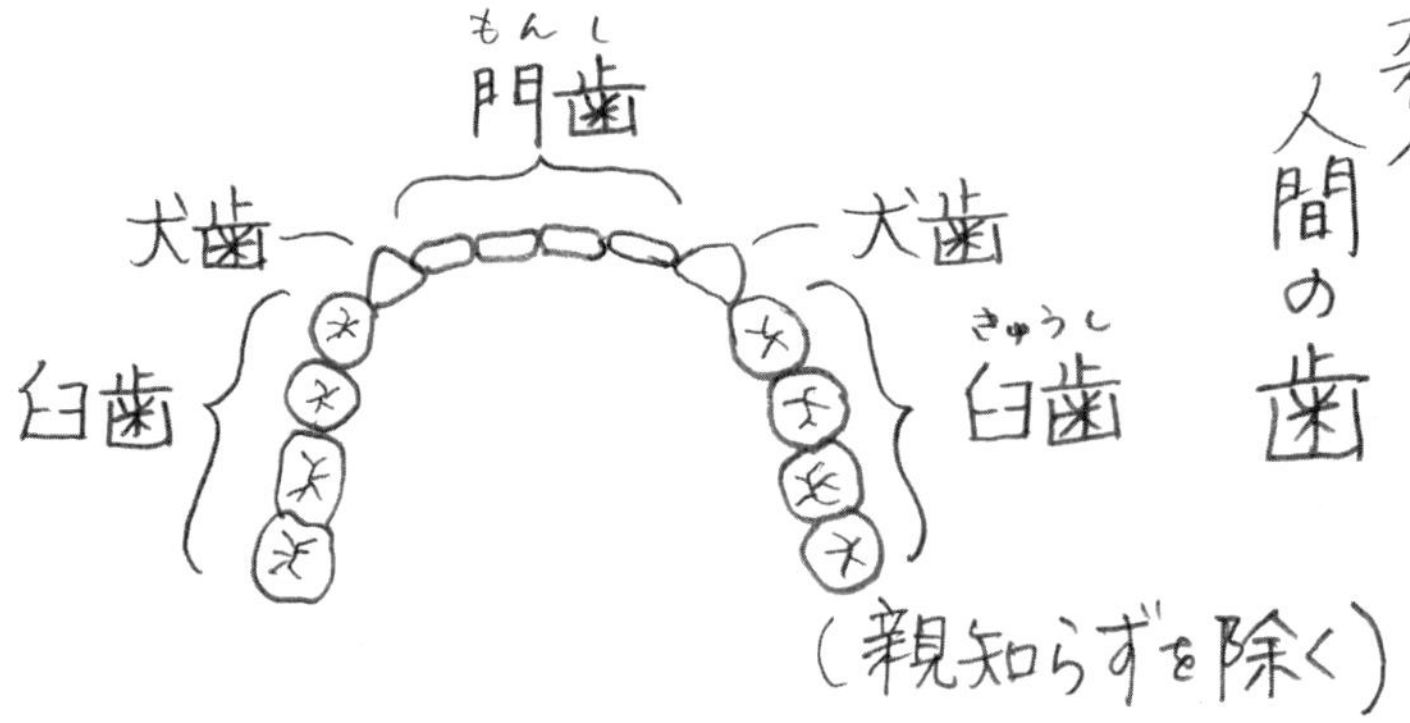

（全部で）臼歯 16本、門歯 8本、犬歯 4本

（穀類をすりつぶす歯）（野菜や果物をかじる歯）（肉や魚をかみちぎる歯）

（つまり）臼歯 4 ： 門歯 2 ： 犬歯 1

（ということは）穀類 4 ： 野菜・果物 2 ： 肉・魚 1

の割合で食べるとバランスが取れる。（ちょうど和食の割合）

身《しん》土《ど》不《ふ》二《じ》

「郷に入りては郷に従え」

その土地でとれる食材を食べるのが
自然であり、心身もまた、
その環境に調和する。

陰《いん》陽《よう》調《ちょう》和《わ》

「動物性食品（ナトリウム）と
植物性食品（カリウム）の調和」

精白して、カリウムが失われた白米や、
精白された白砂糖、それに動物性などの
酸性食品の副食が多くなると、
心身のバランスが崩れる。

一《いち》物《ぶつ》全《ぜん》体《たい》

「種である玄米や豆、
それに骨ごと食べられる
雑魚《じゃこ》やめざし、公魚《わかさぎ》等の小魚類の
全体食は、バランスが良く、病を防ぐ」

考えてみるに、玄米や豆、小魚等は、
たくさん収穫や漁獲ができるもの。
保存性も高く（小魚は干物で保存）、
天が「多く食べよ」として作られた、
万人が得られる平等食。

先人が
食べてきた
食べ物のバランス

食のピラミッド

ハーバード大学発表
および地中海食より

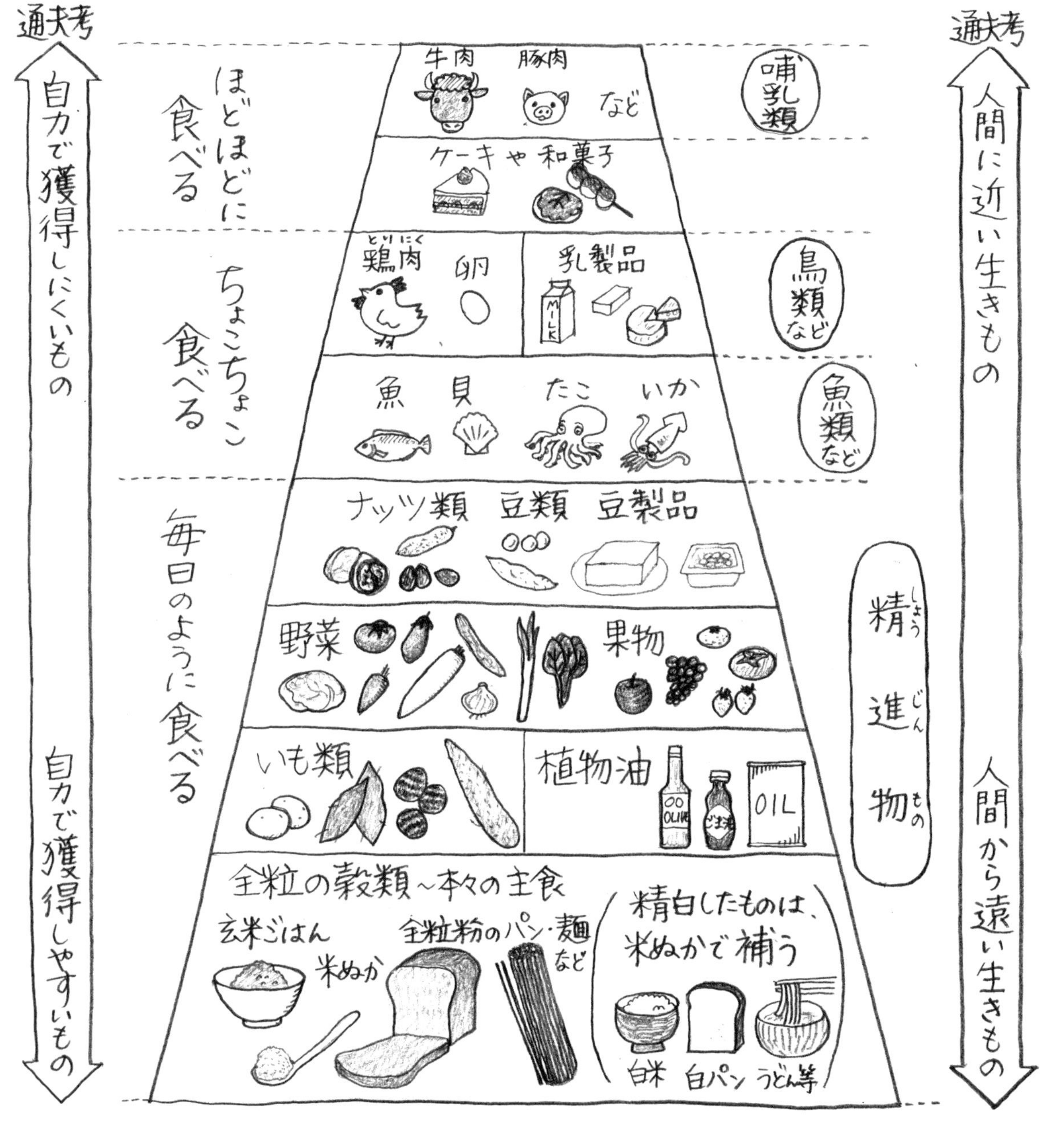

石塚左玄先生の提唱された内容とほぼ同じ

未来に向けてのヒント

天の道理の暮しが本々

	江戸時代（理想的循環型社会）	現代の主な変化
主食	玄米・雑穀（栄養価が高いので、少量で満たされ、安い）	白米
漬物・惣菜	手作り・自給（安くて、安心）	店頭購入
調味料	自然塩、黒砂糖、天然醸造の味噌・醤油（美味で自然に料理上手）	精製塩、白砂糖 添加物入り調味料
出汁《だし》	昆布、鰹節、魚類、貝、茸（美味なので満足。自然に料理上手）	うま味調味料 アミノ酸等
家庭菜園 お庭	堆肥・無農薬（おのずと有機栽培）	化学肥料、農薬
家・家具	土に戻る 木・土・紙（アンティーク家具は再利用できる。～売れる。）	ビニール、プラスチック
衣類	土に戻る 天然繊維（体にやさしい。汗を吸う。木綿・絹・毛など）	化学繊維
せっけん 灰汁 米ぬか	本々、せっけん（粉せっけんも）は、灰と天然油脂から作られたもの	合成洗剤
自給率	ほぼ100％	40％以下

広辞苑によると

「天然」人為の加わらない自然のままの状態。また、人力では如何ともすることのできない状態。

「うま味調味料」天然の旨み成分を、化学的に処理して得た調味料。旧称、化学調味料。

「化学肥料」化学的に製造する肥料。

ビタミンなるほど表

ビタミンA

元気な細胞を生み出すビタミン
(眼の機能維持、皮膚や粘膜の維持、細胞の増殖)

不足すると ● 夜盲症、眼球の乾燥  ● 感染症にかかりやすい
● 成長障害、生殖機能異常

多く含む食品 緑黄色野菜(人参、かぼちゃ、ほうれん草、にら、春菊、小松菜や大根の葉など、緑の濃い野菜、サニーレタス)、海苔、卵、うなぎ、レバー

ビタミンB1

やる気、スタミナのビタミン
(糖質をエネルギーに変えるのを助ける)

不足すると ● 体にエネルギーが行き渡らない→脚気、心不全、肉体疲労、倦怠感、筋肉痛、肩こり、腰痛、神経痛など
● 脳にエネルギーが行き渡らない→やる気がおきない、イライラする、不眠、精神不安定など
● 便秘・下痢

多く含む食品 玄米(白米の8倍)、米ぬか、全粒粉パン、豆類、種実類(ごま、ナッツなど)、緑黄色野菜、海藻、牛乳、うなぎ、豚肉、レバー

ビタミンB2

皮膚や粘膜、髪の毛のビタミン
(脂質、糖質などの代謝を助け、皮膚、爪、髪の毛の発育促進、成長促進作用があり、幼児から青年には特に必要。)

不足すると ● 肥満、コレステロールが動脈に沈着、成長障害
● 口内炎、口角炎、角膜炎、皮膚炎、髪のトラブル

多く含む食品 玄米(白米の2倍)、米ぬか、全粒粉パン、豆類、緑黄色野菜、魚、海藻、卵黄、レバー、チーズ、しいたけ

ナイアシン
(ビタミンB3とも)

炭水化物・脂質の分解を助ける
(アセトアルデヒドの分解(二日酔い予防)
血行改善、皮膚の健康を保つ)

不足すると ● 二日酔い、皮膚炎、皮膚の紅斑、下痢、うつ病

多く含む食品 玄米(白米の15倍)、米ぬか、全粒粉パン、豆類、魚、きのこ、海藻、レバー

体調に合わせて、食べ物選び

ビタミンB6

解毒のビタミン
（たんぱく質・脂質の代謝を助ける。インスリンの分泌促進）

不足すると ● 糖尿病、アレルギー、じんましん、つわり

多く含む食品　玄米（白米の10倍）、米ぬか、全粒粉パン、とうもろこし、豆類、魚、卵、レバー

ビタミンC

炎症を抑えてくれるビタミン
（酸化防止作用、消炎作用、免疫力を高める、
細胞と細胞をつなぐコラーゲン生成に必要、）

不足すると ● 歯肉炎、食欲不振、全身のだるさ、貧血、壊血病、風邪、せき、痰
● 髪や皮膚の乾燥、シミ・シワなど肌のトラブル

多く含む食品　柑橘類、緑黄色野菜、いも類、キウイ、苺、柿、その他の果物

ビタミンD

骨を丈夫にするビタミン
（カルシウム吸収を促進し、骨を丈夫にし筋力を高める。免疫力を高める）

不足すると ● くる病、骨軟化症、骨および歯の発育不全
● 風邪、インフルエンザ、頭痛

多く含む食品　きのこ類（特に干ししいたけ、干しきくらげは多い）、鮭、しらす干しやイワシの丸干し（骨ごと食べられるカルシウム+ビタミンDの理想食

太陽を浴びると、体内で生成される

ビタミンE

若さ・さび止め（抗酸化作用）のビタミン
（血管の掃除人・血行を良くする
ホルモンバランスを保つ〜夫婦生活・妊娠・更年期障害に）

不足すると ● 老化、不妊症、高血圧、動脈硬化、心臓病、腎臓病、肝臓病（生活習慣病防止にかかせない）、冷え性、しもやけ、感染症にかかりやすい

多く含む食品　玄米（白米の5倍）、米ぬか、全粒粉パン
種子類（大豆、ごま、ナッツなど）、
植物油、魚

人の体は、弱アルカリ性

酸性に傾《かたむ》くと、骨のカルシウムが流出し、弱アルカリ性を保とうとする。（骨密度が低下する）

バランスの目安
食べると体内で、アルカリ性や酸性になるもの。

アルカリ性食品 （カルシウム、カリウム等の多いもの）		酸性食品 （動物性蛋白や部分食、乳酸を生じるもの）	
強アルカリ性	●植物性 わかめ、めかぶ、昆布、もずく、ひじき等の海そう類 梅干し、レモン、ゆず類	強酸性	●肉類 牛肉、豚肉、羊肉 ハム、ソーセージ
	●魚の全体食 めざし、公魚《わかさぎ》、ししゃも、鮎《あゆ》 しらす、ちりめん、小女子《こうなご》		●部分食 白砂糖（乳酸を生じる）
アルカリ性	●野菜・茸類・果物 ほうれん草、人参、かぶ、大根、ねぎ、きゅうり、トマト、ごぼう等 野菜全般 しいたけ、えのき、なめこ等の茸《きのこ》類 りんご、みかん等柑橘類など 果物全般 ぬか漬け、キムチ等 漬物類	酸性	●魚類・鶏肉 鮪《まぐろ》、鯖《さば》、鰯《いわし》、鮭《さけ》、鯛《たい》などの魚類 魚卵 卵 鶏《とり》肉
	●穀類・豆類・芋類 玄米、米ぬか、全粒粉パン、そば 大豆、小豆、豆腐、里芋、かぼちゃ こんにゃく、さつま芋、じゃが芋		●穀類部分食 白米、精白小麦のパン 精白麺類
	●その他 蜆《しじみ》、あさり、帆立《ほたて》、あわび等貝類 茶、黒砂糖、蜂蜜、牛乳 酢、ポン酢、カレー粉		●その他 白砂糖を使った菓子 食品添加物 酒類（ワインを除く）

お皿の絵は、心の学び

『江戸絵皿絵解き事典』より
河村通夫著

江戸時代の頃より、食器のお皿などに絵を描《か》き、その絵の意味を楽しみながら、謎《なぞ》解《と》き（絵《え》解《と》き）をし、「故事来歴《こじらいれき》」や「心の訓《おし》え」を学ぶ、庶民文化がありました。つまり、お皿に盛られた食べ物で体を作り、そして、お皿に描かれた絵を眺めては、その意味を学び、心を育てていったのでございます。

絵皿が子供たちの「心の学び」に、非常に効果的だったのには、訳があります。それは、話を聞く事や、本を読むことよりも、「見て覚える」と言うように、絵を目で見た印象は、強く記憶に残るからです。そして同時に親達が、クイズのように「この絵は何だろう」と推理させ、絵解きを促《うなが》します。人は答えを与えられるより、たとえ間違ったとしても、自分で考えた後に出された正解が、実感として記憶に残るからです。

それでは、上のお皿の絵を見て、その意《こころ》を「推理」してから、答えを見てください。

答え「一路功名《いちろこうみょう》」

名数画譜・文化七年［一八一〇年］

「一路功名《いちろこうみょう》」は、画題でございます。お皿の絵では、「一羽の鷺《さぎ》」に柳を配したものが多いようで、その場合は、「柳鷺《りゅうろ》」とも呼ばれております。

そして一路功名の意は、一羽の鷺《さぎ》の「一鷺《いちろ》」を「一路《いちろ》」に掛け、「一筋の路《みち》を、一歩一歩進んでいれば、必ず身が立つ」、との事です。

このような「一路功名」のお皿を、身近な所に飾り、日ごろから眺めていれば、おのずと焦《あせ》ることも少なくなり、心は落ち着くことでございましょう。

漁夫の利
伊万里　志田焼　江戸後期

関帝
伊万里　志田焼　江戸後期

龍門
伊万里　志田焼　江戸後期

応龍
伊万里　志田焼　江戸後期

あとがき

滋賀医科大学に保存されている「河村文庫」の古文書によりますと、私の先祖は、大老井伊《いい》直弼《なおすけ》公で知られる彦根藩にて、井伊家の御殿医《ごてんい》としてお仕えしておりました。小学生のある時、膝《ひざ》が痛くなり、祖父に相談すると、ビタミンB_1の注射を打ってくれました。

その時、祖父は「桜田門外の変で、直弼公が受けられた刀疵《かたなきず》を、御先祖様は丁寧に縫い合わせて、清められたそうじゃ」と話してくれ、「御先祖様が偉いからといって、自分が偉い訳じゃない。でも、コツコツ学べば必ず身につく、何でもコツコツや。それに人の道の人道《じんどう》と、天の道理の天道《てんどう》が大事やで」と諭《さと》してくれました。

医者として、部落解放に心を注いだ祖父五十鈴《いすず》のこの言葉は、それ以来、私の生き方となりました。お蔭様で、ラジオの放送もコツコツと続けられ、今年で五十年目に入りました。そして、地元北海道のＳＴＶラジオをはじめ、全国各地の放送局の皆様や、長年番組を支えてくださった多くのリスナーの方々のご厚情のもと、本書を出版することができ、心から感謝いたしております。また、講談社様の見識の高いご指導に、深謝いたします。

著者紹介

河村通夫
Michio Kawamura

1948年、彦根藩・井伊家の御殿医の子孫として、滋賀県河村医院にて生まれる。京都育ち。自然流生活研究家、江戸絵皿絵解き研究家。1969年。札幌にてフォークの店「パフ」を設立。25歳の時、札幌STVラジオで番組を担当する。その後、75歳の現在まで50年間継続し、現在の番組名は「桃栗サンデー」。

また、全国ネットの「大自然まるかじりライフ」も、35年を超す長寿番組である。32歳で岩見沢近郊の山を自らの手で開墾し畑や庭を作り、本格的に衣食住の研究生活に入る。この間に江戸絵皿千枚、江戸絵手本等800冊ほどを収集し、照合研究をする。また京都西陣の町家を、娘婿と共に、鉋（かんな）を手に15年かけ修復し、景観重要建造物に指定される。

主な著書にベストセラーの「米ぬか健康法」（小学館）、「自然塩健康法」（小学館）。「江戸絵皿絵解き事典」（講談社）。

LPレコードに「雪割りの下」（東芝EMI）、「十勝野」（CBSソニー）。

研究開発商品の、米ぬか食品「ぬか玄」、「草取り知らずの敷きつめ堆肥」などは、全国的にロングセラーとして、信頼を得ている。


河村通夫のラジオ番組（2023年4月現在）

「河村通夫の桃栗サンデー」　STVラジオ毎週日曜 10：00~11:00
「河村通夫の大自然まるかじりライフ」

RAB 青森放送	月～金	11:25~11:35
ABS 秋田放送	月～金	12:00~12:10
IBC 岩手放送	月～金	16:40~16:50
YBC 山形放送	月～金	12:30~12:40
RFC ラジオ福島	月～金	9:30~9:40
BSN 新潟放送	月～金	12:15~12:25
SBC 信越放送（長野県）	月～金	13:45~13:55
YBS 山梨放送	月～金	6:30~6:40
東海ラジオ（愛知県）	月～金	6:00~6:10
KNB 北日本放送（富山県）	月～金	12:30~12:40
MRO 北陸放送（石川県）	月～金	6:35~6:45
FBC 福井放送	月～金	6:30~6:40
KBS 京都	月～金	6:05~6:15
RSK 山陽放送（岡山県）	月～金	10:07~10:17
KRY 山口放送	月～金	11:25~11:35
RKB 毎日放送（福岡県）	月～金	15:30~15:40
MRT 宮崎放送	月～金	6:40~6:50
RKK 熊本放送	月～金	6:30~6:40

スマートフォンやパソコンで無料で今いるエリア内にある放送局の番組を聴けるアプリ radiko（ラジコ）があります。ラジコ・プレミアムに加入すると全国の番組を聴くことができます。有料会員（月額385円）

若杉佳子（わかすぎ　よしこ）

自然流衣食住研究家、ラジオパーソナリティー。

1965年、高等学校の体育教師の長女として、北海道夕張市の官舎で生まれる。幼稚園の頃の楽しみは、お絵かきとスキー遊び。父の転勤に伴い、10歳（小学５年生）で札幌に移る。土木の仕事をしていた祖父が、車庫や塀を建てるのを見て、物作りに興味を覚える。北海道大学建築工学科に進み、手書きの図面の美しさに魅かれる。卒業後、政府系金融機関に勤めたのち、1996年河村通夫氏に師事する。一家と生活を共にしながら、有機野菜や庭づくり、料理など衣食住を研究する。師と共に、STVラジオ「桃栗サンデー」、全国ラジオ「大自然まるかじりライフ」に出演している。

毎日簡単《まいにちかんたん》！　イラストおかず

グラタン皿一枚《ざらいちまい》でできる手間《てま》いらずレシピ

2023年 7 月 27 日　第一刷発行
2024年 1 月 18 日　第七刷発行

著　者　河村通夫《かわむらみちお》　若杉佳子《わかすぎよしこ》

発行者　清田則子
株式会社 講談社
〒112-8001　東京都文京区音羽 2 丁目 12-21
（販売）03-5395-3606　（業務）03-5395-3615

KODANSHA

編　集　株式会社講談社エディトリアル
代表 堺公江
〒112-0013　東京都文京区音羽 1 丁目 17-18 護国寺 SIA ビル
（編集部）03-5319-2171

装　丁　根本眞一（クリエイティブ・コンセプト）
印刷所　大日本印刷株式会社
製本所　株式会社国宝社

JASRAC 出 2306501-304

NDC593　143p 26cm　Printed in Japan
ISBN978-4-06-532427-1